Heribert Prantl

Den Frieden gewinnen

Heribert
Prantl

# Den Frieden gewinnen

## Die Gewalt verlernen

Unter Mitarbeit von Silke Niemeyer

HEYNE

FSC www.fsc.org
MIX
Papier | Fördert gute Waldnutzung
FSC® C014496

Penguin Random House Verlagsgruppe FSC® N001967

2. Auflage
Originalausgabe 2024


Umschlaggestaltung: wilhelm typo grafisch
Satz: Satzwerk Huber, Germering
Druck und Bindung: GGP Media GmbH, Pößneck
Printed in Germany
ISBN: 978-3-453-21870-3

www.heyne.de

*Für Franz Gasteiger*

# Inhalt

Vorwort ............................ 9

**Kapitel 1**
Lob der Apokalyptik: Sie enthüllt, was passiert, wenn es einfach immer so weitergeht. Sie ist ein Augenöffner .... 19

**Kapitel 2**
Die Verfassung und der Frieden: Friedenstüchtig. Wie das Grundgesetz wurde, was es nicht ist ........... 37

**Kapitel 3**
Die Dilemmata der Gewaltlosigkeit. Ihre Kraft, ihre Ohnmacht, ihre Instrumentalisierung ... 59

**Kapitel 4**
Frieden lernen. Weil der Mensch ein Mensch ist. Von der Zähmung der Gewalt und von der Entfeindung ............................ 97

**Kapitel 5**

Die weißen Tauben sind müde.
Warum wir eine neue Friedensbewegung, eine neue Entspannungspolitik und keinen dritten Weltkrieg brauchen; es wäre der letzte ........................ 143

**Kapitel 6**

Die Friedenswette. Im Westen was Neues:
Warum negativer Pazifismus positiv ist ............... 181

**Kapitel 7**

Gewalt und Gebet. Am Anfang war der Mord.
Die Mythen und Erzählungen der Bibel prägen das kollektive kulturelle Gedächtnis des Westens ........... 203

Anhang ................................ 231
Anmerkungen ........................ 233

# Vorwort

Dieses Buch über Krieg und Frieden ist angesichts des russischen Angriffskriegs auf die Ukraine entstanden. Es ist ein Buch über Gewalt, ihre Ursachen und über die Versuche, ihr Einhalt zu gebieten. Es ist ein Buch über die Zeitenwende, die keine ist. Es handelt vom Krieg als gebrochene Zeit, als Bruchstelle von Leben und Tod: Die Bruchstelle des 24. Februar 2022, des Tages also, an dem der Überfall auf die Ukraine begann, hat Risse ins Weltgefüge, ins demokratische und ins wirtschaftliche Gefüge getrieben. Diese Risse setzen sich fort und verästeln sich im privaten Lebensgefüge vieler. Sie verbinden sich mit den Rissen, die Corona hinterlassen hat, verlängern und vertiefen sie und zeichnen das gegenwärtige kollektive Empfinden. Stabilität? Gibt es nicht mehr. Das Lebensgefühl ist ein Lebensunsicherheitsgefühl, und der zu ihm gehörige Begriff heißt »Zeitenwende«. Dieses Wort ist im Jahr 2022 von der Gesellschaft für deutsche Sprache sogar zum »Wort des Jahres« gekürt worden – zu Recht, misst man es an der Quantität seines Gebrauchs, zu Unrecht, misst man es an der Qualität seiner sachlichen Aussage.

Denn: Es gab keine Zeitenwende, und es gibt sie nicht. Es war und ist dieser Begriff der Versuch, Grausamkeit zu beschreiben und dem Entsetzen darüber Ausdruck zu geben. Und es ist dies das Schlüsselwort für die Rückkehr der Politik ins Militärische. Zeitenwende? Es gab und gibt nur Gezeiten, es gab und gibt die ewige Ebbe und Flut, die Ebbe und Flut von Gewalt und Terror. Und es gibt die Abbrüche und Umbrüche, die diese Gezeiten in der politischen und wirtschaftlichen Geologie hinterlassen. Die einzige Zeitenwende, die diesen Namen verdienen würde, wäre der Augenblick, in dem die Gezeiten der Gewalt ein Ende hätten, der Menschheitstraum sich erfüllte und der ewige Friede einkehrte. Wie kommt man dieser Zeitenwende näher? Das Buch versucht, sich ihr anzunähern und zu beschreiben, wie die Zähmung der Gewalt, wie eine Entfeindung gelingen kann. Es fragt, ob sich Sicherheit denn in der Stärke des Verteidigungsbündnisses erschöpft.

In Sicht ist diese Entfeindung nicht, im Gegenteil. Es gibt Tage, an denen ist die Flut der Gewalt höher denn je, da ist sie aberwitzig hoch, da verschlingt sie, in provozierender Absicht, auch noch die letzten Mikrogramm Humanität. So ein Tag war der 7. Oktober 2023, der Tag, an dem die antisemitisch-islamistische Terrororganisation Hamas mit grenzenloser und sorgfältig berechneter Grausamkeit in Israel einfiel. Ja, berechnet. Und berechnend. Der Massenmord war akribisch vorbereitet in seiner Durchführung und kalt kalkuliert in seinen Folgen. Die Täter haben tausendfach gemordet und vergewaltigt, und das in einem kleinen Land, in dem danach fast jeder Opfer, deren Angehörige oder Bekannte kennt. Sie haben Kinder und Babys geschlachtet; sie haben ihre Gräueltaten mit Bodycams und Helmkameras gefilmt; und die Täter hinter den Tätern haben diese Filme in rasender Eile geschnitten, ins Netz gestellt und die Angehörigen der Opfer damit grausam gequält. Das 10/7-Attentat des Jahres 2023 in Israel war ein Attentat von der furchtbaren Potenz, wie es das 9/11-Attentat in New York und Washington im Jahr 2001 war. Es sprengte freilich auch noch die gespenstische Anonymität, die 9/11 hatte; der Hamas-Terror in Israel war nämlich ein Horror von provokativer Individualität, er stellte die einzelnen Gräueltaten an einzelnen Menschen mit grausam berechnender Absicht in Ton und Bild zur öffentlichen Schau. Die Täter wollten nicht nur Terror verbreiten, sie wollten ihren Hass auf alles Jüdische ins Schaufenster der Welt stellen sowie ihre Abscheu auf die demokratisch tolerante Lebensart, die die tanzenden, leicht bekleideten, zumeist linkem Milieu entstammenden Opfer verkörperten. Ins mörderische Kalkül gehörte, das muss man verstehen und das macht so fassungslos, dass Israel genau so reagieren würde, wie es reagiert hat. Ich frage mich, ob eine israelische Regierung, nicht nur eine mit rechtsradikalen Ministern wie die gegenwärtige, sondern jedweder Couleur, es sich hätte leisten können, auf eine militärische Gegenreaktion zu verzichten. Wie sonst sollte sie ihrer traumatisierten Bevölkerung zeigen, dass der Staat noch da ist?

Die Hamas hat den tausendfachen Tod von Männern, Frauen und Kindern in Gaza in mörderischer und selbstmörderischer Absicht einberechnet. Warum? Um Israel dadurch weltweit zu einem Paria-Land zu machen. Einberechnet und willkommen war auch, dass der Antisemitismus Fahrt aufnehmen würde und jüdische Bürger in aller Welt sich nicht mehr würden sicher fühlen können. Ob man so weit gehen kann, dass der Terrororganisation in ihrem gewaltstrotzenden Nihilismus sogar willkommen war, dass gleichzeitig der antimuslimische Rassismus Auftrieb bekommt? Jedenfalls ist genau dies der Lawineneffekt der Gewalt, den die Täter sich wünschen.

Der Staat Israel verdankt seine Existenz der internationalen Moralität. Wenn, so das perfide Kalkül der Hamas-Terroristen, dieser Staat Israel bei der Reaktion auf den Terror jedes Maß verliert, verliert er das Fundament, auf das er sich gründet. Der Kreislauf von Gewalt und Gegengewalt, von Gegengegengewalt und Gegengegengegengewalt, also die unaufhörliche Potenzierung von Anschlag und Vergeltung, soll in einem großen Schlachten in Nahost eskalieren, bei dem Israel untergeht. Das darf nicht geschehen. In den Anschlägen der von Iran gesteuerten Milizen und der Huthi sowie den militärischen Reaktionen der USA wird bereits sichtbar, wie die Funken der Gewalt überspringen und wie groß die Gefahr eines Flächenbrandes ist.

Die gordische Situation in Israel und Gaza zeigt, wie Gewalt funktioniert – so nämlich, dass man den immer dickeren, immer größeren Knoten nicht einmal mehr durchschlagen kann. Der Knoten ist größer als das Schwert. Wenn es gelänge, den Knoten wenigstens zu lockern, wäre dies ein prototypisches und exemplarisches politisches Wunder. Die Welt bräuchte dieses Wunder und sitzt ratlos vor dem Knoten.

Ich habe dieses Buch lange vor dem Hamas-Attentat, unter dem Eindruck des Ukrainekriegs zu skizzieren begonnen. Ich habe mich zunächst gefragt, welche Anleitung und welche Weisung das Grundgesetz gibt, ich habe untersucht, wie friedenstüchtig unsere Verfassung ist. Ich habe mich gefragt, ob und wie man Frieden lernen kann, und bin diesen Lernversuchen in Geschichte und Gegenwart nachgegangen. Ich habe mich nicht erst mit Blick auf das islamistisch-antisemitische Attentat vom 7. Oktober 2023 damit beschäftigt, welche Bedeutung Glaube und Religion dabei haben. Sie waren und sie sind beides: Kriegstreiber und Friedenskraft. Das habe ich zum Anlass genommen, mich mit dem Gewalterbe des Christentums zu befassen, das den Westen und darin auch meine eigene Biographie prägt.

Eine der schockierendsten Gewaltgeschichten der Bibel ist die Erzählung von der Sintflut, weil Gott hier selber zum Mörder an seiner ganzen Welt wird. Weil die Gewalt der Menschen überbordend wird, entfesselt Gott die Naturgewalt, die sich gegen die Menschen kehrt und sie vernichtet. Auch wenn man darin in Zeiten der menschengemachten Klimakatastrophe erstaunliche Hellsichtigkeit entdeckt: Man ist entsetzt, und man muss entsetzt sein über diesen Gott, der sich gebärdet wie ein fundamentalistischer Massenmörder, der die Welt gut und rein haben will. Es ist dies ein Wahn und ein Muster, das unendlich vielen Gewaltexzessen zugrunde liegt: Die gerechte Sache, die Gewalt und Mord und Krieg legitimiert – das ist für den Inquisitor die reine Lehre der heiligen Katholischen Kirche, für den Mullah der islamistische Gottesstaat, für die RAF-Terroristin die Überwindung des Kapitalismus, für den Nazi das eigene wahre Volk. Die Kraft der Sintfluterzählung liegt darin, dass sie diesem totalitären Denken den Garaus macht. Sie erzählt nämlich von einer Umkehr des gewalttätigen Gottes, der sich vom beleidigten Fundamentalisten, für den die Welt sehr gut sein muss, in einen Realisten verwandelt. Für diesen erwachsen gewordenen Gott darf sie mangelhaft sein und trotzdem bestehen. Der Gott wird zu einem Gott, der Kompromisse schließt und die zweitbeste der Welten akzeptiert. Und die menschliche Gewalt ist, anders als die Gezeiten des Meeres, keine Naturgewalt. Es liegt an uns, sie zu bändigen.

Bei der Beschäftigung mit dem Pazifismus und den Dilemmata der Gewaltlosigkeit bin ich nicht nur auf Jesus von Nazareth, auf Mahatma Gandhi und Martin Luther King gestoßen. Bei der Beschäftigung mit dem Attentat vom 7. Oktober 2023 in Israel ist mir immer wieder der Mann eingefallen, auf den ich in meinen frühen Journalistenjahren eine Laudatio halten durfte:

Uri Avnery. Es war am 1. September 1997. Er war ein Prophet. Seine Rede war eindringlich, als wollte er den Naturgewalten gebieten. 73 Jahre war er damals alt, es war bei der Verleihung des alternativen Aachener Friedenspreises. Er warb für den Frieden im Nahen Osten, er tat es mit aller Inbrunst und mit zorniger Weisheit. Er warb, wie er es schon so oft getan hatte, für die Verständigung mit den arabischen Nachbarn und mit den Palästinensern, er warb für gegenseitigen Gewaltverzicht, er warb für den Abzug Israels aus den besetzten Gebieten; er warb für das Recht der Palästinenser auf einen eigenen Staat und für Jerusalem als gemeinsame Hauptstadt. Er zitierte den zwei Jahre vorher von einem jüdischen Fanatiker ermordeten Ministerpräsidenten Jitzchak Rabin mit dem Satz: »Verhandlungen führen, als gäbe es keinen Terror«. Dieser Satz hat sich mir eingebrannt – weil er paradox weitergeht: »... und den Terror bekämpfen, als gäbe es keine Verhandlungen«.

Seit dem 10/7-Terrorangriff der Hamas auf Israel frage ich mich, ob und wie Uri Avnery heute diesen Satz zitieren würde. Würde er angesichts des hemmungslosen antisemitischen Vernichtungswillens, der sich da ausgetobt hat, immer noch behaupten, man könne verhandeln, als gäbe es keinen Terror? Oder würde er alles daransetzen, den Terror zu bekämpfen, bevor überhaupt wieder ans Verhandeln gedacht werden kann? Uri Avnery, der israelische Sisyphos, Friedensaktivist, Veteran, Politiker, Journalist und Schriftsteller, wäre wenige Tage vor diesem Massaker hundert Jahre alt geworden; er ist 2018 im Alter von fast 95 Jahren in Tel Aviv gestorben. Als ich ihm 1997 die Laudatio bei der Verleihung des alternativen Friedenspreises in Aachen halten durfte, kam ich gerade aus den Sommerferien zurück. Ich hatte mit meinen Kindern am Meer Sandburgen gebaut – und zur Vorbereitung auf die Laudatio die Bücher von Uri Avnery gelesen; das hat gut zusammengepasst. Wir haben gebuddelt und Türme und Mauern aufgehäuft, und wie das halt im Sand so ist: Dann geht die Flut darüber, und vom stolzen Bauwerk bleibt nur ein kleiner Sandhügel übrig. Der Friedensidee im Nahen Osten ergeht es wie den Sandburgen. Die Wellen der Gewalt und die nachfolgende Gischt der Politik spülen darüber hinweg, jeden Tag, Jahr für Jahr – und trotzdem hat Uri Avnery nie aufgegeben, trotzdem hat er immer und immer wieder neu an seinem israelisch-palästinensischen Versöhnungsmodell gebaut. Als einst Golda Meir verkündete, es gebe überhaupt kein palästinensisches Volk, hat Avnery den israelisch-palästinensischen Staatenbund proklamiert. Als Jassir Arafat der Haupt- und Erzfeind Israels war, hat Avnery ihn im bombardierten Beirut besucht. Uri Avnery war stolz, als die israelische Friedensbewegung kurzzeitig von Hunderttausenden getragen wurde. Und Avnery hat es ausgehalten, als diese Friedensbewegung keine Bewegung mehr war, sondern nur noch ein Häuflein, geschmäht und verachtet. Er hat Verhaftungen und Mordaufrufe ertragen. Wie hält er das aus, habe ich mich damals gefragt und darauf die Antwort gegeben: »Weil sein Glaube an die Idee von einer gemeinsamen israelisch-arabischen Region stark genug ist, um Berge, Raketenstellungen und vielleicht sogar einen Netanjahu zu versetzen.« Netanjahu war auch schon damals, 1997, israelischer Ministerpräsident.

Nahost-Politik: Hoffnungen waren in den vergangenen Jahrzehnten gewachsen und wurden wieder weggeschwemmt oder erschossen. Friedensnobelpreise wurden verteilt und nicht eingelöst. Die amerikanischen Friedensvermittler kommen und gehen bis heute. Die arabischen Diktatoren spielen die üblichen Spiele mit den Palästinensern. Woran Avnery immer festhielt, die Idee von zwei Völkern in zwei Staaten, das findet auch heute Befürworter bis hin zu US-Präsident Biden. Wie sonst sollte eine Lösung aussehen? Aber die Spielräume, diesen Plan zu verwirklichen, sie sind noch enger geworden als zu Avnerys Zeiten.

Wie soll es jemals eine Lösung geben, wie soll Frieden werden, wie soll Frieden werden im Nahen Osten, wie soll Frieden werden in der Ukraine? Jedenfalls nicht mit einfachen Antworten. Jedenfalls auch nicht ohne die einfachen Worte. Es geht nicht ohne das Gespräch. Darauf haben all diejenigen beharrt, die festgehalten haben am Dialog, da, wo er kaum mehr möglich scheint: Das sind die Vereine, die ihre Städtepartnerschaften mit Russland weiterführen. Das sind Schriftsteller aus verfeindeten Völkern, die sich schreiben, wie einst Romain Rolland und Stefan Zweig im Ersten Weltkrieg. Das sind israelisch-palästinensische Friedensprojekte, die weitermachen mit ihrer Arbeit. Exemplarisch für diesen befriedenden Dialog ist die Korrespondenz zwischen dem Orientalisten und muslimischen Deutsch-Iraner Navid Kermani und dem Soziologen und jüdischen Israeli Natan Sznaider. In ihrem Büchlein, das sie im Oktober 2023 gemeinsam veröffentlichen, stellen sie fest: »Wir erinnerten uns an die wirklichkeitsschaffende Kraft der Gewalt, die nur noch Schmerz und Trauer hinterlässt, aber auch daran – und das war das Wichtigste vielleicht für uns [...] –, dass man selbst in der Sprachlosigkeit noch sprechen kann, und sei es ohne Worte. Sei es nur, dass man den anderen atmen hört.«[1]

Wann wird aus dem Atmen ein Aufatmen?

Von Walter Benjamin stammt die Feststellung: »Dass es ›so weiter‹ geht, ist die Katastrophe. Sie ist nicht das jeweils Bevorstehende, sondern das jeweils Gegebene ... Die Rettung aber hält sich an den kleinen Sprung in der kontinuierlichen Katastrophe.« Der Poet und Sänger Leonard Cohen hat einen schmerzlich schönen Song auf diesen Riss gedichtet: »There is a crack, a crack in everything / That's how the light gets in / You can add up the parts, / but you won't have the sum.« Die Zukunft steht nicht fest. Sie ist nicht vorherbestimmt. Sie ist veränderbar. Der entscheidende Moment ist immer: jetzt. Und der Ort, etwas zu verändern, ist hier: hier, wo der Riss ist. In diesem Buch suche ich nach diesem Riss.

Kapitel 1

# Lob der Apokalyptik

Sie ist ein Augenöffner. Sie enthüllt, was passiert, wenn es einfach immer so weitergeht. Von der Falschheit des Begriffs Zeitenwende und von der Rückkehr der Politik ins Militärische

Es hat etwas Schreckliches auf sich mit dem Frieden. Er entfaltet seine Magie vor allem im Krieg; im Frieden verliert er sie wieder. So wird dann der gewonnene Frieden zu seinem eigenen Feind. Das ist seine Schwäche. Auch die Bilder vom Frieden leiden an dieser Schwäche. Ästhetisch ist der Friede nicht besonders attraktiv. Die Darstellungen des Friedens sind öde, fade und farblos. Sie gewinnen ihre Attraktivität im Kontrast nur zu den furiosen Schreckensbildern von Krieg und Katastrophe. Und das Reden vom Frieden ist so oft blutleer; es ist ein ritualisiertes Reden.

Bert Brecht hat versucht, dagegen zu schreiben. Sein Schreiben hatte Kraft, aber wenig Wirkung. Die Remilitarisierung schon wenige Jahre nach dem Zweiten Weltkrieg konnte er nicht aufhalten. »Das große Karthago«, so schrieb er 1951, »führte drei Kriege. Es war noch mächtig nach dem ersten, noch bewohnbar nach dem zweiten. Es war nicht mehr auffindbar nach dem dritten.« Das klingt agitatorisch, ist aber die Wahrheit. Und im Ernst der

Lage ist Agitation besser als Apathie. Europa erginge es in einem dritten Weltkrieg so wie Karthago, schlimmer noch. Die apokalyptischen Reiter sind nämlich heute atomar bewaffnet.

28,4 x 39,6 Zentimeter. Mehr brauchte Albrecht Dürer nicht, um die apokalyptischen Reiter loszulassen; mehr brauchte er nicht, um Krieg und Mord, um Seuchen und Hunger, um Teuerung und Tod darzustellen. Auf so kleiner Fläche inszeniert er im Jahr 1498, auf einem Holzschnitt, den großen Weltuntergang. Es ist eine Zeit der großen Aufbrüche und Umbrüche; 1492 hat Christoph Kolumbus Amerika entdeckt. 1494 ist in Nürnberg die Pest ausgebrochen. Für das Jahr 1500 ist das Weltende angekündigt. Entdeckungsfieber und Endzeitstimmung liegen in der Luft. Kräfte ballen sich zusammen, die sich wenig später im Gewitter der Reformation entladen. Dürer offenbart seinem Publikum eindringlich die tödliche Wirklichkeit, die destruktive Kraft, den gewalttätigen Charakter dieser Transformation. Sie ist bei ihm nichts, das man unter Kontrolle hat, nichts, das man beherrscht und gestaltet. Sie ist ein Sturm, der Verwüstungen anrichtet und gewaltsam über die Menschen walzt. Wer in Dürers düsterem Kunstwerk den Geist eines dunklen Mittelalters mit seinen Höllenängsten und religiösen Verblendungen am Werk sieht, irrt. Dürer ist ein großer Desillusionierer, Realist und Aufklärer, der seinen Zeitgenossen die Augen für den Ernst der Lage öffnet.

Seine vier apokalyptischen Reiter sind endzeitliche Gestalten aus dem letzten Buch der Bibel, also der Offenbarung des Johannes. Diese Schrift wird Apokalypse genannt; sie ist eine Widerstandsschrift, entstanden am Ende des ersten oder Beginn des zweiten Jahrhunderts in einer Welt entfesselter Gewalt, rätselhaft und nur mühevoll zu entschlüsseln. Es ist eine Trost- und Widerstandsschrift in der Zeit der Christenverfolgung im Römischen Reich. Es handelt sich um eine monumentale Endzeitvision, die in Extremen schwelgt, zwischen kriegerischen Visionen vom Weltuntergang und zartesten Bildern von einem neuen Himmel und einer neuen Erde. In dieser Offenbarung wird ein Buch, versiegelt mit sieben Siegeln, geöffnet. Die ersten vier Siegel lassen nacheinander die apokalyptischen Reiter hervortreten, die das endzeitliche Gericht über die Erde bringen. Der erste reitet auf einem weißen Pferd und hat einen Bogen. Ihm wird der Sieg gegeben. Der zweite reitet auf einem feuerroten Pferd, er hat ein großes Schwert; ihm ist die Macht gegeben, den Frieden von der Erde zu nehmen, sodass die Menschen einander umbringen. Der Reiter auf dem dritten, dem schwarzen Pferd hält eine Waage in der Hand, auf der der Weizen und die Gerste ausgewogen werden; er bringt die Teuerung und damit den Hunger in die Welt. Die Öffnung des vierten Siegels schließlich macht die Bahn frei für den Reiter auf dem fahlen Ross. Dessen Name ist »Tod«, und die Hölle zieht mit ihm einher.

Albrecht Dürers Reiter rasen vom linken Bildrand auf ihren Rossen heran, unaufhaltsam in ihrem Furor: Es sind drei martialische, muskulöse Krieger mit Bogen, Schwert und Waage; der vierte ist kleiner, aber nicht weniger angsteinflößend im Vordergrund; er ist ein schmächtiges, giftig grinsendes Männlein auf einem halb verhungerten Klepper. Er ist der Tod, der mit seinem Dreizack die niedergetrampelten Menschen in den Schlund der Hölle kehrt. Das Höllenmonster, erst auf den zweiten Blick erkennbar, reißt am unteren linken Bildrand sein schreckliches Maul auf und verschlingt die Opfer. Flucht ist sinnlos. Keiner entkommt. Keiner überlebt.

Außer: die Betrachter. Wir, die das Bild anschauen und uns in seinen Bann ziehen lassen, kommen davon, so gerade noch. Die apokalyptischen Reiter sind um Haaresbreite an uns vorbeigejagt. Es ist, als würden wir das Dröhnen der Hufe hören, den Dampf der Rosse atmen und den Staub schlucken, so nah sind wir dem Geschehen. Wir sind die verschonten Zuschauer des Terrors, die am Spielfeldrand des Krieges stehen, vom Schrecken gepackt und von der Einsicht: Es hätte auch uns treffen können. Wir sind entronnen. Für dieses Mal.

Der ukrainische Schriftsteller Serhij Wiktorowytsch Schadan hat einen der Menschen sichtbar gemacht, die dieser Tage direkt neben dem Schlachtfeld stehen und warten, dass das Gefecht vorüber ist. Als er 2022 den Friedenspreis des Deutschen Buchhandels in der Frankfurter Paulskirche entgegennahm, sprach er zu Beginn seiner Dankesrede von diesem Menschen und setzte ihm ein Denkmal: »Seine Hände sind schwarz und abgearbeitet, das Schmieröl hat sich in die Haut gefressen und sitzt unter den Nägeln. Menschen mit solchen Händen wissen eigentlich zu arbeiten und tun es auch gern. Was sie arbeiten, ist eine andere Sache.« Die andere Sache ist die: Der kleine, stille und besorgt dreinblickende Mann arbeitet hinter den Linien. Er ist der Fahrer einer besonderen Einheit. Seine Aufgabe führt ihn, wenn das Töten und Sterben vorbei ist, auf das Leichenfeld. Aber davon redet er nicht. Er redet von der Technik. »›Ihr seid doch Freiwillige‹, sagt er, ›kauft uns einen Kühlschrank.‹ […] Wir verstehen nicht. ›Aber wenn du ihn brauchst, dann fahren wir zum Supermarkt, du suchst dir einen aus, und wir kaufen ihn.‹ ›Nein‹, erklärt er, ›ihr habt mich falsch verstanden: Ich brauche ein Fahrzeug mit einem Kühlschrank. Einen Kühlwagen. Um die Gefallenen abzutransportieren. Wir finden Leichen, die schon länger als einen Monat in der Sonne gelegen haben. Wir schaffen sie mit einem Kleinbus weg, da kriegst du keine Luft mehr.‹ Er spricht über die Leichen – seine Arbeit –, ruhig und gemessen, ohne Wichtigtuerei und auch ohne Hysterie. Wir tauschen unsere Nummern.«[2]

Serhij Schadan führt seine Zuhörer, ähnlich wie Albrecht Dürer seine Betrachter, an den Rand des Leichenfeldes; er gibt ihnen eine Vorstellung vom Unvorstellbaren, präziser gesagt, von der Unvorstellbarkeit des Krieges; nicht durch eigene Anschauung, sondern durch den stillen Mittelsmann, der selbst erst aufs Spielfeld des Krieges tritt, wenn die Kämpfer fort sind. Unvorstellbar – diese Beschreibung des Krieges gehört hier nicht in eine Reihe mit den redundanten, sich übertrumpfenden und darum wohlfeilen Adjektiven, die zu gebrauchen mittlerweile fast als moralisches Gebot gilt, wenn vom ukrainischen Krieg zu reden ist: »der brutale Angriffskrieg«, »das barbarische Massaker« und in der Steigerung der Steigerung: »der unvorstellbar brutale Angriffskrieg« und »das unvorstellbar barbarische Massaker«. Solches Doppelgemoppel ist Wortreichtum bei gleichzeitiger Sinnarmut, es will vielsagend sein und ist nichtssagend. Es ist dies ein Den-Mund-zu-voll-Nehmen, das weder Information noch Erkenntnis vergrößert, noch das Gesagte nachdrücklicher macht. Bleibt allein die eitel ängstliche Selbstaussage: Hört her, ich habe es begriffen, und ich habe die Moral auf meiner Seite. Die routinierte Redundanz wirkt nicht einmal mehr empört; sie wirkt verlogen, denn sie suggeriert das Gegenteil dessen, was sie betonen will, nämlich man könne sich durchaus einen harmlosen Angriffskrieg und ein humanes Massaker vorstellen.

»Unvorstellbar« meint, dass die Sprache selbst und damit die Fähigkeit, über das Geschehen zu reden, es zu verstehen und sich kollektiv darüber zu verständigen, im Krieg an ihre Grenze kommt oder gar gänzlich abbricht. Mag sein, dass die Vorliebe für Pleonasmen ein Symptom dafür ist. Noch einmal Serhij Schadan: »Genau dieses Gefühl ist es, das dich vom ersten Tag des großen Krieges an begleitet – das Gefühl der gebrochenen Zeit. [... Es geht] um die Sprache. Darum, wie genau und zutreffend die Wörter sind, die wir verwenden, wie markant unsere Intonation, wenn wir über unser Dasein an der Bruchstelle von Leben und Tod sprechen. Inwieweit reicht unser Vokabular – also das Vokabular, mit dem wir gestern noch die Welt beschrieben haben [...]?«

Die nüchterne, unaufgeregte Beschreibung des kleinen besorgten Mannes mit den ölverschmierten Händen gibt eine Ahnung vom Leben an der Bruchstelle; und sie gibt auch eine Ahnung von der Unvorstellbarkeit. Er hat seinen Kühlschrank bekommen. So geht Wunscherfüllung in Zeiten des Krieges. Der kühle Pragmatismus, der karge Realismus, sie verstören mehr, als jedes Pathos es vermöchte. Anders als Dürers apokalyptische Reiter ist Schadans Kühlschrankfahrzeug, das über das Leichenfeld rumpelt, kein mythisches Bild, sondern eine Realmetapher. Aber beide machen sie das Unvorstellbare vorstellbar, beide klären auf über den Schrecken des Krieges, indem sie das Reale und die Groteske ineinanderfließen lassen. Dürers »Tod« ist eben nicht das konventionelle klapprige Skelett mit Stundenglas und Sense. Er zeichnet ihn realistischer als bärtigen alten Mann, als ausgemergelten Körper mit leerem Blick und freudlosem Lachen. Er ist eine lebendige Leiche, doch kein Auferstandener.

Krieg als gebrochene Zeit, als Bruchstelle von Leben und Tod: Die Bruchstelle des 24. Februar 2022 hat Risse ins Weltgefüge, ins demokratische, ins wirtschaftliche Gefüge getrieben, die sich fortsetzen und verästeln im privaten Lebensgefüge vieler. Sie verbinden sich mit den Rissen, die Corona hinterlassen hat. Das Leben verliert seine Stabilität, die innere Unsicherheit nimmt zu.

Der zu diesem Lebensunsicherheitsgefühl gehörige Begriff heißt »Zeitenwende«. Es gab aber keine Zeitenwende, und es gibt sie nicht. Es gab und gibt nur Gezeiten, also die ewige Ebbe und Flut von Gewalt und Terror. Und es gibt die Folgen, die diese Gezeiten in der politischen und wirtschaftlichen Geologie hinterlassen. Von ihr werden die Zeiten bestimmt, die Zeiten Dürers, die Zeiten Brechts und unsere Zeiten. Es gab auch im Februar 2022 keine Zeitenwende, obwohl der Überfall Putins auf die Ukraine immer wieder so genannt wird. Es war und ist dies der Versuch, Grausamkeit zu beschreiben und dem Entsetzen darüber Ausdruck zu geben. Und es ist dies das Schlüsselwort für die Rückkehr der Politik ins Militärische.

Eine echte Zeitenwende wäre es, wenn die Gezeiten der Gewalt ein Ende hätten. In der christlichen Tradition ist Christi Geburt die Verheißung dieses großen Friedens: »In terra pax.« In der Weihnachtslegende verkünden die Engel auf den Feldern von Bethlehem den Frieden auf Erden. Es ist dies ein allumfassender Friede, der viel mehr ist als Waffenstillstand. Die Legende ist entstanden in einer Zeit, die nicht weniger gewalttätig war als die Zeit Dürers oder die gegenwärtige Zeit. Damals hielt das römische Imperium Jerusalem besetzt, es plünderte das Land, terrorisierte die Bevölkerung und schlug Widerständler ans Kreuz. Die vom jüdischen Messianismus und jüdischer Prophetie geprägte Botschaft des Jesus von Nazareth, der Glaube an seine Auferstehung und an ein ewiges Leben drehten das alte Weltbild um. Sie lautet so: Diese Welt mit ihrer Gewaltordnung ist endlich; sie ist dem Untergang geweiht, der Mensch aber hat ein ewiges Leben. Die Geburt des Lehrers dieser Lehre wurde zu einem Wendepunkt der Zeitrechnung: Man teilt die Geschichte ein in eine Zeit vor Christus und in eine Zeit nach Christus. Weihnachten feiert diesen Wendepunkt, der die Vision einer echten Zeitenwende enthält.

Die Geschichte von der Zeitenwende ist freilich keine Geschichte im Sinn von Historie, sie ist nicht einfach eine uralte Fake News. Sie ist auch keine Prophezeiung für die Zukunft. Und sie verbirgt kein politisches Programm. Sie ist eine Legende; das heißt übersetzt: das, was zu lesen ist, was immer und immer wieder vorzulesen ist, um beharrlich Hoffnung auf das endgültige Ende der Gewalt zu buchstabieren. Diese Botschaft ist nicht von gestern, sie ist für heute. Sie ist und bleibt Utopie. Wo sie Hoffnung und Widerstandskraft entfaltet, da kann sie helfen, die Gezeiten zu zähmen. Aber diese Hoffnung ist gegenwärtig dünn. Im Augenblick ist das Gegenteil der Fall; und dazu trägt nicht zuletzt der antiutopische Begriff der Zeitenwende bei.

An den Bruchstellen von Leben und Tod reißt die vulgärapokalyptische Grundstimmung ein, dass die Welt angesichts von Pandemien, Inflation, Hungersnöten, Krieg und drohendem Klimakollaps nicht zu retten ist. Diese Zeitansage ist nicht ganz neu, Weltuntergangsankündigungen und schwarzseherische Hysterien sind so alt wie die Welt, zum Millennium hatten sie zum Beispiel Hochkonjunktur. Genauso alt und berechtigt sind die den Weltuntergangsängsten kongruenten Beruhigungen, dass nichts so heiß gegessen wird, wie es gekocht wird. Die gegenwärtig grassierende Angst ist ein Phänomen der offenen, säkularisierten Gesellschaften Europas, die in den letzten Jahren erleben, wie sich Krise auf Krise türmt, während die politische Gestaltungskraft immer ohnmächtiger wirkt und der religiöse Trost immer löchriger. Die Veränderungen sind nicht mehr schleichend, sondern stampfend, und sie betreffen in ihren Auswirkungen nicht mehr nur diejenigen, die am Rand der Gesellschaft vor sich hin krebsen, sie sind bei denen angekommen, die mittendrin sind, sie sind angekommen bei den Gesetzten und bei den bislang Unbekümmerten und stressen sie gewaltig. In einer groß angelegten wissenschaftlichen internationalen Studie wurden zehntausend junge Leute nach ihren Zukunftsvorstellungen befragt. Mehr als die Hälfte von ihnen meint, die Menschheit sei dem Untergang geweiht, zwei Drittel ängstigen sich so, dass es ihr alltägliches Leben überschattet. Zu dieser Verschattung gehört, dass der Wunsch, Kinder zu bekommen, signifikant abnimmt.[3] Das Gefühl ist verbreiteter denn je:

There's a crack in everything.

Der Poet und Sänger Leonard Cohen hat einen schmerzlich schönen Song auf den Riss in allem gedichtet. Zehn Jahre lang hat er an dem Stück gearbeitet und es am Ende schlicht »Anthem« genannt, »Hymne«. Man fragt sich, warum er es nicht »Lament« genannt hat, »Klage«, wenn man ihm zuhört, denn seine Bestandsaufnahme über den Zustand der Welt ist niederschmetternd.

*Ah, the wars they will be fought again*
*The holy dove, she will be caught again*
*Bought and sold, and bought again*
*The dove is never free.*

Die Kriege werden kein Ende nehmen. Die Friedenstaube wird wieder eingefangen, gekauft und verkauft und wieder gekauft (siehe dazu Kapitel 5, »Die weißen Tauben sind müde«). Die Friedenstaube ist niemals frei. Cohen lässt keine Chance auf die Hoffnung, dass die rissige Welt jemals heil wird. Trotzdem: Er nennt sein Stück Anthem. Es ist kein Lamento, es ist ein Loblied auf den »Crack in everything«, und darin ist er ein echter Apokalyptiker. Echte Apokalyptiker sind im Gegensatz zu Vulgärapokalyptikern eben keine hoffnungslosen Weltuntergangspropheten. Sie sind Dialektiker: Da ist ein Riss, ein Riss in allem – »that's how the light gets in«! Die Risse im Gehäuse der Geschichte sind nicht allein destabilisierend und destruktiv, nicht allein Anlass, die Hoffnung aufzugeben. Die Risse im Gebäude der Geschichte sind es, wodurch Licht reinkommt. Sie sind die Ritzen, durch die Hoffnungsschimmer einfallen. Der jüdische Songschreiber Leonard Cohen ist darin verwandt mit dem jüdischen Philosophen Walter Benjamin, vielleicht nicht von ungefähr, denn es ist das Judentum, das die Apokalyptik zur Blüte gebracht hat. Beide verabschieden die Vorstellung, dass die Geschichte ein linearer Lauf der Ereignisse, eine »Kette von Begebenheiten« ist, eine Reihung von Fortschritten, die einer kontinuierlich auf den anderen folgen und irgendwann in einer Katastrophe enden. Von Walter Benjamin stammt die Feststellung: »Dass es ›so weiter‹ geht, *ist* [Hervorhebung H.P.] die Katastrophe. Sie ist nicht das jeweils Bevorstehende sondern das jeweils Gegebene ... Die Rettung aber hält sich an den kleinen Sprung in der kontinuierlichen Katastrophe.«

*There is a crack, a crack in everything*
*That's how the light gets in*
*You can add up the parts,*
*but you won' t have the sum.*

Der Riss ist die Stelle, wo die Veränderungen ansetzen müssen. Hier und jetzt, genau da, wo der Riss ist. Dieses Hier und Jetzt will bemerkt und ergriffen werden; man kann es bisweilen im Nachhinein mit Ort und Datum benennen – zum Beispiel den Tisch in Moskau, an dem 1955 über die Freilassung der deutschen

Kriegsgefangenen verhandelt wurde. Konrad Adenauers und Nikita Chruschtschows Leute, Verhandlungsstrategen, die mit allen Wassern gewaschen waren, hatten sich vollkommen festgefressen. Der deutsche Kanzler ergriff das Wort und wollte Chruschtschow die Verbrechen der Roten Armee in Deutschland um die Ohren hauen. Da fiel der mitgereiste Carlo Schmid seinem Kanzler ins Wort: »Ich möchte vorausschicken, dass im Namen des deutschen Volkes am russischen Volke Verbrechen begangen worden sind wie vielleicht noch nie in der Weltgeschichte. Ich rufe darum nicht die Gerechtigkeit an, sondern die Großherzigkeit des russischen Volkes. Und wenn ich das tue, denke ich in erster Linie nicht an die Menschen, die noch hier zurückgehalten werden, sondern an ihre Frauen, an ihre Kinder, an ihre Eltern. Lassen Sie Gnade walten.«[4] Da war er, der »Crack«, durch den das Licht reinkam. Die Kriegsgefangenen kamen kurze Zeit danach nach Hause. Deutschland nahm volle diplomatische Beziehungen mit der Sowjetunion auf.

Ein anderer, der den Riss sah, durch den das Licht reinkommt, war der Schreiner Georg Elser mit seiner mutigen Tat: Er deponierte am 8. November 1939 eine selbst gebaute Bombe im Münchner Bürgerbräukeller. Sie verfehlte Hitler und die Nazi-Führungsspitze um ein Haar. Warum? Weil das Wetter schlecht war und Hitler früher zum Zug musste. Elser, ein unberechenbarer Einzelner, hätte den Lauf der Geschichte verändern können.

Es ist eine aufklärerische Einsicht, dass Krieg, Ungerechtigkeit und Gewalt nicht allein in der Boshaftigkeit einzelner mächtiger Menschen ihre Ursachen haben, sondern aus Verflechtungen, Strukturen und sich selbst nährenden Ordnungen wachsen, die Krieg, Ungerechtigkeit und Gewalt nachwachsen lassen wie Brennnesseln auf der Wiese. Aber: There's a crack in everything, also auch darin. Es darf nicht vergessen werden, was einzelne Menschen vermögen, wenn sie den Riss erkennen, einen hellen Moment haben – und den nötigen Mut. Es sind Menschen wie Gustav Stresemann, Martin Luther King, Mutter Teresa oder Willy Brandt, die für diesen Mut den Friedensnobelpreis erhalten haben; und es sind Personen wie Mahatma Gandhi, die ihn nicht erhalten haben, obwohl sie ihn hätten erhalten müssen.

Denn das, was wir Struktur, Ordnung, System und Gesetz nennen, sind am Ende immer einzelne Menschen, die einander begegnen, einander gegenübersitzen, miteinander verhandeln, einander ansehen. Zwischen diesen Menschen kann sich etwas zusammenfügen, was am Ende mehr ist als die Summe der Teile. Man kann den entscheidenden Moment verstreichen lassen, in dem etwas möglich ist, man kann ihn auch ergreifen. Das, was wir Geschichte nennen, ist nicht allein eine Reihe von Entscheidungen, es ist auch eine Reihe von verpassten Entscheidungen. Betrachtet man die Geschichte der Kriege, so möchte man irre werden über die verpassten und verratenen Gelegenheiten zum Waffenstillstand. Der Riss war da: die Einsicht, dass die Ressourcen aufgebraucht und zu viele Menschen gestorben sind. Trotzdem verlängerten Kriege sich immer wieder durch sich selbst – weil man sagte, es seien schon zu viele gestorben, um aufzuhören, weil man Konzessionen als Verrat an den toten Opfern deklarierte, weil man meinte, um vermeintlicher Verhandlungsvorteile willen mehr Wehrkraft simulieren zu müssen, als man hatte.[5]

Apokalyptik will nicht die Angst anheizen, sie ist auch nicht verliebt in den Untergang. Sie ist Aufklärung mit anderen Mitteln. Apokalyptik heißt: Enthüllung, Offenbarung, Entschleierung, Entlarvung. Mit dem Mittel der Überzeichnung und Verstörung offenbart sie die Brüche und Risse, entlarvt sie Gewaltverhältnisse und enthüllt, was passiert, wenn es so weitergeht. Sie zielt, so kriegerisch ihre Bilder sein mögen, auf Frieden und nicht auf Krieg, auf Zuversicht und nicht auf Defätismus. Aber sie ist realistisch in der Einschätzung, dass der Weg zum Frieden kein harmonischer Sommerspaziergang ist, sondern ein Höllenritt sein kann. Ob man sich für Gewalt entscheidet, um der Gewalt Einhalt zu gebieten, so wie die Alliierten sich zum Krieg gegen Nazi-Deutschland entschieden, oder ob man sich gegen Gewalt entscheidet, um der Gewalt Einhalt zu gebieten, so wie Gandhi sich zum passiven Widerstand gegen die britische Kolonialmacht entschied – es gibt keinen unmittelbaren Frieden. Der Ausgang ist ungewiss. Gewiss ist in beiden Fällen: Es gibt eine Eskalation der Gewalt, es gibt Tote, die den Frieden nicht erleben.

Es grassiert heute Angst, Kinder in die Welt zu setzen. In Deutschland ist die Geburtenrate in den vergangenen Krisenjahren erheblich gesunken. Doch immer noch hat die Mehrheit der Menschen Lust, Eltern zu werden. Zum Lieblingsnamen, den die Mütter und Väter ihren Söhnen hierzulande geben, ist Noah aufgestiegen. Zufall? Noah, das ist der Arche-Typ mit der Friedenstaube, das ist der, der die Sintflut überlebt und eine neue Menschheit in die Welt setzt. Noah, das ist der mit dem Regenbogen als Zeichen, dass die Erde bestehen wird und nicht aufhören sollen Saat und Ernte, Frost und Hitze, Sommer und Winter, Tag und Nacht.

Der Name Noah, hebräisch Nṓaḥ, gesprochen: Noach, bedeutet »Ruhe«. Der Name ist, wenn man ihn ausspricht, ein Seufzer, ein Aufatmen. Noah ist mehr als ein Name, er ist eine ausgesprochene Hoffnung, nämlich die Zuversicht, dass das unfriedliche Chaos auf der Erde zur Ruhe kommt und die Menschheit mit ihm.

Die Arche, von welcher der Mythos von der Sintflut erzählt, ist kein Schiff. Die Kinderbücher stellen die Arche Noah fälschlich als einen gemütlichen Dampfer dar, auf den gut gelaunt und paarweise die Elefanten spazieren, die fröhlich mit ihren Rüsseln grüßen, und die Giraffen, die stolz ihre Hälse recken. Sie geben ein verkehrtes Bild von dem Gefährt, das den Kräften des Chaos trotzen soll. Die Arche muss man sich als hölzernen, mit Pech verschmierten dunklen Kasten vorstellen, in dem Noah und die Seinen vor den alles verschlingenden Wassermassen Schutz suchen und ausharren. Doch: Auch dieser Kasten hat einen Spalt. Als die Fluten abziehen, öffnet Noah diesen Spalt und lässt eine Taube fliegen. Sie kommt mit einem Ölzweig zurück.

There's a crack, a crack in everything; that's how the light gets in. Suchen wir den Riss, suchen wir den Spalt, durch den das Licht kommt– in der Ukraine und im Nahen Osten.

Es ist gut, das neue Jahr mit einem Spaltsuchtag, mit einem Weltfriedenstag zu eröffnen, wie es die römisch-katholische Kirche tut. Es gibt zwar noch etliche andere Tage im Jahr, die auch als Friedenstag firmieren: In Deutschland etwa wird der 1. September als »Antikriegstag« begangen, die Vereinten Nationen haben den 21. September zum »Internationalen Tag des Friedens« ausgerufen. Und eigentlich sollte ja angesichts des Zustands der Welt jeder Tag ein Weltfriedenstag sein oder werden. Aber wenn schon ein bestimmter Tag dafür ausgesucht werden soll – dann soll es der 1. Januar sein. Es gibt nichts Wichtigeres als den Frieden, es ist also hoffnungsvoll, wenn das Jahr mit einem Weltfriedenstag beginnt. Die Welt braucht Hoffnung. Sie braucht Hoffnung im Nahen Osten, sie braucht Hoffnung in der Ukraine. Sie braucht Hoffnung darauf, dass der Hass nicht das letzte Wort hat.

Hass ist eine furchtbare Kraft, die schlimmste, die es gibt. Hass ist mächtig, Hass befeuert Terror und Attentate. Hass macht blind. Der Hasser sieht den Menschen nicht mehr, er sieht die Menschen nicht mehr. Er sieht nicht, dass die Menschen, die er mordet, Menschen mit Sorgen sind wie er. Der Hass entmenschlicht. Er macht aus anderen Menschen Objekte, die der Befriedigung des eigenen Hasses dienen müssen. Er ist ein niedriger Beweggrund, der sich mit Geltungssucht selbst erhöht. Das Gefährliche am Hass ist, dass er das Morden für eine tapfere Tat hält. Und das besonders Gefährliche am Hass ist, dass er ansteckend ist. Hass hat Verführungskraft. Wer vom Hass getroffen wird, kann von ihm infiziert werden. Die vom Hass Getroffenen hassen dann zurück. Sie hassen den Täter, sie hassen auch die Gruppe von Menschen, zu denen man die Täter rechnet. So entsteht die monströse Dynamik des Hasses. Wenn diese Dynamik funktioniert, ist das ein Erfolg der Hasser, der Mörder, der Terroristen.

Diese Dynamik zu stoppen ist die Voraussetzung für einen Frieden. Europa ist ein Exempel dafür. Europa wurde gebaut auf den Trümmern des alten Hasses. Europa wurde gebaut aus überwundenen Erbfeindschaften; Deutschland und Frankreich galten vor hundert Jahren noch als Erbfeinde. Die Europäischen Verträge sind die Ehe- und Erbverträge ehemaliger Feinde; sie sind die späte Verwirklichung so vieler alter Friedensschlüsse, die den Frieden dann doch nicht gebracht haben. Das »europäische Kleinstaatengerümpel«, wie Adolf Hitler es verächtlich genannt hatte, tat sich zusammen, es überwand die gut gepflegten Animositäten, den alten Nationalismus und die uralten Feindschaften. Die Gründung der EWG, der EG, der EU war ein welthistorisches Friedensprojekt. So ein Projekt muss weiterentwickelt werden. Europa als Friedensstabilisator ist keine Reminiszenz, sondern eine Zukunftsnotwendigkeit. Das ist die Erkenntnis seit dem 24. Februar 2022, seit dem Beginn des Ukrainekriegs. Ein unkriegerischer Kontinent war und ist nicht selbstverständlich. Er muss gebaut, er muss geschützt, er muss verteidigt werden, er muss immer wieder neu begründet und gegründet werden. Die historische Leistung der EWG, der EG, der EU war es, die Feindschaften von gestern zu entfeinden. Heute gilt es, die Feindschaften von heute zu entfeinden. Das ist angesichts von Krieg und Gewalt schwer vorstellbar. Aber das Nachdenken über eine Friedensordnung in Europa jenseits des Krieges ist unverzichtbar.

Das Nachdenken beginnt mit dem Gedanken, dass Moskau zu Europa gehört, so wie München, Mariupol, Madrid und Marseille. Madrid gehörte auch zur Zeit der Franco-Diktatur zu Europa; und die Strahlkraft des demokratischen Europas hat dazu beigetragen, diese Diktatur zu überwinden. Die Probleme auf dem Kontinent verschwinden nicht damit, dass man sich Russland einfach aus Europa wegdenkt. Wenn man das versuchte, dann würde man in geraumer Zeit schon wieder sagen müssen: »Wir haben uns geirrt.« Die Geographie lässt sich nicht ausblenden, die gemeinsame europäische Geschichte mit ihren Höhen und Tiefen auch nicht. Die Suche nach Frieden, nach einer gesamteuropäischen Friedensordnung, kann und darf daher nicht als Irrweg, nicht als sinnloses Unterfangen betrachtet werden – schon deswegen nicht, weil jeder andere Weg so gefährlich ist, dass er an ein Zeitenende führen kann. Ein neues Jahr ist dann ein gutes Jahr, wenn es friedensfördernde Mechanismen in Gang setzt; es ist dann ein gutes Jahr, wenn das Einvernehmen darüber wieder wächst, dass Sicherheit nur gemeinsam und nicht gegeneinander zu haben ist. Das meint der Begriff »kollektive Sicherheit«; er steht auch im Grundgesetz. Es geht um das Zusammenleben in Europa.

## Kapitel 2

# Die Verfassung und der Frieden: Friedenstüchtig

Wie das Grundgesetz wurde, was es nicht ist. Die Politik hat das Friedensgebot der Verfassung vernachlässigt – und das Bundesverfassungsgericht hat das billigend in Kauf genommen

Das Friedensgebot hängt wie eine Glocke im Glockenturm der Verfassung. Aber sie wird schon lang nicht mehr geläutet, zuletzt zu Zeiten des Bundeskanzlers Willy Brandt. 1948/49, als die Glocke gegossen wurde, hatte man sich das anders vorgestellt: Das Friedensgebot sollte den politischen Alltag, es sollte die Regierungsarbeit begleiten und bestimmen. Aber daraus ist nichts geworden. Heute ist es so: Die Glocke hängt zwar noch, aber sie bestimmt nichts. Und diejenigen, die versuchen, die Glocke zu läuten, werden bisweilen beschimpft – als »Lobbyist des Feindes«, als »Lumpenpazifist«, oder, wie im Ukrainekrieg, als »Putinversteher«. Das Friedensgebot sollte eigentlich das Prinzip sein, an dem sich alle anderen Normen der Verfassung messen lassen müssen; das ist nicht oder nicht mehr so. Mit späteren Verfassungsergänzungen, zumal mit denen, die 1954/56 die Bundeswehr und die sogenannte Wehrverfassung ins Grundgesetz eingefügt haben, ist angeblich das Friedensgebot verändert worden. Ist das wirklich so? Hat das Friedensgebot des Grundgesetzes einen Bedeutungswandel erfahren?

Gewiss: Das Grundgesetz lässt seit Mitte der fünfziger Jahre Rüstungspolitik und militärische Sicherheitspolitik ausdrücklich zu; aber die Schranken dabei setzt das Friedensgebot. Das Friedensgebot ist der Obersatz: »Im Bewußtsein seiner Verantwortung vor Gott und den Menschen, von dem Willen beseelt, als gleichberechtigtes Glied in einem vereinten Europa dem Frieden der Welt zu dienen«, heißt es in der Präambel. Die Präferenz der Verfassung ist eindeutig: Sie will Frieden und Sicherheit vorrangig auf der Basis internationaler Kooperation und in einem Konzept verwirklichen, dem die Vorstellung zugrunde liegt, dass die eigene Sicherheit zugleich auf der Sicherheit des potentiellen Gegners beruht. Das meint die Einordnung in ein »System der gegenseitigen kollektiven Sicherheit«, von der im Artikel 24 Absatz 2 seit dem Inkrafttreten des Grundgesetzes die Rede ist; Carlo Schmid, der geistige Vater dieser Formulierung, meinte mit diesem »System gegenseitiger kollektiver Sicherheit« ausdrücklich nicht klassische Verteidigungsbündnisse, wie die Nato eines ist, sondern eine Institution wie die Vereinten Nationen. Das Bundesverfassungsgericht hat freilich dann 1994 in seiner Out-of-Area-Entscheidung das Verteidigungsbündnis der Nato mit einem kollektiven Sicherheitssystem, wie die UN eines ist, gleichgesetzt. Damit hat es den Einsatz der Bundeswehr nicht nur im Rahmen eines UN-Friedenseinsatzes und nicht nur im Nato-Bündnisfall (also bei der Nothilfe für einen Nato-Staat, der von einem Dritten angegriffen wird) erlaubt, sondern auch »out of area«, also außerhalb des Nato-Gebiets. Damit erhielt der 1956 neu ins Grundgesetz aufgenommene Satz »Der Bund stellt Streitkräfte zur Verteidigung auf« (Artikel 87 a Absatz 1) eine völlig neue Bedeutung, weil seitdem quasi alles, was die Nato macht, als Verteidigung gilt. Das war, das ist ein völlig neues Konzept, eine völlig neue Verfassungsinterpretation. Das war so, als hätte man der Glocke des Friedens den Klöppel weggenommen. Man sieht: Tempora mutantur. Die Zeiten ändern sich, und die Verfassungsinterpretation und die Verfassungspraxis ändern sich auch.

Die Zeiten ändern sich, und wir ändern uns in ihnen. Das ist ein Hexameter, der seit dem 16. Jahrhundert als lateinisches Sprichwort belegt ist: Tempora mutantur, nos et mutamur in illis. Franz Josef Strauß, ein studierter Altphilologe, hat den Satz nicht nur gern zitiert. Er ist auch selbst ein Exempel dafür. In einer Wahlkampfrede im Jahr 1949, da war er 34 Jahre alt und vom Bayerischen Ministerpräsidenten und CSU-Vorsitzenden Hans Ehard zum ersten Generalsekretär der Partei ernannt worden, bekannte sogar er, der dann ab Mitte der fünfziger Jahre Atom- und Verteidigungsminister der Regierung Adenauer war, sich zum Pazifismus: »Wer noch einmal ein Gewehr in die Hand nimmt«, so beschwor er, »dem soll die Hand abfallen.«[6] Es war eine Aussage, die ihm später nicht mehr geheuer war, die er deshalb für aus dem Zusammenhang gerissen erklärte; vor dem Landgericht Nürnberg versuchte er 1961 vergeblich, das Zitieren der Äußerung unterbinden zu lassen. Er habe in seiner Wahlkampfrede von 1949, so erklärte er dann in einem berühmten TV-Interview, das Günter Gaus 1964 mit ihm geführt hat, nicht davon gesprochen, dass dem Waffenträger die Hand abfallen solle; er habe über das Bibelwort »Wer das Schwert zieht, wird durch das Schwert umkommen« geredet. Aber: Auch dieser Satz gehört zu den Kernsätzen des Pazifismus. Strauß hat sich davon ganz schnell abgewendet, als der Wind der Weltpolitik sich drehte, der Kalte Krieg heraufzog und die Regierung Adenauer die Wiederbewaffnung betrieb – heftig diskutiert und abgelehnt von weiten Teilen der Gesellschaft, aber forciert von den West-Alliierten. Im genannten Interview mit Günter Gaus hatte sich der Bellizist Strauß als »Verantwortungspazifist« bezeichnet.

Sein schwert- und waffenkritischer Bibelspruch aus dem Jahr 1949 passte in den späten vierziger Jahren zum Zeitgeist. Er passte zur Trümmerliteratur, er passte zur Gruppe 47. Der Gedanke einer Wiederbewaffnung war weit, weit draußen vor der Tür, die Alliierten hatten die Entmilitarisierung Deutschlands zu einem der Eckpunkte ihrer Besatzungspolitik erklärt; und die Schrecken des Hitler-Krieges waren noch allgegenwärtig. In den Verfassungsdiskussionen für die Verfassungen der Bundesländer ab 1946 waren deshalb die Stimmen derer stark, die für die Ächtung jeglichen Kriegs und jedweder Kriegsvorbereitung warben, die für eine Politik der umfassenden Delegitimierung von Militär und Gewalt eintraten und für ein starkes Recht zur Kriegsdienstverweigerung.[7] Ein weithin sichtbares Zeichen des Friedens müsse im geschlagenen Nachkriegsdeutschland gesetzt werden – nie mehr dürfe vom deutschen Boden Krieg ausgehen, das Land müsse auf einen allumfassenden Pazifismus eingeschworen werden; so hieß es in zahlreichen Eingaben an die Landesparlamente. Die Nachkriegsstimmung fand ihren Ausdruck in den Parolen »Nie wieder Krieg!«, »Nie wieder Militär!« und »Nie wieder Diktatur«. Bei den Verfassungsberatungen auf Herrenchiemsee hatte die einfache und einprägsame Formel einigen Zuspruch, die lautete: »Der Krieg ist verboten.« Mit diesem und in diesem Geist begannen die Arbeiten des Parlamentarischen Rats am Grundgesetz.

Besonders kraftvoll war der Friedenswille in der Bayerischen Verfassung vom 2. Dezember 1946 ausgesprochen worden: »Angesichts des Trümmerfeldes, zu dem eine Staats- und Gesellschaftsordnung ohne Gott, ohne Gewissen und ohne Achtung vor der Würde des Menschen die Überlebenden des Zweiten Weltkriegs geführt hat, in dem festen Entschlusse, den kommenden deutschen Geschlechtern die Segnungen des Friedens, der Menschlichkeit und des Rechts dauerhaft zu sichern, gibt sich das Bayerische Volk, eingedenk seiner mehr als tausendjährigen Geschichte, nachstehende demokratische Verfassung.« In der Verfassung von Bremen vom 21. Oktober 1947 heißt es: »Erschüttert von der Vernichtung, die die autoritäre Regierung der Nationalsozialisten unter Mißachtung der persönlichen Freiheit und der Würde des Menschen in der jahrhundertealten Freien Hansestadt Bremen verursacht hat, sind die Bürger dieses Landes willens, eine Ordnung des gesellschaftlichen Lebens zu schaffen, in der die soziale Gerechtigkeit, die Menschlichkeit und der Friede gepflegt werden [...].« Die hessische Verfassung vom 1. Dezember 1946 stellt fest: »Der Krieg ist geächtet. Jede Handlung, die mit der Absicht vorgenommen wird, einen Krieg vorzubereiten, ist verfassungswidrig.«

Carlo Schmid (SPD), Vorsitzender des Hauptausschusses bei den Grundgesetzberatungen, wollte Deutschland eine friedensstiftende Vorreiterrolle einnehmen lassen. »Krieg ist kein Mittel der Politik« – das war seine plakative Formulierung, die er gern im Grundgesetz gesehen hätte. Man solle doch im Zeitalter des »Atombombenkrieges«, so hatte er schon bei den Beratungen zu der von ihm geprägten Verfassung von Württemberg-Hohenzollern vom 28. November 1946 gesagt, mit einem bewussten Verzicht Deutschlands auf eine Politik der militärischen Stärke ein »neues gesundes Vorbild« auch für andere Staaten sein. Das geschlagene Deutschland habe nun die »unschätzbare Gelegenheit«, aus der Not, »in die man uns gestürzt hat«, eine Tugend zu machen; das werde einen »moralischen Sog auf die übrige Welt« ausüben; früher oder später könne sich dem keine Nation entziehen – und eine friedfertige Welt werde dann am Ende dieser Entwicklung stehen.[8] »Wir wollen unsere Söhne nie mehr in die Kaserne schicken! Und wenn doch einmal irgendwo wieder der Wahnsinn des Krieges ausbrechen sollte, und wenn dabei das Verhängnis es wollen sollte, dass unser Land das Schlachtfeld wird – nun, dann wollen wir eben untergehen und dabei wenigstens das Bewusstsein mitnehmen, dass nicht wir das Verbrechen begangen und gefördert haben. Das scheint uns ehrenhafter als das Leben in der bewaffneten Anarchie dieser letzten Jahrzehnte, der man die Tugenden des Friedens zum Opfer gebracht hat.«[9] Aus dem Grundgesetz hätte, wenn es nach Schmid gegangen wäre, auch eine pazifistische Verfassung werden können – so wie die japanische Verfassung von 1947. Das ist sie nicht geworden; der Kalte Krieg zog herauf, gut zwei Monate vor den Grundgesetzberatungen in Bonn hatte die Berlin-Blockade durch die Sowjetunion begonnen und begleitete und verängstigte die Arbeit am Grundgesetz.

Kein Volk habe ein Recht, »sich der Pflicht zu seiner Verteidigung zu entziehen«, mahnte Thomas Dehler (FDP), der spätere Bundesjustizminister, in der 48. Sitzung des Hauptausschusses am 8. Februar 1949. Das gelte umso mehr, als »unser Land, unsere Heimat, offen vor den Russen« liege. Es könne daher nicht jeder Krieg, sondern nur der Angriffskrieg geächtet werden. Die Unterscheidung zwischen Krieg und Angriffskrieg betrachtete Carlo Schmid als »propagandistische Flause«. Die Mehrheit der

Delegierten im Parlamentarischen Rat wollte denn auch zunächst den Passus beibehalten, dass der Krieg kein Mittel der Politik sei, und ausdrücklich einen Artikel zur Ächtung jedweden Kriegs in das Grundgesetz aufnehmen. Angesichts der angespannten weltpolitischen Lage und des Drängens von Teilen der CDU und der FDP schwenkte die SPD um; man beschränkte sich auf die Verurteilung des Angriffskriegs. Eine sehr friedliebende Verfassung ist das Grundgesetz trotzdem geworden – ein Manifest für Frieden.

Im Februar 2023 starteten die Politikerin Sahra Wagenknecht und die Publizistin Alice Schwarzer eine Online-Petition zum Ukrainekrieg, die sie »Manifest für Frieden« nannten. Die fast eine Million Unterzeichner forderten den Bundeskanzler auf, die »Eskalation der Waffenlieferungen zu stoppen« und sich »für einen Waffenstillstand und für Friedensverhandlungen« einzusetzen. Weniger spektakulär war der von Peter Brandt im April 2023 initiierte Aufruf »Frieden schaffen«, in dem ein schneller Waffenstillstand gefordert wurde. »Manchmal muss man verhandeln, um überhaupt zu Verhandlungen zu finden«, kommentierte Brandt seinen Appell in der Süddeutschen Zeitung.[10] Kurz vor dem Wagenknecht-Schwarzer-Manifest hatte sich der Philosoph Jürgen Habermas in einem Gastbeitrag der Süddeutschen Zeitung gemeldet und gefordert, der Westen möge energischer auf Verhandlungen drängen. Der 93jährige beklagte den »bellizistischen Tenor einer geballten veröffentlichten Meinung«.[11] In der Tat, auf alle Initiativen gab es heftigste Vorwürfe aus Medien und Politik. Mit dem Friedensgebot des Grundgesetzes harmonierte die zum Teil bösartige Kritik nicht. Auch die Suche nach Wegen zum Frieden ist vom Friedensgebot des Grundgesetzes geschützt.

Das Friedensgebot: Im Artikel 1 Absatz 2 bekennt sich das Grundgesetz »zu unverletzlichen und unveräußerlichen Menschenrechten als Grundlage jeder menschlichen Gemeinschaft, des Friedens und der Gerechtigkeit in der Welt«; es geht hier um sozialen Frieden im Weltmaßstab. Im Artikel 26 wird in Absatz 1 der Angriffskrieg verboten und in Absatz 2 die Produktion und der Export von Kriegswaffen unter Genehmigungsvorbehalt gestellt: »Handlungen, die geeignet sind und in der Absicht vorgenommen werden, das friedliche Zusammenleben der Völker zu stören, insbesondere die Führung eines Angriffskriegs vorzubereiten, sind verfassungswidrig. Sie sind unter Strafe zu stellen.« Als Carlo Schmid unter dem Eindruck der sowjetischen Berlin-Blockade seine Position, jedweden Krieg zu ächten, aufgegeben hatte, setzte er umso stärker darauf, den Bund, also die Bundesrepublik, »zur Wahrung des Friedens« in ein »System gegenseitiger kollektiver Sicherheit« einzuordnen. Das sei die Ultima ratio, um feindliche Angriffe abzuwehren. Der Begriff »System kollektiver Sicherheit« war für Schmid ein Terminus technicus aus dem Gebiet des Kriegsverhütungsrechts, so klar umrissen wie im Bürgerlichen Recht der Ausdruck »ungerechtfertigte Bereicherung«.[12] Auf eine präzise Definition verzichtete man deshalb; das rächte sich später. Jedenfalls wurde Carlo Schmid zum Spiritus rector des Artikels 24 Absatz 2 Grundgesetz: »Der Bund kann sich zur Wahrung des Friedens einem System gegenseitiger kollektiver Sicherheit einordnen; er wird hierbei in die Beschränkungen seiner Hoheitsrechte einwilligen, die eine friedliche und dauerhafte Ordnung in Europa und zwischen den Völkern herbeiführen und sichern.« Eingeleitet und eingerahmt werden diese Festlegungen durch das Friedensgebot der Präambel, die unter anderem feststellt, dass »das Deutsche Volk« beschlossen hat, »als gleichberechtigtes Glied in einem vereinten Europa dem Frieden der Welt zu dienen«. Dies zusammengenommen ist eine Absage an Gewaltpolitik in jedweder Form, es ist die Verpflichtung zu einer aktiven Friedenspolitik, wie sie zum Beispiel mit dem Moskauer und dem Warschauer Vertrag von 1970 und dem darin enthaltenen Gewaltverzicht realisiert worden ist.

Das Wort »Frieden« kam auf Vorschlag von Hans-Christoph Seebohm in die Entwürfe der Präambel;[13] Seebohm gehörte damals der extrem rechten Deutschen Partei DP an, trat später in die CDU ein und war von 1949 bis 1966 Bundesminister für Verkehr in sieben Kabinetten; heute ist er vergessen, in der Gründungsphase der Bundesrepublik gehörte er zu den markantesten Politikern.

Der Deutsche Bundestag lehnte daher in seiner ersten außenpolitischen Debatte am 24. und 25. November 1949 eine nationale Wiederbewaffnung ab. Aber: Die pazifistische Grundstimmung der ersten Nachkriegsjahre war unter dem Eindruck der Blockade Berlins schon schwächer geworden. Die weiteren politischen Diskussionen führten nach der Verschärfung des Ost-West-Konflikts durch den Koreakrieg zum Eintritt der Bundesrepublik Deutschland in die Europäische Verteidigungsgemeinschaft im Jahr 1952 und in die Nato im Jahr 1955. Damit verbunden war die Gründung der Bundeswehr 1955. Der Kalte Krieg hatte die Remilitarisierung in beiden deutschen Staaten aktiviert und forciert. Die DDR begann 1956 mit dem Aufbau der Nationalen Volksarmee. In der Bundesrepublik setzte Bundeskanzler Konrad Adenauer seine Wiederbewaffnungspolitik zunächst gegen die Mehrheit der Bevölkerung durch. Aus dem Strauß von 1949, dem Pazifisten der frühen Jahre, war ein Bellizist geworden. Im Fernsehgespräch mit Günter Gaus legte Franz Josef Strauß im April 1964 dar, dass er der Bundesrepublik eigentlich zunächst eine längere demilitarisierte »Gesundungsphase« gewünscht hätte, »weil die Übertreibung des Militärischen, die Perversion der Gewaltanwendung als Mittel der Politik, diese völlige Entsittlichung unserer Politik durch Anbetung der nackten, brutalen Gewalt einen Erschütterungsprozess in unserem Volk ausgelöst hat«. Aber die Zeit, er meinte die Zuspitzung des Ost-West-Konflikts, habe nach Wiederbewaffnung gerufen. Er selbst sei »nie ein Gesinnungspazifist« gewesen, also keiner, »der Gewaltanwendung – gleichgültig für welchen Zweck – ablehnt«. Strauß wollte sich im Fernsehgespräch mit Gaus »eher als Verantwortungspazifist bezeichnen«. Das ist ein euphemistisches Wort für den von ihm betriebenen Ankauf von 916 Starfighter-Kampfflugzeugen des US-amerikanischen Lockheed-Konzerns, von denen ein knappes Drittel abstürzte; 116 Piloten kamen ums Leben.

Strauß wurde 1955 Minister für Atomfragen in der Regierung Adenauer, von 1956 bis zu seinem Rücktritt im Jahr 1962 (wegen der Spiegel/Strauß-Affäre) war er Verteidigungsminister, nach Theodor Blank der zweite der Bundesrepublik. Er baute die Bundeswehr auf, er trieb deren atomare Bewaffnung voran, dabei heftig kritisiert von namhaften Atomphysikern wie Otto Hahn und Werner Heisenberg. »Es werden Zeiten kommen«, so kündigte Strauß an, »wo eine Kaserne genauso wichtig ist wie eine Kirche.« Der Satz wird vielfach wiedergegeben; exakt belegt ist er nicht; es dürfte sich um ein Zitat aus einer Aschermittwochsrede in Vilshofen im Jahr 1961 handeln. Strauß hat mit diesem Satz recht behalten, nicht nur deswegen, weil das Gewicht und die Rolle der Kirche sehr geschrumpft sind. Es hat erst eine Remilitarisierung der Politik, dann auch ein Mentalitätswechsel der Gesellschaft stattgefunden, der durch die Friedensbewegung der siebziger und frühen achtziger Jahre zunächst stark gebremst, aber nicht aufgehalten wurde. Die Friedensbewegung, aus der sich zusammen mit der Umweltbewegung die grüne Partei entwickelte, hat kein Gewicht mehr. Aus einer friedensbewegten grünen Partei wurde eine Brutstätte für Falken, eine Partei, die für Aufrüstung und immer mehr Waffenlieferungen in die Ukraine wirbt (siehe Kapitel 5 »Die weißen Tauben sind müde«). Der Strauß-Satz über die Kirchen und die Kasernen könnte heute, in verschärfter Form, von den Grünen kommen: Für sie sind die Kasernen wichtiger als die Kirchen.

Das Grundgesetz ist nach seinem Wortlaut nach wie vor ein Manifest des Friedens; der politische Status quo ist es nicht. Die Bundeswehr, von der im Grundgesetz steht, dass sie »zur Verteidigung« da ist und dass sie außer zur Verteidigung nur eingesetzt werden darf, wenn dies das Grundgesetz ausdrücklich zulässt, wird seit 1994 mit Genehmigung des Bundesverfassungsgerichts in Auslandseinsätze geschickt, ohne dass dies das Grundgesetz ausdrücklich zulässt. Die einschlägigen Grundgesetzartikel, die auf eine Weise, die man »ausdrücklich« nennen könnte, Bundeswehreinsätze außerhalb des Bundes- und des Bündnisgebiets gerade nicht zulassen, wurden und werden von der Regierungspolitik und vom Militär kreativ so ausgelegt, dass sie das erlauben. Das galt für den Einsatz der Bundeswehr im Kosovo, das galt zum Beispiel für ihren Einsatz in Afghanistan, das gilt für das militärische Engagement in der Ukraine, das gilt für das massive Aufrüstungs- und Waffenlieferungsprogramm seit 2022. So kam es auch zum ersten Kampfeinsatz deutscher Soldaten nach 1945 – es war im Jahr 1999 im Rahmen der Nato, im Kosovokrieg; der Bombenhagel auf Belgrad war ohne UN-Zustimmung erfolgt, die Nato-Staaten hatten sich wegen eines wahrscheinlichen russischen Vetos im Sicherheitsrat gar nicht ernsthaft um eine solche Zustimmung bemüht. Zusammengefasst: Die Verfassungspraxis hat sich geändert, die Verfassung nicht. Die deutschen Panzer rattern am Grundgesetz vorbei, die deutschen Haubitzen schießen dort vorbei; sie töten aber gezielt.

Zu einem Buch, das ein unentbehrlicher Ratgeber ist, sagt man »Vademecum«. Das kommt aus dem Lateinischen und heißt so viel wie »Geh mit mir!« Es gibt solche unentbehrlichen Ratgeber für alle Berufsgruppen und alle Lebenslagen. Der unentbehrliche Ratgeber für Staatsbürger, auch für die Staatsbürger in Uniform, heißt Grundgesetz: Dort sind die Grundrechte formuliert, die ziemlich verlässliche Begleiter der Bürger geworden sind. Wenn es freilich um Auslandseinsätze der Bundeswehr geht, dann ist es aus mit dem Vademecum. Geh mit mir? Das Grundgesetz geht nicht mit den deutschen Soldaten ins Ausland. Es liegt auch nicht den Waffenexporten bei, es geht also nicht mit den Leopard-Panzern und den Taurus-Raketen in die Ukraine. Die geschriebene Wehrverfassung als Teil des Grundgesetzes befindet sich auf dem Stand von 1956. Das Grundgesetz muss aber Antworten geben auf die Fragen, in denen es um die Staatsgewalt im Wortsinn, um Leben und Tod, um Freiheit und Sicherheit geht.

Das Grundgesetz ist also ein blinder Spiegel: Man schaut hinein, erkennt aber dort die Bundeswehr nicht. Das Grundgesetz beschreibt eine Truppe, die es nicht mehr gibt. Das Sein und das verfassungsrechtliche Sollen der Bundeswehr passen nicht mehr zueinander. In den Weißbüchern der Bundeswehr wird die Truppe ganz selbstverständlich als »Instrument einer umfassend angelegten Sicherheitspolitik« beschrieben. Man kann nun das Grundgesetz von vorn nach hinten und von hinten nach vorn durchblättern – davon findet man dort kein Wort. Die tatsächliche Verfassung, in der sich die deutsche Armee befindet, hat mit der Aufgabenbeschreibung, die ihr die deutsche Verfassung gibt, nicht mehr viel zu tun.

1956 wurde Artikel 87 a ins Grundgesetz eingeführt, der, nach heftigem Streit um die Wiederbewaffnung, beschloss: »Der Bund stellt Streitkräfte zur Verteidigung auf.« Verteidigung ist die Primärfunktion der Streitkräfte. Die Wahrnehmung sogenannter Sekundärfunktionen (»außer zur Verteidigung«) setzt die ausdrückliche Zulassung durch das Grundgesetz voraus. An dieser Ausdrücklichkeit fehlte und fehlt es. Es gibt Verfassungsjuristen und Politiker, die daher einfach den Verteidigungsbegriff neu definieren wollen. Sie meinen, Verteidigung sei viel mehr als nur Landesverteidigung, Verteidigung setze also nicht unbedingt die Verteidigung eines angegriffenen deutschen Territoriums voraus; das Grundgesetz begrenze nicht den geographischen Einsatzraum der Bundeswehr, sondern lege den politischen Einsatzzweck fest. Deutschland verteidigen könne man daher überall, am Hindukusch, in Aleppo, auf hoher See und im Weltraum. Das klingt pfiffig. Aber mit bloßer Pfiffigkeit ist dem Ernst des Anliegens nicht gedient.

Das Bundesverfassungsgericht hat geholfen. Die einschlägigen Grundgesetzartikel wurden vom höchsten deutschen Gericht der von der Nato und der Bundesregierung geschaffenen Lage angepasst. Karlsruhe gestattete es also den Fakten, quasinormative Kraft zu entfalten. Das funktionierte so: Abweichend von seiner früheren Rechtsprechung vertrat das Bundesverfassungsgericht in seiner einschlägigen Out-of-Area-Entscheidung aus dem Jahr 1994 die Auffassung, die Nato sei nicht nur ein klassisches Verteidigungsbündnis, sondern auch ein »System gegenseitiger kollektiver Sicherheit« im Sinn von Artikel 24

Absatz 2 Grundgesetz – und daher seien deutsche Einsätze im Rahmen der Nato grundsätzlich in Ordnung. Diese Auslegung entsprach und entspricht zwar der aktuellen deutschen Staatsräson und den Wünschen der Bundesregierungen, ob sie nun von der SPD oder der CDU/CSU geführt wurden oder geführt werden; dem Geist des Grundgesetzes und seinem Friedensgebot entspricht sie aber nicht. Diese Auslegung des Artikels 24 Absatz 2 war und ist ein Freifahrtschein für deutsche Auslandseinsätze und staatliche Waffenlieferungen in Kriegs- und Krisengebiete.

Als Trostpflaster klebte das Bundesverfassungsgericht einen im Text des Grundgesetzes eigentlich gar nicht vorgesehenen Parlamentsvorbehalt ins Urteil: Vor jedem Out-of-Area-Einsatz der Bundeswehr müsse die Bundesregierung dic Zustimmung des Bundestags einholen – wenn, wegen Gefahr im Verzug, die Soldaten ohne diese Zustimmung in den Einsatz geschickt worden seien, müsse die Parlamentsabstimmung umgehend nachgeholt werden. Das sollte die Rolle der Bundeswehr als Parlamentsarmee manifestieren, das klingt auch gut, ist aber Augenwischerei. Das Parlament möchte man sehen, das eine mitten im Einsatz befindliche Armee zurückbeordert. Das vom Bundesverfassungsgericht geforderte Parlamentsbeteiligungsgesetz trat im Übrigen erst am 24. März 2005 in Kraft, fast elf Jahre nach dem Out-of-Area-Urteil des Bundesverfassungsgerichts. Man sieht: Die Politik hat es nicht eilig, bewaffnete Missionen zu kontrollieren. Das ist eine kleine, aber bezeichnende Marginalie zur Geringschätzung des Friedensgebots. In keinem anderen Bereich ist der Ist-Zustand der Politik so weit von dem Zustand entfernt, den die Verfassung beschreibt. Das Friedensgebot des Grundgesetzes liegt im Niemandsland.

In den wilden Achtundsechzigerjahren der alten Bundesrepublik, als es noch eine Wehrpflicht gab, sich aber immer mehr junge Menschen dieser Pflicht verweigerten und deshalb einer Gewissensprüfung vor einer staatlichen Kommission unterzogen wurden, sang der Liedermacher Franz Josef Degenhardt ein bissiges Lied über diese Gewissensprüfung. Es hieß »Befragung eines Kriegsdienstverweigerers«; der Sänger übernahm den Part des Vorsitzenden der Prüfungskommission. »Sie berufen sich hier pausenlos aufs Grundgesetz«, so antwortete er dem Verweigerer; »sagen Sie mal, sind Sie eigentlich Kommunist?« So war das damals, 1972. Das ist lange her. Das Grundgesetz und die Grundrechte sind seitdem zur geliebten Autorität, ja zum Alltagsbegleiter der Menschen geworden. Wer heute das Grundgesetz kennt und nennt, darauf vertraut und mit ihm argumentiert, der gilt nicht mehr als verdächtig, sondern als Verfassungspatriot – es sei denn, er pocht auf den Artikel 15 oder auf das Friedensgebot der Präambel. Den Artikel 15 übersehen viele Staatsrechtler und Politiker gern, weil sie ihn für eine Jugendsünde der Republik halten, für ein Kuckucksei im Nest der Verfassung. Er handelt von Grund und Boden, Naturschätzen und Produktionsmitteln, die »zum Zwecke der Vergesellschaftung in Gemeineigentum oder in andere Formen der Gemeinwirtschaft überführt« werden können – gegen Entschädigung natürlich. Er war den Müttern und Vätern des Grundgesetzes wichtig, weil ihnen das Gemeinwohl wichtig war. Er war ihnen so wichtig wie das Friedensgebot.

Die Rechtswissenschaftlerinnen und Rechtswissenschaftler, die sonst jedes Wort und jeden Buchstaben dreimal umdrehen, wissen zum Friedensgebot nicht viel zu sagen. Wer in den juristischen Kommentarwerken nachschlägt, findet dazu nur ziemlich karge und spärliche Darlegungen. Es ist versäumt worden, das Friedensgebot auszuarbeiten, zu substantiieren, zu spezifizieren und zu konkretisieren, wie das mit dem Rechtsstaatsgebot und dem Sozialstaatsgebot sehr wohl geschehen ist. Das Friedensgebot ist daher eine schöne, aber leere Formel geblieben; sie ziert das Grundgesetz, wurde und wird aber behandelt wie eine Verzierung. Das war und ist falsch; und das rächte sich in der öffentlichen Diskussion über den Ukrainekrieg. Sie war und ist eine haltlose Diskussion, sie hat, anders als das Sozialstaats- und das Rechtsstaatsgebot, keinen Halt in der Verfassung – weil der Gehalt des Friedensgebots nicht festgehalten wird. Das Prinzip Frieden müsste noch umfassend entfaltet werden; dies ist nicht geschehen. Es ist zusammengefaltet worden und steht verloren und unbeachtet in der Ecke.

Das hat Tradition. Schon die Weimarer Reichsverfassung von 1919 hatte den Willen, »dem inneren und dem äußeren Frieden zu dienen«, in ihre Präambel gesetzt. Das war neu in der deutschen Verfassungsgeschichte. Schon damals konnten die Juristen der Weimarer Republik mit dem Friedenswillen der Verfassung nicht viel anfangen. In den Kommentaren herrscht dazu das große Schweigen. Im wichtigsten und verbreitetsten Kommentarwerk zur Weimarer Reichsverfassung, dem des Heidelberger Staatsrechtslehrers Gerhard Anschütz, steht dazu – nichts. Der Hamburger Rechtswissenschaftler und FDP-Rechtspolitiker Ingo von Münch meint dazu, dass sich Juristen mit Neuland immer schwertun.[14] Womöglich habe man dem Vorspruch zur Verfassung damals auch weniger Bedeutung beigemessen. Aber das Schweigen ist heute fast so laut wie damals – vor über hundert Jahren, obwohl das Bundesverfassungsgericht 1973 in seinem Urteil zum Grundlagenvertrag zwischen der DDR und der Bundesrepublik den rechtlichen Gehalt der Präambel sehr betont hat.

Es ging freilich nicht um das Friedensgebot, sondern um das Wiedervereinigungsgebot.

Das Friedensgebot ist stumm geblieben. Für das Für und Wider von Waffenlieferungen an die Ukraine spielten und spielen das Grundgesetz und sein Friedensgebot kaum eine Rolle. Vielleicht deshalb gilt die Warnung vor einer »Eskalation« des Krieges als Ausdruck der Verzagtheit, vielleicht deshalb werden in dieser Debatte Wörter wie »Kompromiss« und »Waffenstillstand« häufig so ausgesprochen, als wären sie vergiftet; vielleicht deshalb gilt Kriegsrhetorik als Ausdruck von Moral. Wie dient man, wie es das Grundgesetz verlangt, dem Frieden in Zeiten des Ukrainekriegs – mit Haubitzen oder mit Vermittlungsversuchen? Mit Diplomatie oder mit Drohnen? Womöglich mit beidem? Nothilfe gegen einen Aggressor gehört zur aktiven Friedenspolitik, das ist im Völkerrecht unumstritten. Aber: Wo endet die gute Nothilfe, wo beginnt die rechtswidrige Verlängerung und Vergrößerung der Not? Die Grundgesetzformulierung beinhaltet zunächst die Absage an Gewaltpolitik in jedweder Form. Wie hat diese Absage auszusehen? Sie besteht jedenfalls nicht in der Verspottung von Entspannungspolitik. Das Wort »dienen« verlangt auch mehr als Indifferenz, das Wort verlangt eine aktive Friedenspolitik.

Wie wird wieder Frieden? Kann militärische Gegengewalt ihn bringen? Sie kann gewiss einen Teil der tödlichen Bedrohung durch Putins Raketen abwehren. Sie kann dessen Verbrechen Einhalt gebieten. Sie kann die Zerschlagung des Staats Ukraine, sie kann die Tyrannei verhindern. Aber kann sie Frieden bringen? Und wann ist Frieden? Ist er da, wenn der Angriff Russlands gestoppt ist? Oder dann, wenn die Russen aus dem Donbass und von der Krim vertrieben sind? Oder muss Putin gar auf seinem eigenen Boden niedergerungen und besiegt werden? Soll man den Krieg fortsetzen, solange man noch Chancen auf dem Schlachtfeld sieht – im Glauben, die eigene Verhandlungsposition zu verbessern? Darf es am Ende heißen: Souveränität gerettet, Land zerstört? Kann man den Frieden mit Leopard-Panzern gewinnen? Kann man ihn mit Jagdflugzeugen einfangen? Riskiert man damit einen russischen Atomschlag?

Der Krieg definiert den Frieden, heißt es. Das meint: Wenn nicht mehr geschossen, gebombt, zerstört und getötet wird – dann ist Frieden. Solcher Frieden ist die Abwesenheit von Krieg. Das wäre schon etwas. Ein echter Friede ist das aber nicht. Ein echter, ein ernster Friede ist einer, der befriedet und nicht den Anlass für den nächsten Krieg in sich trägt.

»Was ist der Ernstfall?«, so hat 1969 ein Bundespräsident, es war Gustav Heinemann, in seiner Antrittsrede gefragt. Und er gab folgende Antwort: »Nicht der Krieg ist der Ernstfall [...], wie es meine Generation in der kaiserlichen Zeit auf den Schulbänken lernte, sondern der Frieden ist der Ernstfall, in dem wir alle uns zu bewähren haben. Hinter dem Frieden gibt es keine Existenz mehr.« Das war eine spektakuläre Rede in der Zeit des Kalten Kriegs; und wenig später bestätigte eine fundamentale wissenschaftliche Studie Carl Friedrich von Weizsäckers mit dem Titel »Kriegsfolgen und Kriegsverhütung«, dass in einem Atomkrieg in Mitteleuropa alles zerstört würde, was hätte verteidigt werden sollen; angesichts solcher Perspektiven sei nur noch eine Politik der Kriegsverhinderung verantwortbar. Das war richtig – aber: Die Verhinderung ist nicht gelungen. In der Ukraine ist daher der Krieg der ernste Ernstfall. Und die Frage ist, wie man vom real existierenden Ernstfall wieder zum gewünschten Ernstfall kommt.

Bundesverteidigungsminister Boris Pistorius fordert, Deutschland müsse wieder »kriegstüchtig« werden. Es handelt sich nicht einfach nur um rhetorische Martialität, sondern um konzeptionelle Martialität: »Unsere Wehrhaftigkeit erfordert eine kriegstüchtige Bundeswehr«, so heißt es in den neuen »Verteidigungspolitischen Richtlinien« vom 9. November 2023. Dies sei das »Rückgrat der Abschreckung und kollektiven Verteidigung in Europa«. Die müsse »in allen Bereichen kriegstüchtig sein« und Maßstab hierfür sei »jederzeit die Bereitschaft zum Kampf mit dem Anspruch auf Erfolg im hochintensiven Gefecht«. Fünfmal steht das Wort von der notwendigen Kriegstüchtigkeit der Bundeswehr in diesen Leitlinien. Diese Propagierung einer Kriegstüchtigkeit ist nicht nur falsch, sondern gefährlich. Sie ist ein Verstoß gegen den Buchstaben und den Geist des Grundgesetzes. Weder das Grundgesetz und sein Friedensgebot, noch die Vereinten Nationen, noch die OSZE, also die Organisation für Sicherheit und Zusammenarbeit in Europa, spielen in den Verteidigungspolitischen Richtlinien eine Rolle. Carsten Breuer, der Generalinspekteur der Bundeswehr, hat von einem großen »Mindset-Wechsel« gesprochen. Er meinte damit: Die Denkweisen und Verhaltensmuster der Menschen, ja ihre innere Haltung zum Krieg müssten sich ändern. Deutschland solle sich, das war sein Anliegen, wieder an den Krieg gewöhnen, zumindest daran, dass Krieg droht. Das sei doch schließlich der Sinn der Wehrverfassung im Grundgesetz.

Wirklich? Wirklich nicht! Zwar heißt es dort: »Der Bund stellt Streitkräfte zur Verteidigung auf.« Auf dieser Basis wurde das Soldatengesetz formuliert. Aber dort stand und steht das Wort Verteidigung, nicht das Wort Krieg. Der Gehalt der deutschen Verfassung und deutsche Staatsräson sind zuvorderst Völkerverständigung und Friedensdenken. Das soll so bleiben, das muss so bleiben; und eine Kriegstüchtigkeits-Diskussion ist eine Beleidigung für die Mütter und Väter des Grundgesetzes. Sie würden sich bei diesem Wort an die irre Kriegsbegeisterung der Deutschen am Anfang des Ersten Weltkriegs erinnern und an die brutale Ernüchterung, die dann folgte. Mit seiner Kriegstüchtigkeits-Forderung hat der Verteidigungsminister einen Fehler gemacht. Dieses Wort »Krieg« ist nicht einfach ehrlich, es ist einfach gefährlich.

Tüchtigkeit – das ist kein Wort, das man mit Krieg verbinden darf. Ein Verteidigungsminister ist nicht dann ein tüchtiger Verteidigungsminister, wenn und weil er möglichst markant das Wort »Krieg« wagt. Ein Verteidigungsminister muss nicht den Krieg wagen, sondern den Frieden, und er muss alles dafür tun, ihn zu erhalten. Dazu gehören militärische Mittel; er muss daher dafür sorgen, dass die Verteidigungskraft ausreichend groß ist. Pistorius sollte nicht für Kriegstüchtigkeit, sondern für Friedenstüchtigkeit werben – so wie er es getan hat, als er (von 2006 bis 2013) Oberbürgermeister der Friedensstadt Osnabrück war und in seiner Rede zum Antikriegstag 2008 sagte: »Kriege sind schrecklich, gnadenlos und grausam. Sie können weder heilig noch gerecht sein.« Seine Rede damals beendete Pistorius mit einem Zitat von Erich Maria Remarque, dessen Geburtsstadt Osnabrück ist: »Man muss an die Zukunft glauben, an eine bessere Zukunft. Die Welt will Frieden.« Das Originalzitat Remarques geht an dieser Stelle weiter, nämlich so: Sie »...will Frieden. Trotz gewisser Politiker.« Pistorius war in seinem Politikerleben stets weit weg von diesen gewissen Politikern. Er sollte nicht den Eindruck erwecken, er habe die Seiten gewechselt.

Krieg oder Verteidigung – ist das einerlei? Es geht dabei nicht nur um einen semantischen Unterschied; es geht um den Unterschied ums Ganze. Das Wort Krieg programmiert das Hirn anders als das Wort Verteidigung. Das Wort Kriegstüchtigkeit aktiviert und optimiert alte Denk- und Verhaltensmuster, es führt zu einem positiven Bild vom Krieg, es bricht der ständigen Aufrüstung Bahn und behauptet, das sei »tüchtig«. Deutschland und Europa brauchen nicht Kriegstüchtigkeit, sondern Friedenstüchtigkeit; das ist die Lehre aus der europäischen Geschichte.

Entweder es ist Krieg oder es ist Frieden, und dazwischen ist nichts Mittleres. So hat es einst Cicero, der römische Politiker und Philosoph, gesagt; und so lehrt es das klassische Völkerrecht; womöglich sind einst auch die Mütter und Väter des Grundgesetzes noch von dieser Antinomie ausgegangen. Aber das wird der Realität nicht gerecht, schon deswegen nicht, weil Frieden sehr viel mehr ist als die Abwesenheit von Krieg oder auch nur eine bestimmte geographische Distanz zum Krieg; das Mittlere ist umfassend, die Grauzone ist also groß. Es war die Anstrengung in der Grauzone, die seinerzeit Gustav Heinemann gefordert hat, es war in seiner oben zitierten Antrittsrede als Bundespräsident.

Es fehlt eine Verfassungstheorie zu einer Kultur des Friedens, die dann die Verfassungspraxis, also die Politik befruchtet und beflügelt. Der Staatsrechtler Peter Häberle hat das richtig konstatiert: Er hat darauf hingewiesen, dass die sogenannten Grundrechte der zweiten Generation, also die wirtschaftlichen, sozialen und kulturellen Freiheiten, die ja die klassischen Grundrechte ergänzen, um des Friedens willen entstanden sind. Und das gesamte Umweltrecht ist entstanden nicht nur um Frieden mit der Natur, sondern auch um Frieden mit den künftigen Generationen zu erreichen. Der Frieden ist nämlich keine Leerformel, kein Füllwort und keine Schmuckvokabel. Er ist das tragende Prinzip der Verfassung, das als tragendes Prinzip aber noch nicht entwickelt worden ist. Das ist noch zu leisten, da steht Gustav Heinemanns Mahnung aus dem Jahr 1969 noch fordernd im Raum. Es gilt der Imperativ von Immanuel Kant, es gilt sein Friedenspostulat: »Das Recht muss nie der Politik, aber die Politik jederzeit dem Rechte angepasst werden.« Das Friedensgebot des Grundgesetzes weist da einen wichtigen, es weist den richtigen Weg. Es ist dies der Weg vom Recht des Stärkeren zur Stärke des Rechts.

Kapitel 3

# Die Dilemmata der Gewaltlosigkeit

Schwerter zu Pflugscharen? Pazifisten von Kant bis Gandhi: Ihre Kraft, ihre Ohnmacht, ihre Instrumentalisierung. Und eine Auseinandersetzung mit Max Weber: Warum seine Trennung von Gesinnungsethik und Verantwortungsethik falsch ist

Ein Geständnis zum Auftakt: Ich bin kein Pazifist, aber ich bewundere die Pazifisten; ich bewundere, wie sie es schaffen, ihre Ohnmacht auszuhalten. Ich bewundere sie dafür, und ich wundere mich darüber, dass viele von ihnen auch angesichts der Aggression Putins nicht schwankend und wankend wurden. Diese Unerschütterlichkeit habe ich nicht. Ich bewundere es, wenn Pazifisten im Angesicht der Gewalt dieser Gewalt die Gegengewalt verweigern. Ich bewundere, dass sie allenfalls auf zivilen, nicht auf bewaffneten militärischen Widerstand setzen. Sie setzen auf die Kraft des Rechts, sie hoffen auf Frieden durch Recht, auf einen gerechten Frieden also; sie nehmen aber der Gerechtigkeit das Schwert weg, lassen die Gerechtigkeit also mit der Waage allein. Ist das recht so? Wie sichert man die Herrschaft des Rechts? »Schwerter zur Pflugscharen«, sagen die Pazifisten.

Die Pazifismus-Kritiker antworten: Nicht mit Pflugscharen und gutem Zureden sind die Nazis besiegt worden. Das stimmt. Aber wer hat sie groß gemacht? Die Pazifisten etwa? Sie haben dem aufgeblasenen Militarismus die Luft abgelassen. Und es ist ihr Werk, wenn die Skepsis gegenüber Aufrüstungsorgien wach bleibt. Es ist ihr Verdienst, wenn klar bleibt, dass es jedenfalls einen wichtigen Unterschied gibt zwischen 1938/39 und heute: Damals gab es, erstens, zweitens und drittens, keine Atomwaffen. Ihr Einsatz wäre der Untergang des europäischen Kontinents. Ihr Einsatz wäre nicht eine Zeitenwende, sondern das Zeitenende. Was folgt daraus? Wenn du den Frieden willst, bereite den Frieden vor. Aber wie geht das? Eine Befriedung Europas ohne Friedensbewegung ist nicht vorstellbar.

Im Garten des Hauptgebäudes der Vereinten Nationen in New York steht eine Kolossalstatue, nicht schön, aber berühmt. Ein athletischer, muskelbepackter Mann steht da, im Ausfallschritt, den Kopf entschlossen nach vorn geneigt. Über seinem Kopf führt er mit der Rechten einen schweren Schmiedehammer und holt mit Wucht zum Schlag aus. Er zielt auf das riesige Schwert, das er in seiner Linken hält, besser gesagt auf das, was einmal ein Schwert war. Denn das Blatt der Waffe ist von vorherigen Schlägen bereits verformt. Es taugt nicht mehr zum Hauen, Stechen, Töten. Es ist unbrauchbar zum Kämpfen. Staunend sieht man: Der Riese arbeitet mit aller Kraft und Konzentration daran, aus seinem Schwert einen Pflug zu schmieden.

Die Herkunft der heroischen Plastik ist unschwer zu erraten. Sie ist typisch für den sozialistischen Realismus der Sowjetunion, ihr Schöpfer ist der in der Ukraine geborene Bildhauer Jewgeni Wiktorowitsch Wutschetitsch. Im Jahr 1959 schenkte die Sowjetunion die Plastik den Vereinten Nationen, um vor aller Welt ihre Bereitschaft zur friedlichen Koexistenz mit und in der Völkerwelt zu bekräftigen. Ob es nun aufrichtiges Manifest, niederträchtiges Manöver oder etwas von beidem ist – das hat schon was: Mitten im Kalten Krieg zitiert die durch und durch atheistische, kirchenfeindliche, kommunistische Großmacht die Bibel, die aus ihrer Sicht nicht Heilige Schrift ist, sondern Teil der Ideologie des Klassenfeindes. Sie zitiert in der monumentalen Figur wie mit großen Lettern diese Worte aus den alttestamentlichen Prophetenbüchern: »Gott wird richten unter den Nationen und zurechtweisen viele Völker. Da werden sie ihre Schwerter zu Pflugscharen und ihre Spieße zu Sicheln machen. Denn es wird kein Volk wider das andere das Schwert erheben, und sie werden hinfort nicht mehr lernen, Krieg zu führen.« (Jesaja 2,4–5, und fast wortgleich in Micha 4,1–4).

Der Friedens-Koloss von New York im Garten der Vereinten Nationen blieb nicht einer. Er wurde viele; und er wurde zur Berühmtheit, als die Friedensbewegung der DDR ihn zu ihrem Gewährsmann und Symbol auserkor. Zusammen mit dem Schriftzug »Schwerter zu Pflugscharen« wurde er am Buß- und Bettag 1980 erstmals als Lesezeichen für eine Einladung zum Gottesdienst von evangelischen Jugendgruppen in der DDR verwendet. Die Evangelische Kirche antwortete damit trotzig auf ein Gesetz der SED. Die hatte zwei Jahre zuvor »Wehrerziehung« als Pflichtfach in den Schulen eingeführt, woraufhin die Kirche das Alternativprogramm »Erziehung zum Frieden« auflegte. Die »Schwerter zu Pflugscharen«-Grafik entgegnete rebellischer und lauter, als Worte es vermocht hätten: »Sie werden hinfort nicht mehr lernen, Krieg zu führen.« Das war der Hammer. Und der Mann mit dem Hammer wurde allgegenwärtig, er wurde gedruckt, er wurde auf der Kleidung aufgenäht als Sticker; und weil das nicht gern gesehen war, wurde er repräsentiert durch ein kreisrundes Loch da, wo sein Platz sein sollte, nach dem Prinzip: Das Abwesende ist durch seine Abwesenheit umso präsenter. Das Motto der ersten sogenannten Friedensdekade »Frieden schaffen ohne Waffen« sprang auf den Westen über und wurde Ausdruck der Angst und des Widerstands dagegen, Europa zum atomaren Schlachtfeld zu machen.

Dass sein Geschenk auf diese Weise Furore machen würde, hatte Nikita Chruschtschow wohl kaum geahnt. Und ob die Skulptur ehrliche oder eher öffentlich simulierte Friedenssehnsucht verkörperte, ist schwer zu sagen. Denn die Zeichen standen auf Aufrüstung, und nur wenige Jahre später würde in der Kuba-Krise der Weltfriede in extremer Gefahr sein. Die Sowjetunion hatte bestens gelernt, Krieg zu führen, sie hatte es im Krieg gegen Hitler lernen müssen und hatte es auch 1959, als der Garten der UN seinen neuen Bewohner bekam, nicht verlernt. Da waren es gerade 18 Jahre her, dass Hitlers Armee die Sowjetunion überfallen hatte. Der Deckname für den Angriffskrieg der deutschen Wehrmacht war »Unternehmen Barbarossa«, drei Millionen Soldaten überschritten die sowjetische Grenze. Weil Kriege nie ohne Legitimation auskommen und Soldaten auch beim verbrecherischsten Krieg im guten Glauben sein sollen, für eine gerechte Sache zu kämpfen, gab es auch bei diesem Angriff eine Legitimation: Es gehe um Lebensraum im Osten und um die Bekämpfung des gottlosen und bedrohlichen Bolschewismus. 30 Millionen Menschen wurden ermordet, starben an Krankheiten oder verhungerten.

Daran erinnert eine Bruderskulptur der Kolossalplastik in New York, ebenfalls von Jewgeni Wiktorowitsch Wutschetitsch entworfen. Sie wurde zehn Jahre zuvor, im Jahr 1949, im Treptower

Park in Berlin aufgestellt, allerdings nicht als Geschenk, sondern auf Weisung der sowjetischen Militäradministration. Als machtvolles Statement zu Ehren der sowjetischen Armee und der getöteten Soldaten trägt sie den Namen »Der Befreier«. Wieder ist es ein Soldat mit einem Schwert; er hält es, lässig nach unten zum Boden gerichtet, in seiner rechten Hand, auf dem linken Arm trägt er beschützend ein Kind. Unter seinen Stiefeln liegt ein zerbrochenes Hakenkreuz.

Es lohnt sich, noch eine dritte Wutschetitsch-Skulptur näher zu betrachten, zu der der Künstler das erste Modell lieferte, aber die Ausführung nicht mehr erlebte. Diesmal ist es eine Frauenfigur, die den zuvor beschriebenen männlichen Heroen an Kraft und Entschlossenheit nicht nachsteht. Auch sie ist mit einem mächtigen Schwert ausgestattet; mit ihrer Rechten reckt sie es demonstrativ und kampfbereit in die Höhe, in der Linken hält sie einen Schild; streng blickt sie nach Osten. Über sechzig Meter hoch und auf einem vierzig Meter hohen Sockel ruhend, ist sie die höchste Statue Europas. Sie steht in Kiew. Ursprünglich trug sie den Namen »Mutter Heimat«, doch im Jahr 2023 wurde sie unter dem Eindruck des russischen Angriffskrieges umbenannt in »Mutter Ukraine«, um in Richtung Osten nicht die Verbundenheit mit Russland, sondern im Gegenteil die Unabhängigkeit und Verteidigungsbereitschaft der Ukraine zu bekräftigen. Auch Putin hatte eine Erklärung für seinen Überfall auf das Nachbarland parat. In seiner Erzählung ist es kein Angriffskrieg, sondern dient der Bekämpfung von Nazis und der präventiven Verteidigung gegen die Aggression der Nato.

Die Betrachtung der drei Skulpturen lohnt nicht, wenn man auf liebliche Augenweide und ergötzenden Kunstgenuss aus ist; ihre Prunk- und Protzästhetik ist schwer auszuhalten. Aber sie zusammenzusehen, ist ein guter Einstieg für dieses Kapitel des Buches, das sich mit der Faszination und Widersprüchlichkeit des Pazifismus beschäftigt, mit seiner Kraft und seinem Unvermögen, mit seiner Macht, seiner Ohnmacht und mit seiner missbräuchlichen Instrumentalisierung.

Die pazifistische Utopie hat ein biblisches Alter. Schwerter zu Pflugscharen! Eingängiger, kürzer und genialer als in diesen drei Worten kann man die Vision vom endgültigen Ende aller Kriege und der Auflösung aller Armeen kaum ausmalen. Die Nationen werden ihre Waffen umbauen zu Werkzeugen, zu Pflügen und Winzermessern. Die Schlachtfelder werden zu Äckern, auf denen Getreide fürs tägliche Brot geerntet wird, sie werden zu Weinbergen, in denen die Trauben für den Wein gelesen werden. Und noch weiter geht das Bild: Wo keine Waffen mehr sind, da haben die Lehrmeister des Krieges auch nichts mehr in der Hand, um das Kriegshandwerk zu lehren. Kriegsuntüchtigkeit wird herrschen. Die internationalen Konflikte werden nicht vorbei sein, klar, aber sie werden nicht auf dem Schlachtfeld gelöst.

Zweieinhalb Jahrtausende alt ist dieser Traum von einer ultimativen Zeitenwende, die die Gezeiten der Gewalt beendet und ein Zeitalter des immerwährenden Friedens bringt. Wie alle pazifistischen Utopien ist er nicht in einem wohligen Wolkenkuckucksheim geträumt worden, sondern inmitten von dreckigen Kriegserfahrungen in einer Welt rivalisierender und sich bekriegender Großmächte, die damals nicht Russland, China, USA hießen, sondern Assyrien, Babylonien, Persien. Aus diesem Erbe speisten sich religiöse Gemeinschaften im Mittelalter und in der Neuzeit, die sich kategorisch der Gewaltfreiheit verpflichteten und kollektiv den Kriegsdienst ablehnten. Die Gemeinschaften des Franziskanerordens, die Waldenser, Hussiten, Hutterer und

Mennoniten, später die Quäker in England verweigerten sich auch um den Preis, dafür verfolgt und getötet zu werden, dem Dienst mit der Waffe.

Immanuel Kant ist es, der 1795, an der Schwelle zum 19. Jahrhundert, die Idee des ewigen Friedens aus der biblisch religiösen Sprache und Tradition in die Moralphilosophie und das Recht überführt. Er legt einen philosophischen Vertragsentwurf vor, in dem es heißt: Friedensschlüsse dürfen nicht den Grund zum nächsten Krieg liefern; es dürfen keine Kredite aufgenommen werden, um Kriege zu führen; kein Staat soll sich gewalttätig in Verfassung oder Regierung eines anderen einmischen; stehende Heere soll es nicht mehr geben; im Krieg soll sich kein Staat zu Massakern hinreißen lassen, die das Vertrauen zerstören, das für einen künftigen Frieden nötig ist; die Verfassung soll republikanisch sein. Und: Das alles funktioniert nur mit einem internationalen Rechtssystem – was für eine Weitsicht! Man staunt bei der Lektüre über die Klugheit und Hellsichtigkeit von Kants Überlegungen zu einer stabilen internationalen Friedensordnung.

Kant gibt seiner Schrift den Titel »Zum ewigen Frieden«, ein Name, der auch über einer Wirtshaustür oder einem Friedhofstor hätte stehen können. Und gleich zu Beginn nimmt er denn auch mit entwaffnendem Humor und mutiger Ironie jenen Kritikern den Wind aus den Segeln, die behaupten, das sei doch alles illusorisch oder gar staatsgefährdend: »Ob diese satyrische Ueberschrift auf dem Schilde jenes holländischen Gastwirths, worauf ein Kirchhof gemahlt war, die *Menschen* überhaupt, oder besonders die Staatsoberhäupter, die des Krieges nie satt werden können, oder wohl gar nur die Philosophen gelte, die jenen süßen Traum träumen, mag dahin gestellt seyn.« Klar ist jedenfalls: Für Immanuel Kant ist die Idee vom ewigen Frieden weder eine Schnapsidee noch eine, die erst im Jenseits nach dem Tod eine Chance hat, sich zu verwirklichen. Sie gilt allen, vor allem aber den kriegshungrigen Staatsoberhäuptern, die von einer Schlacht in die nächste treiben. Frieden, das bekräftigt Kant, fällt nicht vom Himmel, er liegt nicht in der Natur des Menschen, sondern er muss mit festem Willen, unbeirrbarer Vernunft und politischem Handeln gestiftet und bewahrt werden.

Nach den Napoleonischen Kriegen bilden sich Anfang des 19. Jahrhunderts erste Friedensgesellschaften, 1815 die Massachusetts Peace Society, 1816 die europäische Friedensgesellschaft London Peace Society, 1821 in Frankreich die Société de la Morale Chrétienne, 1828 die American Peace Society, 1830 in Genf die Société de la Paix, 1841 in Frankreich das Comité de la Paix. Ihre Anhänger nennen sich »Friedensfreunde« und veranstalten bald internationale Kongresse, um ihre Friedensideen voranzubringen. Noch ist das Wort Pazifismus, vom lateinischen »pax« (Frieden) und »facere« (tun, machen), nicht erfunden. Das ändert sich 1845, als der Franzose Jean-Baptiste Richard de Radonvilliers es als Begriff in die Welt setzt. Er will damit den Gedanken Kants stärken, dass Frieden etwas ist, auf das man nicht wartet, sondern das man machen muss. Pazifismus, sagt er, sei »ein System der Befriedung, des Friedens; alles, was den Frieden zu stiften und zu bewahren bestrebt ist«.[15]

Allerdings, der ewige Friede ist nicht allein Sache der politischen Führer, er muss von unten wachsen und im Bewusstsein der Massen gegründet sein, also popularisiert werden. Darum werben die Frauenrechtlerin und Friedensaktivistin Bertha von Suttner in ihrem Roman »Die Waffen nieder« (1889) und später der Schriftsteller Erich Maria Remarque in seinem Roman »Im Westen nichts Neues« (1929) mit den Mitteln der Literatur für den Pazifismus. Beide Bücher wurden Bestseller. Sie haben ihren Zeitgenossen den militaristischen Aberglauben, die Halluzinationen von der Erhabenheit des Krieges und den Wahnwitz vom glücklichen Heldentod ausgetrieben. »Mich friert, ich möchte einen Schnaps trinken«, lässt Remarque seinen Helden Paul Bäumer erzählen und beschreibt den Frontkoller von dessen Kameraden Müller und Kropp: »Müller rupft Gräser aus und kaut daran. Plötzlich wirft der kleine Kropp seine Zigarette weg, trampelt wild darauf herum, sieht sich um, mit einem aufgelösten und verstörten Gesicht, und stammelt: ›Verfluchte Scheiße, diese verfluchte Scheiße.‹« Bertha von Suttner und Erich Maria Remarque haben die verfluchte Scheiße gerochen; sie haben aufgeklärt darüber, was Krieg bedeutet, wie junge Männer von Geschossen zerfetzt, wie Völker traumatisiert werden, wie Kriegsherren ihren wahnhaften Irrtümern erliegen. Die pazifistische Idee wurde international und milieuübergreifend.

Aus einem ganz anderen als dem christlich-europäischen Traditionsstrang kommt eine der ganz großen und prägenden Kräfte des Pazifismus: der indische Rechtsanwalt und Aktivist Mohandas Karamchand Gandhi (1869-1948), bekannt unter seinem Ehrennamen Mahatma (»große Seele«) Gandhi. Die Wurzeln seines gewaltlosen Widerstands liegen im Hinduismus, im Jainismus, aber auch in der Bergpredigt. »Trinkt tief aus den Quellen der Bergpredigt«,[16] dieser Rat, den er christlichen und buddhistischen Jugendlichen gab, nahm er auch für sich selbst an. In seinem Kampf für die Gleichberechtigung der Inder und die Unabhängigkeit seines Landes berief er sich auf »ahimsa«.

Ahimsa meint das physische, psychische, emotionale Nicht-Verletzen jeglichen Lebewesens und zwar in allen Situationen. Im Umkehrschluss ergibt sich daraus eine überaus weite, kritisch könnte man anmerken, eine bis zur Unbestimmtheit überdehnte Definition von Gewalt. Gandhi dehnt den Gewaltbegriff weit hinaus über das Gebiet des Politischen und Zwischenmenschlichen; er wird zum Kritiker der Moderne, der westlichen Kultur, der modernen Medizin, des Materialismus überhaupt; er praktiziert strikte Askese und Vegetarismus. Eng verknüpft mit der Pflicht zu »ahimsa« ist »satya«, die göttliche Wahrheit und das Wahrhaftigsein als Grundprinzip des Lebens. Leben ist Hingabe an die göttliche Wahrheit, oder es hat seinen Zweck und sein Ziel verfehlt. Wahrheit und Gewaltfreiheit, Gewaltfreiheit und Wahrheit, sie gehören deshalb bei ihm untrennbar zusammen.

Für diese dem Glauben entsprechende ganzheitliche Lebenspraxis und Methode prägte Gandhi den Begriff »satyagraha« aus »satya«/Wahrheit und »agraha«/ergreifen. Damit meint er das Festhalten an der Wahrheit durch gewaltfreien Widerstand, der die unbedingte Bereitschaft einschließt, dafür Schmerz und Tod zu erdulden. Der Salzmarsch, zu dem er 1930 in Indien die Massen zum gewaltfreien Ungehorsam gegen das Britische Empire und seine Steuergesetze mobilisierte, ist ein eindrückliches Beispiel für diese Praxis und dafür, welche Faszination und Macht ziviler Ungehorsam entfalten kann.

Die Friedensfreunde und Anhänger der Gewaltfreiheit kamen also aus sehr unterschiedlichen Ländern und Traditionen; sie begründeten ihre kategorische Ablehnung von Waffengewalt und Krieg bürgerlich oder wissenschaftlich, religiös oder sozialistisch. Sie waren sich überhaupt nicht grün in ihren Ansichten, sie stritten sich auch, aber waren vereint in ihrer Ablehnung von Gewalt und Militarismus und in der Vision: Die Völker sollen nicht mehr lernen, Krieg zu führen. Intellektuelle aus ganz Europa verfassten nach dem Ersten Weltkrieg, der 17 Millionen Menschen um ihr

Leben gebracht hatte, Manifeste gegen das Kriegshandwerk. Im Oktober 1930 zum Beispiel unterzeichneten Albert Einstein, Sigmund Freud, Selma Lagerlöf, Thomas Mann, Romain Rolland, Bertrand Russell, Stefan Zweig und andere ein »Manifest gegen die Wehrpflicht und die militärische Ausbildung der Jugend«, in dem es heißt:

> *»Wir erklären, daß jeder, der aufrichtig den Frieden will, für die Abschaffung der Militarisierung der Jugend kämpfen und den Regierungen das Recht absprechen muß, den Staatsbürgern die Wehrpflicht aufzuerlegen. Die Wehrpflicht liefert die Einzelpersönlichkeit dem Militarismus aus. Sie ist eine Form der Knechtschaft. Daß die Völker sie gewohnheitsmäßig dulden, ist nur ein Beweis mehr für ihren abstumpfenden Einfluß. Militärische Ausbildung ist Schulung von Körper und Geist in der Kunst des Tötens. Militärische Ausbildung ist Erziehung zum Kriege. Sie ist die Verewigung des Kriegsgeistes. Sie verhindert die Entwicklung des Willens zum Frieden. Die ältere Generation begeht ein schweres Verbrechen an der Zukunft, wenn sie die Jugend in Schulen und Universitäten, in staatlichen und privaten Organisationen, oft unter dem Vorwand körperlicher Ertüchtigung, das Kriegshandwerk lehrt.«*[17]

Das Manifest trägt die Unterschriften der ehrenwertesten und bekanntesten Menschen ihrer Zeit. Und dennoch: Der Pazifismus hatte und hat es schwer. Den Geistesgrößen wird er als kleine Marotte nachgesehen. Heute gelten Pazifisten mehr denn je als die Narren der Nationen. Sie ziehen Gespött auf sich, ihre Rufe nach Abrüstung gelten als weltfremd und geschichtsvergessen, ihre Aktivitäten werden als naive Unterstützung für Autokraten und Diktatoren bespöttelt und beschimpft. Daran haben die Friedensnobelpreise, die seit 1901 verliehen werden, nichts geändert. Oft genug wurden diese Preise auch an Personen verliehen, die dieses Preises nicht würdig waren. Gandhi hat ihn nie erhalten. Und: Dieser Nobelpreis ist im Übrigen auch kein Pazifismuspreis; er ist ein Preis für Verdienste in der Friedensarbeit; aber nicht selten wurden die temporären Verdienste nachfolgend durch die Preisträger selbst wieder diskreditiert. Der Pazifismus ist, wenn es ernst wird, für viele mehr Liebhaberei als Überzeugung.

Die Skepsis gegen den Pazifismus beginnt schon in biblischen Zeiten. Die »Schwerter zu Pflugscharen«-Verheißung der Propheten wird in der Bibel selbst polemisch in ihr Gegenteil umgekehrt. Im später entstandenen Prophetenbuch Joel heißt es: »Macht aus euren Pflugscharen Schwerter und aus euren Sicheln Spieße! Der Schwache spreche: Ich bin stark!« (Joel 4,10) Andere Zeiten, andere Maßnahmen, andere Botschaften? Der Appell des Joel ist, obwohl er so klingt, nicht wirklich kriegslustig. Er zielt auf Kriegsverhinderung. Er ist provokativ an die Großmächte ringsum adressiert, die ironisch aufgefordert werden, doch gefälligst loszuschlagen, um in ihr Verderben zu laufen – weil ihre Ungerechtigkeit und Gewalt auf sie selbst zurückschlagen werden. Bei aller Abscheu vor kriegerischem Morden, die auch aus dieser Umkehrung des Pflugscharen-Zitats spricht, ist der Ton hier jedoch deutlich anders gesetzt. Die innerbiblische Diskussion zeigt an, dass »Schwerter zu Pflugscharen« eine Utopie ist und keine politische Strategie oder absolute Forderung.

Pazifismus hat verschiedene Aggregatzustände und Härtegrade. Aber auch weiches Wasser höhlt den Stein. Selbst Gandhi hat den Pazifismus notfalls hintangestellt, wenn es um die Unabhängigkeit Indiens ging. Er war zuerst ein Unabhängigkeitskämpfer, dann erst Pazifist – auch wenn Gewaltfreiheit für ihn mehr war als eine Ethik, nämlich eine Lebensform. In einem an Lord Wavell, den britischen Generalgouverneur in Indien, gerichteten Brief vom 27. Juli 1944 bietet er die »volle Kooperation in der Kriegsanstrengung«[18] des Zweiten Weltkriegs an – unter der Bedingung, dass die Britische Regierung sich zur Erklärung der Unabhängigkeit Indiens bereitfindet. Also ausnahmsweise doch Gewalt, wenn sie der guten Sache dient? Oder zumindest dann, wenn das Unrecht überhandnimmt?

Martin Luther King, baptistischer Pfarrer und Bürgerrechtler, glaubte ebenfalls zutiefst und unbedingt an die Kraft der Gewaltlosigkeit. Gebetskreise, Märsche und Sitzblockaden waren seine Waffen im Kampf gegen Rassismus: »Ich bin der Gewalt müde, ich habe zu viel davon gesehen. Ich habe solchen Hass auf den Gesichtern zu vieler Sheriffs im Süden gesehen. Ich werde mir von meinem Unterdrücker nicht diktieren lassen, welche Methode ich anwende. Unsere Unterdrücker haben Gewalt angewendet. Unsere Unterdrücker haben Feindschaft angewendet. Unsere Unterdrücker haben Gewehre und Pistolen benutzt. Ich werde mich nicht auf ihre Ebene hinabbegeben. Ich will aufsteigen auf eine höhere Ebene. Wir haben eine Macht, die nicht in Molotowcocktails zu finden ist.«[19] Er war politisch erfolgreicher als Gandhi; er erzwang 1964 das Gesetz zur Aufhebung der Rassentrennung und erhielt im selben Jahr den Friedensnobelpreis.

Ob Max Weber diesen Martin Luther King auch als Gesinnungsethiker abgefertigt hätte, wie er es 1919 mit den Pazifisten seiner Zeit getan hat? Auf der Suche danach, woher der moderne Pazifismus sein schillerndes Image hat, warum er gefeiert und geächtet wird, warum er changiert zwischen Erhabenheit und

Jämmerlichkeit, trifft man schnell auf Max Weber. Es war dieser so scharfsinnige wie ironische Soziologe und intellektuelle Überflieger, der in der Begegnung mit Pazifisten den Eindruck nicht loswurde, dass er »es in neun von zehn Fällen mit Windbeuteln zu tun habe, die nicht real fühlen, was sie auf sich nehmen, sondern sich an romantischen Sensationen [hier im Sinne von Gefühlen, H.P.] berauschen«.[20] So spitzt er seine Kritik an den Friedensfreunden zu – in seiner berühmt gewordenen Rede »Politik als Beruf«, die er Ende Januar 1919 vor dem Freistudentischen Bund in München hielt. Es ist dies der Vortrag, in dem Weber jene Begrifflichkeit erfindet, die seitdem die ethischen Debatten und politischen Diskurse prägt, zumal die über Pazifismus – nämlich die Unterscheidung zwischen Gesinnungsethik und Verantwortungsethik. »Wir müssen uns klar machen, daß alles ethisch orientierte Handeln unter *zwei* voneinander grundverschiedenen, unaustragbar gegensätzlichen Maximen stehen kann: es kann ›gesinnungsethisch‹ oder ›veranwortungsethisch‹ orientiert sein.«

Das klingt so einfach und ausgewogen wie die Feststellung: »Es gibt zwei voneinander grundverschiedene Sorten Obst. Es gibt Äpfel, und es gibt Birnen.« Aber so ist es nicht. Eine Sorte ist in seinen Augen nämlich definitiv wurmstichig. Gesinnungsethik ist für Max Weber unverkennbar ungenießbar. Diesen schlechten Ruf ist sie nicht mehr losgeworden, auch nicht, als die Unterscheidung der zwei Ethiken sich von Weber löste, in andere Diskussionen gewandert ist und ein Eigenleben angenommen hat. »Gesinnungsethik« ist, völlig unabhängig von der Gesinnung, die jeweils hinter ihr steht, zum Schimpf- und Schandwort geworden, zur Polemik im Gefecht der Meinungen und zur Allzweckwaffe eines reaktionären Konservatismus, der sich nicht von Forderungen beirren lassen will, die in seinen Augen unrealistisch sind.

Darum ist es wichtig, sich anzuschauen, in welchem Kontext Max Weber die Begriffe erfindet, die so viel Furore gemacht haben. Er spricht in seiner Rede nicht über ethisches Verhalten im Privaten. Er konzentriert sich auf Menschen, die von Beruf Politiker sind. Und er definiert Politik als Gebiet, in dem eines gilt, nämlich die Macht. Merkmal von Politik ist, sagt er, dass sie »das *Monopol legitimer physischer Gewaltsamkeit* für sich [mit Erfolg] beansprucht«. Ein Politiker muss so handeln, dass er die Macht nicht verliert. Nur dann kann er durchsetzen, woran er glaubt und was er will. Wer im politischen Amt und Raum handelt, darf sich nicht verführen lassen, nach gesinnungsethischen Kriterien zu handeln. Er muss an die Folgen denken. Und das tut der Gesinnungsethiker nach Weber nicht. Er rechnet die Folgen seiner Entscheidungen nicht sich selbst zu, sondern der bösen Welt draußen. Er bedenkt allein seine Ideale und Motive und will sie möglichst rein halten. Anders der Verantwortungsethiker: Er bedenkt die Folgen seines Tuns oder Unterlassens. Und er akzeptiert die ethische Irrationalität der Welt. Im Unterschied zum Gesinnungsethiker weiß er: Es ist nicht wahr, dass aus Gutem nur Gutes und aus Bösem nur Böses kommen kann. Der Gesinnungsethiker ist »in der Tat politisch ein Kind«. Politisch erwachsen dagegen ist der Verantwortungsethiker, der versteht, dass der gute Zweck sittlich fragwürdige Mittel erfordern kann. Das Paradebeispiel für kindlich-naive Gesinnungsethiker sind in Webers Vortrag die Pazifisten. Dieses Verdikt haftet seitdem wie ein immer noch klebriger Kaugummi unter ihrer Sohle, wo sie gehen und stehen.

Heute hat sich das Wort »Gutmensch« für die von Max Weber kritisierte politische Kindsköpfigkeit eingebürgert. Er hat im Januar 1919 allerdings nicht den Pazifismus allgemein, sondern ganz bestimmte Gesinnungsethiker vor Augen, an denen er sich in seinem Vortrag abarbeitet. Es sind dies die Anhänger und Protagonisten der Novemberrevolution von 1918 – Kurt Eisner, auch Erich Mühsam und Max Levien, die ihn noch kurz zuvor während einer anderen Rede mit lauten Zwischenrufen unterbrochen hatten. Er hat Dichter wie Gustav Landauer im Blick, die wenig später einflussreiche Posten in der Münchner Räterepublik einnehmen werden. Sie haben Max Webers inniges Unverständnis. Nichtsdestotrotz wird er einen dieser »Windbeutel«, den Schriftsteller, Pazifisten und führenden Kopf der Münchner Räterepublik Ernst Toller, später im Prozess wegen Hochverrats verteidigen. Oder ist er der eine unter zehn, den sein Verdikt nicht trifft? Weber sagt über ihn aus, er sei »von absoluter Lauterkeit« geleitet gewesen. Er hilft somit ein halbes Jahr nach seinem Vortrag über »Politik als Beruf«, dem Gesinnungsethiker Toller das Leben zu retten, das dieser sich später unter den Nazis selbst genommen hat.

Dem Reichskanzler Otto von Bismarck wird die Feststellung zugeschrieben, mit der Bergpredigt sei keine Politik zu machen. Ob er es tatsächlich gesagt hat, lässt sich nicht nachweisen. Jedenfalls ist die Frage, ob man mit der Bergpredigt Politik machen könne, nicht erst von Helmut Schmidt auf dem Kirchentag zur Zeit des Nato-Doppelbeschlusses in den achtziger Jahren des letzten Jahrhunderts erfunden worden. Nachweislich stellt Max Weber diese Frage in seinem Vortrag vom Januar 1919, gut zwei Monate nach dem Waffenstillstand von Compiègne. Er eröffnet seine einschlägigen Überlegungen mit dem Satz »Wer zum Schwert greift, wird durch das Schwert umkommen«. Dieses geflügelte Wort steht aber gar nicht in der Bergpredigt. Es findet sich an anderer Stelle (Matthäus 26,52): »Wer zum Schwert greift, wird durch das Schwert umkommen«, sagt Jesus zu Petrus, der sein blutiges Schwert noch in der Hand hält und soeben dreingeschlagen hat, um seinen Meister zu verteidigen vor dem bewaffneten Trupp, der ihn gefangen nehmen will. In seinem Furor hatte Petrus einem aus der Gruppe das Ohr abgehauen, ausgerechnet der ärmsten Socke im Verfolgerhaufen, nämlich dem Sklaven des Hohenpriesters.

Aber Max Weber findet dann doch noch ein echtes Zitat aus der Bergpredigt, nämlich die Weisung »Ihr habt gehört, dass gesagt ist: ›Auge um Auge, Zahn um Zahn.‹ Ich aber sage euch, dass ihr nicht widerstreben sollt dem Bösen, sondern: Wenn dich jemand auf deine rechte Backe schlägt, dem biete die andere auch dar.« (Matthäus 5,38f) Weber kommentiert zornig in ungewohnt schlingernden Sätzen und greift zum ganz großen Kritik-Besteck, nämlich der »Würde«: »›halte den anderen Backen hin!‹ Unbedingt, ohne zu fragen, wieso es dem anderen zukommt, zu schlagen. Eine Ethik der Würdelosigkeit – außer: für einen Heiligen. Das ist es: man muß ein Heiliger sein in allem, zum mindesten dem Wollen nach, muß leben wie Jesus, die Apostel, der heilige Franz und seinesgleichen, dann ist diese Ethik sinnvoll und Ausdruck einer Würde. Sonst nicht.« Max Weber versteht die Bergpredigt als überzeitlich gültiges christliches Regelwerk, das zur Heiligung des Privatlebens taugen mag, aber nicht zur Anwendung im Politischen. Mit den »rein gesinnungsethischen, akosmistischen Forderungen der Bergpredigt« kann Max Weber nichts anfangen – mit Forderungen also, von denen er meint, sie seien allein auf das Gottesreich bezogen.

Wird er ihr damit gerecht? Die Bergpredigt hat es verdient, dass man diesen Behauptungen nachgeht, denn immerhin ist sie es, die das Wort Pazifismus lange vor Jean-Baptiste Richard de Radonvilliers in die Welt gesetzt hat. Selig sind, die Frieden stiften: »Beati pacifici« (Matthäus 5,9). »Selig sind die Friedfertigen«, hatte Martin Luther einst übersetzt und erklärt: »nämlich die den Frieden machen«. Die Bergpredigt ist kein Redemanuskript des historischen Jesus von Nazareth, auch wenn sie O-Töne von ihm enthalten mag. Sie ist die grandiose Komposition des Autors namens Matthäus, der sein Werk am Ende des ersten Jahrhunderts verfasste und sie Jesus in den Mund gelegt hat. Er schreibt in einer Zeit, in der die traditionellen Weisheiten und die Gebote der Alten neuer Auslegung in die Gegenwart und in ihre Konflikte hinein bedurften. Diese Feststellung ist beinahe peinlich trivial, gilt sie doch für alle normgebenden Texte, egal, ob es sich um die Zehn Gebote oder das Grundgesetz handelt. Aber bei Texten aus Heiligen Schriften wird das im fundamentalistischen Irrglauben, ihrer Heiligkeit damit Abbruch zu tun, häufig entweder bestritten oder vergessen, darum ist es hier ausdrücklich der Rede wert.

Matthäus legt in der Bergpredigt die Traditionen der Propheten und die Gebote der Tora für seine Gegenwart und im Lichte der Lehre des Jesus von Nazareth aus: Ihr habt gehört, dass gesagt ist – ich aber sage euch. Anders formuliert: Ihr kennt die Gebote, und ich lege sie euch heute so aus. Ihr kennt das Gebot »Auge um Auge, Zahn um Zahn«. Er distanziert sich nicht von ihm, denn es ist, das sei betont, anders als ihm gewöhnlich nachgesagt wird, eine kluge Weisung zur Zähmung von Konflikten und zur Eindämmung von Blutrache, ein Eskalationsverhinderungsgebot also: Wenn einer einem anderen ein Auge ausschlägt, dann reißt ihm dafür nicht den Kopf ab. Wenn einer einem anderen einen Zahn ausschlägt, dann vierteilt ihn nicht deswegen. Es geht hier gerade nicht um Rache, sondern um die Verhältnismäßigkeit von Schadenersatz, Sanktion und Strafe.

Ihr kennt das Gebot. Und ich sage euch nun ... Wer ist das »euch« damals, Ende des ersten Jahrhunderts? Wer sind die Adressaten, in welcher Situation befinden sie sich? So wenig man heute über die Zielgruppe des Autors Matthäus weiß, so gewiss ist doch: Die Anhänger des gekreuzigten Messias galten den jüdischen Communities als Verirrte und als gefährlich, denn mit ihrer Begeisterung für den verurteilten Unruhestifter setzten sie das fragile Arrangement mit der Besatzungsmacht aufs Spiel. Den römischen Behörden waren sie, die dem als Umstürzler Hingerichteten folgten, suspekt. Mit ihnen war absolut kein Staat zu machen. Sie hatten weder Macht noch Mittel noch Institutionen noch Ehre. Wie soll man die Gebote halten, wenn man der römischen Besatzung unterworfen ist? Wie soll man in dieser Situation der Ohnmacht und Wehrlosigkeit Widerstand gegen das Böse leisten und dem Unrecht Einhalt gebieten?

Das ist die ethische Frage des Matthäus und seiner Gemeinde. Darauf versucht die Bergpredigt zu antworten. Das aber heißt: Sie ist nach Max Webers Maßstäben eine Verantwortungsethik von höchstem Anspruch. Sie bedenkt, wie man überhaupt noch die Gebote halten und Gutes tun kann, wenn man politisch kaum handlungsfähig und den Mächten des Imperiums ausgeliefert ist. Das ist das Gegenteil von weltabgewandten Forderungen oder religiösem Naturrecht. Sie ist Ethik unter Lebensgefahr und im Ausnahmezustand in einer Welt, in der ein Viertel der Bevölkerung versklavt ist unter der Pax Romana. In dieser Situation ist es blanker, illusionsloser Realismus festzustellen: Wer das Schwert nimmt, wird durch das Schwert umkommen. Das ist nichts als kluge Abwägung der Folgen des Waffengebrauchs.

Die Bergpredigt zielt auf Frieden, aber sie ist keine pazifistische Ethik in dem Sinn, dass sie ein überzeitliches und absolutes Gewaltverbot ausspricht. Sie ist jedoch sehr wohl pazifistische Ethik in dem Sinn, dass sie aufseiten der Gewaltopfer steht und darauf drängt, dass ihnen Recht geschieht. Und sie ist pazifistische Ethik darin, dass sie die Mechanismen, Folgen und Zerstörungskraft eines imperialen Gewaltsystems glasklar entlarvt. Solche Betrachtung der Bergpredigt inspiriert zu Rückfragen an Max Weber – zuerst zu der, ob seine Unterscheidung von Verantwortungsethik und Gesinnungsethik nicht auf einer falschen Vergleichsebene liegt. Sind Gesinnung und Verantwortung eigentlich Gegenbegriffe? Sie sind es nicht. Nebenbei: Was eigentlich ist »Gesinnung«? Weber benutzt einen äußerst unscharfen Begriff für seine scharfe Unterscheidung. Nimmt man »Gesinnung« als sinnvolles Ensemble von Werten, Loyalitäten, Grundwahrheiten, Glaubensüberzeugungen, dann stellt man fest: All dies kommt nicht ohne die Wahrnehmung der Folgen aus.

Das wird zum Beispiel am Konflikt um die Atombombe unmittelbar klar. Am 2. August 1939 unterschrieb Albert Einstein, eigentlich Pazifist, einen Brief an Präsident Franklin D. Roosevelt, in dem er davor warnte, Nazi-Deutschland könne eine Atombombe bauen. Er schlussfolgerte aus dieser Befürchtung den Rat, die USA sollten selbst so eine Bombe bauen. Die USA starten ihr hochgeheimes Manhattan-Projekt unter Leitung von J. Robert Oppenheimer. Nachdem »Little Boy« und »Fat Man«, die Ungeheuer mit den putzigen Namen, über Hiroshima und Nagasaki (auf Befehl von Roosevelts Nachfolger Harry S. Truman) abgeworfen worden waren, als also Einstein, Oppenheimer und andere Wissenschaftler die realen Folgen sahen, änderten sie ihre

Gesinnung gründlich. Einstein distanzierte sich von dem gesamten Projekt und schrieb: »Meine Beteiligung an der Erzeugung der Atombombe bestand in einer einzigen Handlung: Ich unterzeichnete einen Brief an Präsident Roosevelt [...].«[21] Robert Oppenheimer trat zurück vom Projekt und verabschiedete sich von Harry Truman mit den Worten: »Mr. President, ich habe Blut an meinen Händen.«

Oppenheimer wurde zum erbitterten Gegner der Entwicklung der Wasserstoffbombe und der atomaren Aufrüstung. Gesinnungsethik? Verantwortungsethik? Der Konflikt zeigt, dass Max Weber nicht präzise argumentiert, wenn er behauptet, der Verantwortungsethiker bedenke die Folgen. Er kann Prognosen und Vermutungen über die Folgen seines Handelns bedenken, die Folgen selbst stellen sich erst nachher ein und unterlaufen oder übertreffen nicht selten alles zuvor Vermutete oder Bedachte. Warum? Weil es in jeder Sicht blinde Flecken gibt, weil auch die Prognosen oft von unausgesprochenen oder verdrängten Interessen geleitet werden.

Dies kann man gegenwärtig beobachten, wenn man den Streit verfolgt über eine drohende atomare Eskalation des Krieges in der Ukraine. Je nachdem, welchem »gesinnungsethischen« Lager die Protagonisten angehören – »Gegen Krieg ohne Ende« oder »Gegen Diktatur und Unfreiheit« –, erhalten die Forderungen nach mehr Waffen Zustimmung oder Ablehnung, wird die Befürchtung von Kontrollverlust und Eskalation plausibel oder lächerlich gemacht. Auch wenn viele Befürworter von Waffenlieferungen sich gern als die besseren Realpolitiker sehen und die Verantwortungsethik für sich in Anspruch nehmen: So funktioniert die Differenzierung nicht. Der Sirenenton des Moralismus klingt aus ihren Reihen nicht weniger schrill und selbstgerecht als aus den Statements derer, die Militärhilfen für die Ukraine kategorisch ablehnen.

Es wäre hilfreich, die dogmatisch erstarrte Unterscheidung zwischen Gesinnungsethik und Verantwortungsethik aufzugeben; sie irrt als Untote durch die Debatten. Das könnte die Dialogbereitschaft erhöhen und damit den Spielraum für Erkenntnisgewinne. Es gibt in der gegenwärtigen politischen Auseinandersetzung all das, was Max Weber im Januar 1919 so gewaltig auf die Nerven ging: Hitzköpfigkeit und Holzköpfigkeit, Prinzipienreiterei und Besserwisserei, Vereinfachungen und Moralinanreicherungen. Weber hat dies vor allem bei damaligen pazifistischen Eiferern gesehen – vielleicht hat es ihn auch deshalb besonders aufgeregt, weil es schade ist um die an sich lautere Gesinnung und besonders für den einen von zehn, der kein Windbeutel ist. Pazifismus ist zu schade für den Moralismus.

Es gibt keine gesinnungslose Verantwortung, das wäre ein Widerspruch in sich. Es gibt kein verantwortliches Entscheiden im moral- und rechtsfreien Raum, kein verantwortliches Handeln ohne Überzeugungen. Kurz gesagt: Man muss an das glauben, was man tut, und Rechenschaft über seine Motive abgeben können, zumal in der Politik. Das hat auch Max Weber bekräftigt, leider jedoch nur seiner Funktionalität und nicht seinem Inhalt nach. Ist es egal, was man glaubt? Kann man sich auch mit einem faschistischen Glauben noch Politiker nennen? Oder ist dies nicht das Ende von Politik, die ja Sorge um das Gemeinwesen ist? Max Weber definiert: »›Politik‹ würde für uns also heißen: Streben nach Machtanteil oder nach Beeinflussung der Machtverteilung, sei es zwischen Staaten, sei es innerhalb eines Staates zwischen den Menschengruppen, die er umschließt.« Diese Definition von Politik schreit geradezu danach, sie ethisch zu qualifizieren; es ist eine magere Vorstellung von Politik, sie allein als Streben nach und Erhalt von Macht zu verstehen. Zu welchen Zielen soll die Macht denn dienen? Wozu soll sie eingesetzt werden? Das kann und darf nicht aus der Macht selbst heraus erklärt werden; hier kommt notwendig die »Gesinnung« ins Spiel, die Überzeugungen, die Werte.

Zugleich gilt: es gibt keine verantwortungslose Gesinnung. Auch das wäre ein Oxymoron. Eine verantwortungslose Gesinnung wäre Stimmung, Lust oder Laune. Sinnhafte moralische Prinzipien entstehen nicht in der Wurstbude oder im Bierzelt. Sie entstehen in einem Prozess, in dem man sich in Widersprüche verwickeln lässt; zu ihm gehört auch zu überlegen, welche Wirkungen ein Handeln oder Unterlassen haben könnte. Und weil es zumeist nicht die eine Moral gibt, sondern vielschichtige, teilweise im Streit miteinander liegende moralische Maximen (»Nie wieder Faschismus! Nie wieder Krieg!«), gehört es notwendig zum moralischen Handeln, immer abzuwägen und zu priorisieren – und damit nicht aufzuhören und zu meinen, man sei fertig damit. Darum ist die »Gesinnung« auch kein Ruhekissen, auf dem die Vernunft dann ein Schläfchen hält. Und weder »Gesinnung« noch »Verantwortung« können und dürfen Feigenblätter sein, hinter denen man die Faulheit zu denken oder zu streiten versteckt. Darin besteht der Unterschied von Moralismus und moralischem Handeln. Und das gehört zu einer wertegeleiteten Außenpolitik, die gut ist, wenn sie sich von Werten leiten lässt, und dann schlecht ist, wenn sie sich von statischem und besserwisserischem Moralismus leiten lässt.

Ob Max Weber ahnte, dass das, was er über Politik sagte, auch für den Pazifismus gelten kann? Politik, so sagte er – Pazifismus, so ergänzen wir –, »bedeutet ein starkes langsames Bohren von harten Brettern mit Leidenschaft und Augenmaß zugleich. Es ist ja durchaus richtig, und alle geschichtliche Erfahrung bestätigt es, daß man das Mögliche nicht erreichte, wenn nicht immer wieder in der Welt nach dem Unmöglichen gegriffen worden wäre. [...] Nur wer sicher ist, daß er daran nicht zerbricht, wenn die Welt, von seinem Standpunkt aus gesehen, zu dumm oder zu gemein ist für das, was er ihr bieten will, daß er all dem gegenüber: ›dennoch!‹ zu sagen vermag, nur der hat den ›Beruf‹ zur Politik.« Nur der hat auch den Beruf zum Pazifismus.

Mit solchem Beruf ist mehr als das Synonym für einen Job gemeint. Beruf ist ein anderes Wort für Berufung. Sucht man einen solchen zum Pazifismus Berufenen, wird einem schnell der schon erwähnte Mahatma Gandhi einfallen. Für ihn war der gewaltlose Widerstand nicht eine Aufgabe auf Zeit, die er annahm und für die er entlohnt wurde. Gewaltloser Widerstand war für Gandhi seine Lebensform; so jedenfalls hat er es selbst gesehen. Er hat dafür im Gefängnis gehockt. Er ist dafür am Ende ermordet worden. Sein Pazifismus war ein religiös gegründeter, rigider und kompromissloser, der sich mit dem Anspruch verband, sich für die Wahrheit zu opfern. Deshalb wird Mahatma Gandhi bis heute von manchen wie ein Heiliger verehrt.

Ist Gandhis Strategie der Nichtgewalt erfolgreich gewesen? Ja und nein. Ja, er hat die Anziehungskraft und politische Macht des gewaltlosen zivilen Ungehorsams bewiesen. Er hat es geschafft, das indische Volk in seinem Willen, unabhängig zu werden, zusammenzuschmieden, und den kollektiven Stolz und Widerstandsgeist wachsen lassen. Er hat viel Aufmerksamkeit erreicht, jedoch viele Ziele nicht. Seine Kampagnen haben gewirkt, aber nicht die Unabhängigkeit Indiens erwirkt. Diese ergab sich nicht so sehr aus der Stärke des gewaltfreien Widerstands, sondern vielmehr aus der Schwäche des Empires und seiner militärischen Erschöpfung nach dem Ersten Weltkrieg sowie den zahlreichen, nicht immer gewaltlosen Freiheitskämpfen der kolonisierten Völker, die ihre Kolonialmächte abschütteln wollten. Gandhis Biographie zeigt, dass selbst er den Pazifismus nicht in aller Konsequenz und nicht ohne eigene Widersprüchlichkeit lebte. Sie zeigt neben seinen persönlichen Schwächen und Anfälligkeiten auch die inwendigen Schwächen des radikalen Pazifismus.[22]

Im Ersten Weltkrieg tat Gandhi sich in Indien als eifriger Rekrutierer von Soldaten für die britische Armee hervor. Er sagte dem Empire zu, 500 000 Freiwillige für das Heer zu gewinnen, und ging mit Feuereifer an die Sache und mit viel Erfolg – allen ahimsa-Bekenntnissen zum Trotz. Dem Sekretär des englischen Generalgouverneurs in Indien, J. M. Smaffey, berichtete er stolz: »Ich habe den Eindruck, wenn ich Euer Hauptrekrutierer würde, würde ich Männer über Euch regnen lassen.«[23] Ihn trieb die Vorstellung an, den Briten den Rassismus gegenüber den in seiner Vorstellung arischen Indern austreiben zu können, wenn sie deren Opferbereitschaft und Tapferkeit erleben. Die Briten würden, so Gandhis Illusion, erkennen, dass Indien die Selbstständigkeit verdiene. Er wurde im Frühjahr 1919 eines Besseren belehrt, als die Kolonialmacht Hunderte wehrloser Inder in einem rassistischen Massaker in Amritsar tötete und die Überlebenden sadistisch demütigte.

Der desillusionierte Gandhi schwenkte um und gab seine Loyalität gegenüber dem Empire auf; er setzte fortan auf zivilen Ungehorsam als Mittel des gewaltlosen Widerstands. Er führte den Salzmarsch an, eine Kampagne, um das britische Salzmonopol zu brechen, das mit einer hohen Salzsteuer dazu geführt hatte, dass die Inder sich ihr eigenes Salz nicht mehr leisten konnten.

»Ihr dürft nicht einmal eine Hand heben, um die Schläge abzuwehren«, hatte er die Menschen instruiert. Massenweise drangen Demonstranten, auch Frauen und Kinder, in die Salzbecken ein, wo sie von indischen Polizisten und britischen Soldaten erwartet und brutal niedergeprügelt wurden. Mit nichts anderem hatte Gandhi gerechnet, vermutlich sogar damit kalkuliert. Er war nicht davon ausgegangen, dass die friedliche Aktion der Wehr- und Schutzlosen die Ordnungskräfte milde stimmen oder ihre Brutalität gar stoppen würde; im Gegenteil, die Passivität der Menschen feuerte die stahlbeschlagenen Schlagstöcke erst recht an. Darauf setzte Gandhis Strategie der Gewaltlosigkeit. Sie zielte darauf, die Empörung des indischen Volkes und der Weltöffentlichkeit über die Kolonialmacht hervorzurufen. Gandhi lag es nicht daran, Blutvergießen zu vermeiden, sondern es demonstrativ zu zeigen.

Man kann den todesverachtenden Mut dieser Aktionen loben, aber man darf auch kritisch sehen, dass der charismatische Führer immer wieder an die Opferbereitschaft seiner Landsleute appellierte und dabei den Einsatz der Kinder in den Kämpfen in Kauf nahm. Es ist zu fragen, wie weit den begeisterten Marschierern klar war, was sie erwartete. Und es wird einem unheimlich zumute, wenn man Gandhi zuhört, wie er über die Menschen, die ihm folgen, spricht: »Ich habe in London gesagt, dass, wenn wir auch eine Million Menschenleben hingeben müssten, um Freiheit zu erlangen, ich bereit wäre, diese ohne die geringsten Gewissensbisse zu opfern. Ich glaube, wir müssen die Angst vor dem Tod loswerden, und wenn wir um den Tod buhlen müssen, müssen wir ihn umarmen, wie wir einen Freund umarmen.«[24]

Es ist bewundernswert, dass Gandhi selbst bereit ist, die Konsequenzen seines Tuns zu tragen, Schläge und Haft auszuhalten und das Risiko zu sterben einzugehen. Wo jedoch fängt seine Verantwortung für die Menschenleben an, die er (!) bereit ist hinzugeben und zu opfern, wie er bekundet? Wo wird aus dem charismatischen Führer ein Verführer? Wie viel von der Gewalt, die seine Anhänger erleiden, verantworten sie, die ja freiwillig mitgehen, selbst? Und wie viel verantwortet Gandhi, der um seine Ausstrahlung weiß und sie bewusst nutzt, um Gruppendruck zu erzeugen? Eines ist deutlich: Der gewaltlose Widerstand ist nicht ohne Gewalt. Er riskiert Verwundete und Tote in hoher Zahl. Er riskiert auch, dass die Gegengewalt der Polizei- und Militäreinheiten dazu führt, dass der zivile Ungehorsam unter dem Eindruck der erlittenen Brutalität umschlägt in zornige militante Rebellion.

Gandhi glaubte fest an die Macht der Gewaltlosigkeit. Wäre es anders, hätte er nicht die bezwingende Überzeugungskraft und hohe Autorität gehabt, die ihm eigen war. Auch diese unbeirrte Überzeugung ist jedoch nicht ohne Ambivalenz. Rigoros und kompromisslos hing er dem Credo an: Gewalt darf man nur mit Nichtgewalt begegnen. In welche Abgründe Gandhi dieses Credo 1938 angesichts des Terrors gegen die Juden in Deutschland geführt hat, spiegelt sein offener Brief vom November des Jahres wider sowie die entsetzte Replik des jüdischen Philosophen Martin Buber darauf, der soeben aus Deutschland nach Jerusalem entkommen war.[25] Gandhi veröffentlichte auf Drängen jüdischer Freunde eine Stellungnahme zum Zionismus und zur Verfolgung der Juden in Deutschland. Er bestreitet darin das Recht der Juden, in Palästina eine Heimstatt zu haben, und bekräftigt auch angesichts des nationalsozialistischen Terrors gegen die Juden, dass Gewaltverzicht und ziviler Ungehorsam die einzige moralische und religiöse Option seien. Er erkennt wohl an: »Die deutsche

Judenverfolgung scheint keine Parallele in der Geschichte zu haben. Die Tyrannen von einst wurden niemals so wahnsinnig, wie es Hitler geworden zu sein scheint.«

Dennoch fällt er, weit entfernt von Europa, seiner dogmatisch gefärbten Sicht zum Opfer, die er auf Erlebnisse rassistischer Diskriminierung der Inder in Südafrika hat. Sie, so Gandhi, hätten dort denselben Platz eingenommen wie die Juden in Deutschland, ihre Behandlung sei die »exact parallel« und »almost of the same type«. Martin Buber hält ihm gerade dies in seinem eindringlichen Antwortbrief vor: »Wissen Sie, oder wissen Sie nicht, Mahatma, was ein Konzentrationslager ist und wie es darin zugeht, welches die Martern des Konzentrationslagers, welches seine Methoden des langsamen und des schnellen Umbringens sind? Ich kann nicht annehmen, daß Sie es wissen, denn sonst wäre dieses tragikomische ›almost of the same type‹ Ihnen doch wohl nicht über die Lippen gegangen.« Buber ist verzweifelt über Gandhis Verharmlosung des Terrors. Einer der Gründe für dessen missratenen Vergleich ist sein oben bereits erwähnter weiter Begriff von Gewalt (siehe S. 67 f.), der hier, wo es auf Genauigkeit ankommt, nicht mehr taugt. Wo alles irgendwie Gewalt ist, ist keine Gewalt mehr einzigartig, ist es nicht mehr der Mühe wert, ihre Erscheinungsformen und ihre Methoden genau zu betrachten. Martin Buber charakterisiert die Gewalt der Nazis als »dämonische Universalwalze«, der man nicht, wie von Gandhi gefordert, mit Satyagraha begegnen könne.

Gandhi hatte sich nämlich zu dem Rat verstiegen: »Wenn ich ein Jude wäre, der in Deutschland geboren ist und dort seinen Lebensunterhalt verdient, würde ich Deutschland als meine Heimat beanspruchen, gerade so wie der höchste nichtjüdische Deutsche, und ich würde ihn herausfordern, mich zu erschießen oder in den Kerker zu werfen; ich würde mich weigern, vertrieben zu werden oder mich einer diskriminierenden Behandlung zu unterwerfen.« Man kann Gandhi nicht unterstellen, er habe sich etwas darüber vorgemacht, wie die Reaktion auf solchen zivilen Ungehorsam ausfallen würde, wäre er überhaupt annähernd umzusetzen gewesen. Gandhi weiter: »Die berechnete Gewalttätigkeit Hitlers könnte sogar zu einem allgemeinen Blutbad unter den Juden anstelle seiner ersten Antwort auf die Eröffnung solcher Feindseligkeiten führen. Aber wenn die Juden auf freiwillige Leiden vorbereitet werden könnten, könnte selbst das Blutbad, das ich für möglich halte, zu einem Tag des Dankes und der Freude werden dafür, dass Jehova die Hinopferung der Rasse, sei es auch durch die Hände des Tyrannen, beschlossen hat. Für den, der Gott fürchtet, hätte der Tod keinen Schrecken.«

Martin Buber hat sich lange Zeit gelassen für seinen Antwortbrief. Er habe ihn sehr langsam geschrieben und immer wieder ausgesetzt, um seine Meinung nachzuprüfen, bekundet er. Seine Meinung fasst er direkt zu Beginn seiner mächtigen Antwort zusammen: »Der Unglückliche hört nicht zu, wenn rings um ihn die eitlen Mäuler sein Schicksal beschwatzen; wenn aber, den leeren Lärm durchstoßend, eine Stimme ihn beim Namen anruft, die er seit langem kennt und verehrt, eine große, ernste Stimme, horcht er auf. [...] Doch was er nun zu hören bekommt, enthält zwar Elemente einer ihm, eben aus dem Munde dieses Sprechers, wohlbekannten und an sich hohen Lobes würdigen Anschauung, aber auf ihn und seine Lage passen sie gar nicht, sie sind gar nicht wirklich an ihn gerichtet, jedem Wort merkt er an, daß es nur aus allgemeinen, wie gesagt, sehr preisenswerten Grundsätzen geschöpft ist, und daß der Sprecher ihn, den Angerufenen, in dieser seiner Lage nicht sieht, ihn, ehe er das

Wort ergriff, nicht angesehen hat, daß er ihn und seine Lage nicht kennt.«

Martin Buber beweint hier – man kann sich vorstellen, dass er den Brief unter Tränen der Enttäuschung und des Zorns geschrieben hat –, was der Kern der Kritik Max Webers an den Windbeutel-Pazifisten war. Hatte Weber jedoch gefragt, an welcher Ethik sich derjenige orientieren soll, der Politik zum Beruf hat, so spricht Buber als einer, der Opfer der Gewalt»-politik« ist und sein Leben so eben retten konnte und den darum die Anmaßung und der Zynismus der »großen Seele« Gandhis ins Mark trifft, die in diesem Augenblick so kläglich schrumpft.

Und Martin Luther King? Wie gelang es ihm, mit den Dilemmata umzugehen, in die der konsequente und radikale Pazifismus notwendig führt, wenn er den politischen Raum betritt? Auch King war kein Pazifist, der nie sein Prinzip verließ. Was sind die Gemeinsamkeiten mit Gandhi, was die Unterschiede? Man ahnt es, wenn man das Cover seiner Autobiographie genauer betrachtet, es ist eine Zufallsaufnahme. Auf diesem Bild sind sie beide vereint, die großen Vorbilder des Pazifismus. Im Vordergrund steht Martin Luther King im Halbprofil und im schwarzen Sakko, mit verschränkten Armen und fast trotzigem Blick. Hinter ihm an der Wand hängt eine gerahmte Porträtaufnahme Mahatma Gandhis. Die Brust frei, in weißes Tuch gehüllt, sitzt er da mit geneigtem Kopf und niedergeschlagenen Augenlidern hinter der bekannten runden Brille. Seine Stirn ist gerunzelt, sein Blick changiert zwischen Leiden, Versunkenheit und Skepsis, fast als wäre er nicht so hundertprozentig einverstanden mit seinem Epigonen in den USA. Man darf nicht zu viel in solch eine Momentaufnahme hineinlesen, doch ziert sie nicht zufällig den Buchdeckel der Autobiographie. Sie bringt beides zum Ausdruck, Verbundenheit und Distanz.

Die Verbundenheit zwischen den beiden Propheten der Gewaltlosigkeit ist augenfällig, nicht allein, weil sie das Schicksal teilen, aus Hass ermordet worden zu sein. Als Martin Luther King zurückblickt, was ihn geprägt hat, erweist er Gandhi größte Hochachtung: »Ich war fast verzweifelt daran, dass die Macht der Liebe die sozialen Probleme nicht lösen kann. Die Philosophie des ›Halte die andere Wange hin‹ und des ›Liebet eure Feinde‹ war nur etwas wert, so meinte ich, wenn Individuen mit anderen Individuen im Konflikt sind; wenn ethnische [›racial‹] Gruppen und Nationen im Konflikt sind, ist ein realistischerer Zugang nötig. Dann kam ich auf das Leben und die Lehre Mahatma Gandhis [...] und mir wurde zum ersten Mal klar, dass die christliche Glaubenslehre der Liebe, wenn man sie anwendet auf die Gandhi-Methode der Gewaltlosigkeit, eine der mächtigsten Waffen ist, die Unterdrückten zur Verfügung stehen in ihrem Kampf um Freiheit.«[26] Martin Luther King unternahm 1959 eine »Pilgerreise« nach Indien, um von Gandhi zu lernen; er kam enthusiasmiert zurück. Doch die Verwandtschaft im Geiste verdeckt nicht die Unterschiede. Auch diese verrät das Coverbild: hier der virale junge Mann in Saft und Kraft, dort der alte schmächtige Asket, beide religiös und doch so unterschiedlich in ihrem Charisma. Auch inhaltlich weichen sie voneinander ab. Mahatma Gandhi hat in der Praxis Kompromisse mit der Gewalt geschlossen, sie aber in der Theorie kategorisch und kompromisslos geächtet. Martin Luther King dagegen hat sich von Beginn an als »realistischen Pazifisten« bezeichnet: »Ich bin kein doktrinärer Pazifist. Ich habe versucht einen realistischen Pazifismus anzunehmen. Zudem halte ich die pazifistische Position nicht für sündlos, sondern für das kleinere Übel unter den gegebenen Umständen. Deshalb beanspruche ich nicht, in der Konfrontation mit dem christlichen Nonpazifismus frei von moralischen Dilemmata zu sein.«[27]

Zu Kings realistischem Pazifismus gehörte auch, dass er eines ganz klar sah: Die entrechteten Schwarzen in den USA machen zehn Prozent der Bevölkerung aus. Sie haben nicht die winzigste Chance, die Unterdrücker mit Gewalt abzuschütteln, und nicht die Macht, ein ganzes Land zu blockieren. Eine gewalttätige Revolte wäre selbstmörderisch gewesen. In solchem Wirklichkeitssinn ging er denn auch nicht so weit wie Gandhi, der seinen Anhängern jegliche Schutzgesten verboten hatte. Die Demonstrationen sollten konsequent gewaltlos bleiben, dazu wurden Trainings in »non violence« absolviert. Auf Sit-ins waren Waffen geächtet, weil es taktisch unvernünftig war, sie zu benutzen. Die bewaffnete Selbstverteidigung im Privaten war für Martin Luther King jedoch selbstverständlich legitim.

»I have a dream« hatte die große und großartige Rede geheißen, in er am 28. August 1963 von Rassengleichheit und sozialer Gerechtigkeit geträumt hatte Es war eine Jahrhundertrede über einen Jahrtausendtraum. Es wurde zur Nagelprobe für ihn, ob dieser Traum dem Albtraum des Vietnamkriegs standhielt, ob er eine Perspektive war oder ein Programm zum Einlullen. Der schärfste Angriff gegen Martin Luther Kings Strategie der Gewaltlosigkeit kam nicht aus der weißen Mehrheitsgesellschaft, sondern aus der Bewegung selbst. Aufgeschreckt durch massive Kritik aus den eigenen Reihen, verstand King, dass er nicht mehr zum Krieg schweigen und ihn ausblenden durfte, wie er es zunächst getan hatte. Er hatte diesen Streit gemieden, weil er befürchtet hatte, dass Spendengelder ausbleiben könnten. Er wollte den Weg zur Partizipation der Schwarzen am amerikanischen Traum nicht verbauen. Aber das funktionierte nicht; er verstand, dass er den Traum selbst diskreditierte, und machte eine Kehrtwende.

King argumentiert allerdings nicht mit allgemeinen moralischen Maximen der Gewaltlosigkeit gegen den Krieg, er packt es geschickter an; er appelliert an die »Seele Amerikas«. »Mein Gewissen lässt mir keine andere Wahl«, so beginnt er seine bekannteste Antikriegs-Rede »Beyond Vietnam« (1967)[28] – obwohl kein Mensch gern die Aufgabe auf sich nehme, gegen die Regierungspolitik zu opponieren, zumal in Kriegszeiten. Und dann legt er los und beschreibt in heiligem Zorn »die grausame Ironie, ›Negro and white boys‹ auf der Fernsehmattscheibe zu sehen, wie sie zusammen töten und sterben für eine Nation, die unfähig gewesen ist, sie nebeneinanderzusetzen in denselben Schulen. Und so sehen wir ihnen zu, wie sie in brutaler Solidarität Hütten eines armen Dorfes niederbrennen, aber wir realisieren, dass sie in Chicago kaum in einem Viertel wohnen würden. Ich kann nicht still sein angesichts so einer grausamen Manipulation der Armen.« Er macht schonungslos weiter und benennt eines nach dem anderen die grauenhaften und systematischen Kriegsverbrechen der USA, um schließlich auszurufen: »Wir müssen für sie sprechen und die Fragen aufwerfen, die sie nicht aufwerfen können. Auch sie sind unsere Brüder.«

I have a dream: Martin Luther King hat im Unterschied zu Mahatma Gandhi für sich diesen Traum realisiert. Er blieb gewaltlos, bis die Gewalt eines Attentäters seinem Leben ein Ende setzte. Die US-Schriftstellerin Toni Morrison (sie ist die erste schwarze Autorin, die, es war 1993, mit dem Literaturnobelpreis geehrt wurde) hat in sehr persönlichen Worten formuliert, welches Vermächtnis Martin Luther King hinterlassen hat. Am Ende ihres Essays »Verbeugung vor Martin Luther King jr.« schreibt sie: »Ich weiß, dass die Welt besser, freundlicher geworden ist, weil er in ihr gelebt hat. Meine Sorge war ein persönliches Problem. War ich besser geworden, freundlicher? Ich hatte in einer Welt gelebt, die imaginär ist. Wäre er enttäuscht von mir? Auf die Antwort kommt es nicht an. Sehr wohl aber auf die Frage, und das ist das Vermächtnis von Martin Luther King jr. Er hat die Entscheidung, persönlich Verantwortung zu übernehmen für die Beseitigung sozialen Unrechts, zu etwas Normalem, etwas Selbstverständlichem, etwas Unvermeidlichem gemacht. Ich verbeuge mich vor ihm aus tiefer Dankbarkeit für das Geschenk, das sein Leben im wahrsten Sinne des Wortes war.«[29]

Im Streit darüber, ob Deutschland der Ukraine Waffen liefern sollte oder nicht, wurde mit besten Absichten auf die Effektivität gewaltfreier Aktionen nach Gandhis und Kings Vorbild hingewiesen. Es ist unbedingt wichtig, daran zu erinnern, dass Großmächte in der Regel nicht auf dem Schlachtfeld zu bezwingen sind und Nuklearmächte nicht kapitulieren. Insofern kann man gar nicht überschätzen, wie wesentlich die Kraft einer widerstandsfähigen und widerständigen Zivilgesellschaft für den Ausgang des Krieges ist, und wie wichtig es ist, seinen Ausgang nicht in die Alternative von Sieg oder Niederlage zu pressen. Die Kraft der Zivilgesellschaft stärkte jedoch nicht, wer den überfallenen Ukrainern im Februar 2022 vom Westen aus zurief, sie sollten bitte schön auf militärische Verteidigung verzichten, denn Waffenlieferungen seien prinzipiell unmoralisch. Solcher Moralismus begibt sich – ohne hier die Situation der Ukrainer im Jahr 2022 mit der der Juden 1938 gleichzusetzen – in die Gefahr, ähnlich zu wirken wie Gandhis Ratschlag an die deutschen Juden. Die Überfallenen könnten antworten, »daß der Sprecher ihn, den Angerufenen, in dieser seiner Lage nicht sieht, ihn, ehe er das Wort ergriff, nicht angesehen hat, daß er ihn und seine Lage nicht kennt«. Wenn der Traum von der Gewaltlosigkeit zum Moralisieren von außen wird, wird er zum Zynismus.

Jeder hat das Recht, lieber Gewalt zu erleiden, als Gewalt auszuüben – auch in der Hoffnung, damit den Gewalttäter zu beschämen. Der pazifistische Rat, lieber Gewalt zu erleiden, als Gewalt auszuüben, ist keine Aufforderung zur Passivität; er ist der passive Widerstand der Wehrlosen und soll das Verhalten der Gewalttäter verändern. Das ist freilich eine verwegene und bewundernswerte Hoffnung, weil sie erst einmal dem Gewalttäter den Weg der Gewalt erleichtert. Ein Pazifist, der mit der Hoffnung, der Gewalt auf diese Weise den Schneid abzukaufen, sterben kann, ist ein Märtyrer. Sein Pazifismus ist nicht Geschwätz, sondern Aufopferung für den Frieden. So ein Pazifist ist kein Appeaser, sondern ein Held.

Der Pazifismus der dreißiger Jahre habe Auschwitz erst möglich gemacht: Dieser böse und falsche Satz des damaligen CDU-Generalsekretärs Heiner Geißler zur sogenannten Nachrüstung, also zur Stationierung von Pershing-II-Raketen in Europa, stieß 1983 auf flammende Empörung. Heute, angesichts des Rabiat-Putinismus, liegt solch üble Nachrede eher im Trend. Der SPD-Abgeordnete Ernst Waltemathe, dessen pazifistische Verwandte in Auschwitz getötet worden waren, wollte damals von Geißler wissen, ob die Opfer Geißlers Ansicht nach an ihrer Vernichtung selbst schuld gewesen seien. Und die FDP-Abgeordnete Hildegard Hamm-Brücher fragte mit Tränen in den Augen, was der Pazifismus mit dem Judenhass der Nazis zu tun gehabt habe. Es ist ungut, den Aufrüstungsgegnern, wie es in Zeiten des Ukrainekriegs wieder geschehen ist, herablassend einen Stechschritt-Pazifismus vorzuwerfen. Es wird gefährlich, wenn Pazifismus-Verachtung regiert. Und es ist fatal, wenn Pazifisten als politikunfähige Schwärmer schlechtgemacht, Bellizisten aber als vernünftige Politiker goutiert werden.

Der Diplomat und Völkerrechtler Hans-Peter Kaul war kein Schwärmer; er hatte eine Schüsselrolle in den internationalen Bestrebungen, aggressive Kriegsführung zu kriminalisieren. Durch seinen Einsatz wurde das Verbrechen der Aggression in die Liste der Verbrechen des römischen Statuts des Internationalen Strafgerichtshofs aufgenommen. Von 2003 bis 2014 war Kaul dann Richter an diesem Gericht, am Internationalen Strafgerichtshof in Den Haag, er war der erste Deutsche dort. In einem Interview, es war das letzte vor seinem Tod im Jahr 2014, wurde er gefragt: »Sind Sie Pazifist?« Kauls Antwort: »Ja, ich bin im Laufe meines Lebens Pazifist geworden, der nur in absolut äußersten Notfällen den Einsatz bewaffneter militärischer Gewalt tolerieren kann. Denn sie führt fast automatisch zu Verbrechen gegen die Menschlichkeit und Kriegsverbrechen. Es gibt keinen Militäreinsatz ohne Verbrechen.«

Wer von den Kriegsverbrechen spricht, die in der Ukraine oder in Palästina begangen werden, wer sie zu Recht anprangert, anklagt und verurteilt, der spricht von den Verbrechen im Krieg, nicht vom Krieg als Verbrechen. Er unterscheidet zwischen dem gerechten und regelbestimmten, dem angeblich sauberen Krieg einerseits und andererseits den Verbrechen, die in diesem Krieg begangen werden. So lehrt es das Völkerrecht. Aber Krieg ist nicht recht, auch dann nicht, wenn er völkerrechtlich geregelt ist. Er ist an sich und in sich und ganz grundsätzlich und in toto ein Verbrechen. Wenn er beginnt, sind die entscheidenden Fehler schon gemacht worden; und wo er herrscht, ist die Gerechtigkeit schon perdu. Der Pazifismus ist daher der große und wichtige Widerspruch, er ist die radikale Anklage gegen den lateinischen Spruch: Si vis pacem, para bellum. Nein, wer Frieden will, soll nicht zum Krieg rüsten. Wer Frieden will, soll den Frieden suchen, er soll ihn vorbereiten, er soll ihn pflegen – nicht erst im Krieg, sondern lange vorher, bevor er zu köcheln und zu kochen beginnt. Das ist Pazifismus.

Kapitel 4

# Frieden lernen. Weil der Mensch ein Mensch ist

Der Fremde als Feind und die Vermonsterung der Feinde. Wie kann die Zähmung der Gewalt, wie kann eine Entfeindung gelingen?

Es hat auch am Wetter gelegen. Der 24. Dezember 1914 beschert eine kalte und stille, eine helle und sternenklare Nacht. Der Mond ist offenbar in Weihnachtsstimmung und flutet die gespenstische Landschaft an diesem Heiligabend mit viel Licht.[30] Die Geräusche, die Stimmen dringen durch; der Schall wird an diesem Abend nicht von Wind oder Schneetreiben geschluckt. Gute Sicht, gute Akustik, auch für das, was der Feind gegenüber tut. Der ist an manchen Stellen nur 50 Meter entfernt, dort in Flandern, wo sich die britischen und die deutschen Soldaten gegenüberliegen.

Es hat also am Wetter gelegen. Und es hat an der Nähe gelegen. Die erlaubt es den jungen Männern, einander zu hören und zu sehen. Allerdings ist das, was sich an dem Abend ereignet, etwas, das einem Hören und Sehen vergehen lässt vor Staunen. Heiligabend 1914 bricht mitten im Krieg der Frieden aus. Die Deutschen stellen Kerzen und ihre klappbaren Mini-Tannenbäume auf die Brustwehren, die vor dem Fest zu Zehntausenden mit der Feldpost verschickt worden sind. Sie stimmen »Stille Nacht, heilige Nacht« an, der Gesang brandet immer stärker auf. Nach irritierter und misstrauischer Stille schallt es von den Briten irgendwann rüber: »Well done, Fritzens!« Es entsteht eine Schlacht der Lieder. »We not shoot, you not shoot!«, rufen die Deutschen, und statt Kugeln fliegen Geschenke: Käse und Kommissbrot. Kekse und Corned Beef fliegen zurück. Woanders rollen die sächsischen Soldaten für ihre walisischen Feinde ein Fass Bier über die Frontlinie, die revanchieren sich mit Christmas Puddings. Die Todfeinde kommen aus ihren Gräben, zunächst zögerlich, und treffen sich unbewaffnet im Niemandsland, schütteln Hände, machen Witze übereinander, lachen. Sie tauschen Geschenke aus und zeigen sich Fotos von ihren Familien, fotografieren sich gegenseitig, ein deutscher Soldat singt gar die englische Nationalhymne. Einige feiern zusammen Gottesdienst, woanders begraben sie ihre Toten. An einem Frontabschnitt wird am Weihnachtsmorgen sogar ein Fußballspiel ausgetragen.

Es war ein Frieden buchstäblich von unten, von ganz unten, nämlich ein Frieden, der frierend, mit kalten Füßen im dreckigen und eisigen Schützengraben stand. Er war nicht von den Regierungen und Generälen ausgehandelt und verfügt, etwa in einer Anwandlung von weihnachtlicher Besinnlichkeit. Und deshalb war er mehr als nur ein Waffenstillstand. Die Fraternisierungen breiteten sich an der Frontlinie aus wie eine ansteckende Gesundheit. Was geschah, geschah nicht zufällig am Heiligabend. Es war auch getrieben von Heimweh, emotionaler Durchlässigkeit, Erinnerungen an Kindheit und Zuhause und jener Friedenssehnsucht, die Weihnachten jenseits seines religiösen Inhalts verströmt. Der Weihnachtsfrieden währte an manchen Orten bis in den Januar hinein. Am Ende sollen es 100 000 Soldaten, darunter auch Offiziere, gewesen sein, die sich vom Frieden infizieren ließen. Es war für die Generalstäbe nicht einfach, die kriegsverdrossenen Soldaten wieder zur Räson zu bringen und an die Gewehre zu schicken. Es gab laute Widerworte und Renitenz, denen die Befehlshaber zum Teil nur beikamen, indem sie drakonische Strafen androhten. Und wo die Jungs wieder anfingen zu schießen, da simulierten sie oftmals Krieg. Ihre Waffen verfehlten zielsicher den Feind. Sie zielten über die Köpfe derer, mit denen sie soeben gesungen und geredet hatten. Sie ballerten lautstark die Munition in die Luft, um so zu tun, als wäre Krieg. Aber es war eben tatsächlich Krieg, und am Ende gewannen Befehl und Disziplin. Der Weihnachtsfrieden hat kein disziplinarisches Nachspiel gehabt, wahrscheinlich nicht aus christlicher Milde, sondern um nicht reden davon zu machen. In der deutschen Presse wurde er überhaupt nicht erwähnt.

Aber die Ereignisse wurden zur kollektiven Erinnerung, vor allem in Großbritannien. Erzählungen waren im Umlauf, die ausgeschmückt und romantisiert wurden und auch verkitscht. Aber kann einen das wundern bei einem märchenhaft anmutenden Geschehen, das allem bisher Erlebten und für möglich Gehaltenen widerspricht? »Stell dir vor, es ist Krieg und keiner geht hin.« In dieser Gedichtzeile, die im Original lautet »Sometime they'll give a war and nobody will come«, hat der Schriftsteller Carl Sandburg 1936 das Unvorstellbare formuliert. Zweiundzwanzig Jahre zuvor war es für wenige Tage mehr als vorstellbar geworden; es war an die Grenze zur Wirklichkeit gerückt: dass Krieg ist und die, die hingegangen sind, sich beschenken, statt sich zu beschießen. Michael Jürgs, der die erstaunlichen Begebenheiten von 1914 aus erhaltenen Fotos und Tagebuchnotizen zusammengetragen hat, resümiert: »Einen solchen Frieden von unten gab es noch nie in der Geschichte eines Krieges. Es hat niemals wieder einen gegeben. Diese – aus heutiger Perspektive betrachtet – große Weihnachtsgeschichte besteht aus vielen kleinen Geschichten. Man muss sie alle erzählen, nur dann wirkt das Wunder.«[31]

Wunder kann man nicht erklären, sie sind unvorhersehbar und unberechenbar, unplanbar und unverfügbar, und vor allem sind sie selten; man kann sie nur andächtig bestaunen. Mehr noch, man darf sie nicht erklären, denn Erklärungen vertreiben ihren Zauber. Man darf ein Wunder nicht zu etwas Gewöhnlichem und Profanem machen, was sich jederzeit wieder zutragen könnte, wenn man es nur richtig anstellt. Aber genau das wäre ja wünschenswert, dass so ein Waffenstillstand planbar ist und nicht selten. Es wäre wünschenswert, dass man mit so einem Frieden von unten rechnen muss. Deshalb, Wunder hin, Wunder her, verlangen die Geschehnisse in Flandern danach, sie nicht zu mystifizieren, sondern zu betrachten, was sie bedingt hat. Einige der Ingredienzen des Wunders sind tatsächlich nicht herstellbar, das Wetter zum Beispiel; und auch die spezielle emotionale Disposition, die von der Weihnachtsseligkeit und dem unseligen Kriegsverlauf beeinflusst war. Eine Bedingung der Möglichkeit zur Entfeindung lässt sich jedoch sehr wohl festhalten: Die Soldaten konnten sich von Mensch zu Mensch begegnen. Das Wunder hat da seinen Ausgang genommen, wo sie in Sicht- und Hörweite zueinander waren, wo sie also in den Stimmen der anderen das Echo der eigenen wahrnehmen konnten und in ihren Liedern das eigene Heimweh. Es ist dies die Bedingung der Möglichkeit, im Feind nicht mehr den Feind, sondern den Menschen zu sehen.

Die Vorstellung, dass diese Begegnung von Mensch zu Mensch immer die Menschlichkeit und den Wunsch zum Händereichen gebiert – die gehört in das Reich des Kitsches. Es ist kein Automatismus oder Selbstläufer, das wird später noch ausführlich zu betrachten sein. Es ist eben dies und nur dies: eine Bedingung der Möglichkeit. In den weiteren Kriegen des 20. und 21. Jahrhunderts ist sie kaum noch gegeben; die Kriege sind zu Hightech-Kriegen geworden mit Angriffen, die wie chirurgische Eingriffe visualisiert werden.

Das Wunder des Weihnachtsfriedens von 1914 bestand aus vielen kleinen Geschichten, die sich am Ende zu mehr als der Summe einzelner Begebenheiten zusammengefügt haben.

*There is a crack, a crack in everything*
*That's how the light gets in*
*You can add up the parts,*
*but you won' t have the sum.*

Die Soldaten an der Westfront, bei denen zu Weihnachten das Heimweh und die Friedenssehnsucht einrissen, hatten die Wahl. Sie hätten handeln können, wie es an einem anderen Frontabschnitt geschah, und die Lieder mit Granaten beantworten können. Sie haben entschieden zu applaudieren und zurückzusingen. Man kann, man muss es nicht Wunder nennen. Die Begegnung von Mensch zu Mensch kann auch einen ganz anderen Verlauf nehmen. Von so einer ganz anderen Begegnung erzählt der deutsch-schweizerische Schriftsteller und Psychoanalytiker Arno Gruen. Er hat sich zeit seines Lebens für die seelischen Ursprünge der Gewalt interessiert. »Ich will eine Welt ohne Kriege«, das war sein Antrieb, und so heißt sein persönlichstes Buch. Das Werk, mit dem er Furore gemacht hat, trägt den Titel »Der Fremde in uns«,[32] Gruen hat im Jahr 2001 den Geschwister-Scholl-Preis dafür erhalten. Darin stellt er zu Beginn die Frage, die ihn leitet und die heute noch genauso eindringlich gestellt werden muss: »Wir leben in einer Welt, in der wir zunehmend voneinander abhängig werden und uns dennoch immer mehr gegeneinander wenden. Warum stellen sich Menschen gegen das, was sie miteinander verbindet, gegen das, was sie gemeinsam haben – ihr Menschsein?«

Bevor Gruen seine Antworten entwickelt, zitiert er eine Begebenheit, die er in einem autobiographischen Bericht von Milovan Djilas, Dissident im ehemaligen Jugoslawien, gefunden hat. Sie ist eine erschreckende und desillusionierende Gegengeschichte zum Weihnachtswunder in Flandern. Die Szene spielt in der Männerwelt des Partisanenkampfes:

»Einmal, nach dem Krieg, traf Sekula (ein Montenegriner und Jugoslawe) einen türkischen Moslem. Beide waren auf dem Weg von Bijelo Polje nach Mojkovac. Sie hatten sich zuvor noch nie gesehen. Die Landstraße führte durch dicht bewaldetes Gebiet und war berüchtigt für Überfälle aus dem Hinterhalt. Der Moslem war froh, in Begleitung eines Montenegriners zu sein. Auch Sekula fühlte sich sicherer mit einem Türken, da zu befürchten war, daß sich türkische Partisanen in der Nähe befanden. Die beiden unterhielten sich freundlich und boten einander Zigaretten an. Der Moslem erwies sich als friedliebender Familienvater. Unterwegs durch die Wildnis kamen die Männer sich näher. [...] Es war ein heißer Sommertag. Da der Weg durch einen Wald an einem kleinen Fluß entlang führte, hatten es die beiden Reisenden angenehm kühl. Als sie sich schließlich niedersetzten, um gemeinsam etwas zu essen und sich auszuruhen, nahm Sekula seine Pistole heraus. Es war eine schöne Waffe, und er wollte ein bißchen damit prahlen. Der Moslem betrachtete sie anerkennend und wollte wissen, ob sie geladen sei. Sekula bejahte – und in diesem Moment kam ihm der Gedanke, daß er den Türken jetzt einfach töten könnte, er mußte nur seinen Finger bewegen. (Zu diesem Zeitpunkt hatte er jedoch noch nicht den Entschluß gefaßt, dies zu tun.) Er richtete die Pistole auf den Moslem und zielte genau zwischen dessen Augen. Dann sagte er: ›Ja, sie ist geladen, und ich könnte dich jetzt töten.‹ Der Moslem lachte und bat Sekula, seine Pistole wegzudrehen, da sich ein Schuß lösen könnte. In diesem Augenblick wurde Sekula bewußt, daß er seinen Reisekumpan töten mußte. Wenn er den Türken am Leben ließe, würde er die Scham und die Schuld nicht ertragen können. Und so feuerte er, wie zufällig, zwischen die lächelnden Augen des Mannes.«

Auch das ist ein Wunder, ein bestürzendes, verstörendes Wunder. Der Schuss aus der Pistole auf den vertrauensseligen Mann zerschießt die geläufigen Vorstellungen von Zivilisation und menschlicher Kraft zur Versöhnung. Er zerreißt die sympathisch naive Überzeugung, man müsse sich nur »von Mensch zu Mensch« begegnen, dann gäbe es eine Welt ohne Kriege. Das Entsetzen über die Tat auf dem Weg von Bijelo Polje nach Mojkovac rührt daher, dass sie dem widerspricht, was als Schutz vor Gewalt gilt, wovon deshalb alle Begegnungsarbeit lebt und was unter den Soldaten Weihnachten 1914 so pazifizierend gewirkt hat: Auge in Auge mit dem verfeindeten Gegenüber zu sein und ihm als Mensch, als Individuum zu begegnen; in ihm den friedliebenden Familienvater zu erkennen, mit dem man isst und die Zigaretten teilt. Denn es ist ja so: Gewalt gehört zum Menschen als Menschen. Einerseits. Mit dem Gangster Macheath aus Bert Brechts Dreigroschenoper gesagt:

*»Denn wovon lebt der Mensch? Indem er stündlich*
*Den Menschen peinigt, auszieht, anfällt, abwürgt*
*und frisst.*
*Nur dadurch lebt der Mensch, dass er so gründlich*
*Vergessen kann, dass er ein Mensch doch ist.«*

Andererseits: Zum Menschen als Menschen gehört auch das Gegenteil, nämlich dass er nicht allein seinen Aggressionen folgt, dass er sich besinnen kann, dass er auf den Schlag, auf den Hieb, auf den Schuss verzichten kann, dass er solidarisch sein kann und dass er über den Schatten seiner Gewaltbereitschaft springen kann.

*Denn wovon lebt der Mensch? Indem er stündlich*
*Den Menschen kleidet, aufnimmt, annimmt, rettet*
*und schützt.*
*Nur dadurch lebt der Mensch, dass er so gründlich*
*Dran denken kann, dass er ein Mensch doch ist.*

Das ist genauso wahr. Gewalt ist in einem mühevollen, zivilisatorischen Prozess eingehegt, gezähmt und geächtet worden. Das alte sogenannte Talionsprinzip »Auge um Auge, Zahn um Zahn« ist keine Aufforderung, dem anderen Augen und Zähne auszuschlagen. Es war keine Ermutigung, sich ordentlich zu rächen, sondern ein gewaltiger Schritt dahin, Gewalt und Rache zu mäßigen. Demselben Ziel dienen später die Regeln für einen gerechten Krieg. Zur Gewalteingrenzung gehört in der Moderne die Erfindung der Menschenrechte, die Gründung der Vereinten Nationen und des Internationalen Strafgerichtshofs. Die Geschichte der Menschheit ist nicht nur eine Geschichte

der Kriege; sie ist auch eine Geschichte der Mühen, zu beherrschen und zu minimieren, was sich nicht abschaffen lässt – weil der Mensch ein Mensch ist: das Peinigen, Anfallen, Abwürgen und Fressen. Es ist keine vergebliche Mühe. Es hat Spuren hinterlassen; in der Regel tötet kein Mensch in seinem Alltag einen anderen einfach so auf einem Sommerspaziergang. Auch genügt dazu nicht der Befehl und nicht der Glaube, für eine gerechte Sache zu kämpfen. Menschen haben Ekel und Angst, Blut zu sehen und zerstörte Körper, sie haben Abscheu vor Gewalt, ihnen wird schlecht davon. Es widert sie an, wenn sie zuschauen müssen, wie Menschen verletzt und gequält werden. Es kostet sie Überwindung, die Haut eines Mitmenschen zu verletzen. Gewiss: Für jede dieser Behauptungen lassen sich mühelos Gegenbeispiele finden. Das weltweite Netz stellt verschwenderisch Bilder zur Verfügung von aufgepeitschten Massen und johlenden Meuten, die sich am Leid anderer vergnügen. Umso wichtiger ist es festzuhalten, dass das nur der weitaus kleinere Ausschnitt der Wirklichkeit ist. Die allgemeine Alltagserfahrung ist eine andere. Die verbreitete Krimisucht spricht nicht dagegen. Das Fernseh- und Netflix-Volk kann nicht genug davon bekommen, sich Thriller über Serienmörder anzusehen, in denen Blut in Bächen fließt. Doch diese Filme bestätigen eben dies: Es geht um andere und nicht um mich. Es geschieht woanders und nicht hier. Und zum guten Schluss wird das Böse zur Strecke gebracht, eingesperrt und so die Ordnung der Welt wiederhergestellt.

Was also ist der Auslöser, dass der, der soeben mit dem anderen Brot und Zigaretten geteilt hat, der neben ihm sein Schläfchen gehalten und das schöne Wetter genossen hat – dass der seine Pistole nimmt und ohne Wimpernzucken den, der seinesgleichen ist, erschießt? Denn diese, die Freundlichen, sind es, die töten, die netten Normalos mit Allerweltsgesicht und anständiger Alltagserscheinung, mit denen man eine Zigarette rauchen und seine Scherze machen kann, und nicht Bestien, Berserker und Monster, nicht Ungeheuer, Dämonen, Psychopathen oder Wesen, in die das unerklärliche, metaphysische Böse fährt. Dem, der ruft »Das sind doch keine Menschen«, muss man erwidern: Doch, doch! Es sind Menschen und keine Unmenschen, die töten oder Morde befehlen. Es ist falsch und sogar schädlich, sie zu einer Art Alien zu erklären, wie es in den Reaktionen auf den Massenmord der Hamas oder in Bezug auf die Person Wladimir Putins geschah.[33] Dahinter mag der Wunsch stehen, die eigene Abscheu vor grausamen Taten mit einem Ausrufezeichen zu versehen. Dahinter mag auch die Verdrängung der abgründigen Ahnung stehen, selbst Täter werden zu können. Wenn der, der Blut vergießt, Unmensch ist, bin ich, der ich doch Mensch bin, davor gefeit, je so etwas Schreckliches zu tun.

Blättern wir in einem Buch über die großen Verbrechen und Verbrecher des 20. Jahrhunderts.[34] Da stehen Hitler und Heydrich neben Bokassa, Bin Laden und Pol Pot, da stehen Stalin und Idi Amin, da stehen die türkischen Organisatoren des Völkermords an den Armeniern; da steht der japanische Stabsarzt, der seine Kriegsgefangenen mit Cholera, Syphilis, Milzbrand und Pest infizieren hat lassen. Da steht im Entrée der belgische Herrscher Leopold II., der in seiner Privatkolonie Kongo zum Folterkönig wurde; da steht am Ausgang Mohammed Atta, der Kopf der Flugzeugattentäter von New York vom 11. September 2001. All ihre Verbrechen sind höchst unterschiedlich in ihrer Dimension, Motivation, Organisation und Rezeption. Aber sie alle stehen für die Abgründe des Menschlichen.

In ruppiger Reihung findet man Autokraten und Diktatoren, Mafiabosse und Waffenhändler – auch US-Präsidenten, beginnend mit William McKinley, der die US-Armee einst auf den Philippinen grausam hat wüten lassen. Es sind, so der Titel des Buches, die »Gesichter des Bösen«. Man lernt: Das Böse hat kein typisches Gesicht; und das ist wohl das Typische am Bösen. Wladimir Putin, russischer Präsident seit dem Jahr 2000, oberster Befehlshaber des russischen Angriffskriegs auf die Ukraine, steht noch nicht in diesem Band; in einem Kompendium der Verbrecher des 21. Jahrhunderts wird er wohl weit vorne verzeichnet sein: Das Böse hat heute für viele Menschen im Westen das Gesicht von Putin.

In Russland freilich ist es umgekehrt: Da gilt Putin etwa der Orthodoxen Kirche als Kämpfer gegen das Böse. Der Moskauer Patriarch Kyrill hat Putins Angriffskrieg als »Krieg gegen die sündigen Werte« bezeichnet, die den wahren Orthodoxen von den »Weltmächten« aufgezwungen würden. Kürzlich bezeichnete Kyrill die Feinde Russlands als »Kräfte des Bösen«. Kyrill macht den Krieg zum Kampf gegen Gay-Pride-Paraden zum ideologischen Kulturkampf, zum Kampf des Guten gegen das Böse. Es bleibt einem das Herz stehen, weil diese homophobe Sündenschwurbelei ja auch im Westen lange zu Hause war. Diese Dynamik des Moralisierens und Metaphysierens ist antiaufklärerisch; wer politisch klug handeln will, darf das Spiel gegenseitiger Dämonisierung nicht mitmachen. Böse ist der aggressive Bruch von Recht, von Grund- und Menschenrecht. Und bösartig ist es, solchen Rechtsbruch zu verherrlichen. Putin ist, nach dem von ihm diktierten Überfall seiner Armee auf die Ukraine, die Personifizierung der Verbrechen gegen Völker- und Menschenrecht; er hat Millionen Menschen heimatlos gemacht, er hat den Tod so vieler

Menschen auf dem Gewissen – und den Bruch der europäischen Friedensordnung. In Kommentaren hierzulande wird Putin deshalb als »Monster« bezeichnet; es ist dies ein Ausdruck von Entsetzen, Fassungslosigkeit und auch Hilflosigkeit. Aber damit ist nichts, was er tut, erklärt. Im Gegenteil. Man kann, man muss so einer Bezeichnung widersprechen, weil sie reales Handeln fiktionalisiert; in solcher Dämonisierung steckt auch eine Portion Bequemlichkeit, die sich davor drückt, die Ursachen für die Eskalation zu analysieren. Wenn man in Putin ein Monstrum sieht und ihn damit im Reich des Fantastischen und Fremden ansiedelt, exkulpiert man ihn in Wirklichkeit. Und man entledigt sich der Frage nach der eigenen Verantwortung.

Was man über Putin meint, ist dann schnell übertragen auf »die Russen«. Die Politikwissenschaftlerin Florence Gaub führte in der Sendung von Markus Lanz am 12.04.2022 vor, wie Verklärung im Tarnanzug der Aufklärung funktioniert. Gaub ist Dauertalkshowgast, wenn es um den Ukrainekrieg geht; in dieser Talkshow ging es darum, wie lange der Krieg noch dauern könnte – eine wichtige Frage. Gaub wurde gefragt, ob die Kosten des Krieges irgendwann so hoch sein würden, dass die Russen einsähen, dass man so nicht weitermachen könne. Gaub antwortete, dieser merkantilistische Gedanke sei eine sehr europäische Sichtweise. Mit zunächst schelmischem, dann ob der Glitschigkeit ihres Geredes unbehaglichem und trotzigem Mienenspiel führte sie im Folgenden aus: »Wir haben jetzt die europäische Sichtweise, a) wir denken, okay, sobald das alles zu teuer wird, oder b) wenn die jungen Männer in Särgen nach Hause kommen […] Ich glaube, wir dürfen nicht vergessen, dass, auch wenn Russen europäisch aussehen, dass es keine Europäer sind, jetzt im kulturellen Sinne einen anderen Bezug zu Gewalt haben, einen anderen Bezug zu Tod haben. […]

Das gibt da nicht diesen liberalen, postmodern Zugang zum Leben, das Leben als ein Projekt, was jeder für sich individuell gestaltet, sondern das Leben kann halt einfach auch mit dem Tod recht früh enden [...] ich meine, Russland hat zum Beispiel halt einfach auch eine recht niedrige Lebenserwartung, ich glaube, 70 für Männer, das ist halt einfach... dann geht man halt einfach anders damit um, dass da Menschen sterben.«[35] Die Expertin musste für den kulturellen Rassismus, der in dieser Wortkaskade rauscht, nicht allein Kritik in den Qualitätsmedien einstecken, sondern einen aggressiven Shitstorm im Netz ertragen; das ist der Unterschied zur Feindespropaganda im russischen Fernsehen. Ihr Auftritt war neben dem Überlegenheitsgestus auch eine Verschleierung. Sie sprach der russischen Seite mit Verweis auf einen »im kulturellen Sinne einen anderen Bezug zu Gewalt«, worin immer dieser bestehen soll, jegliche ökonomische Rationalität des Handelns ab. Russland führt diesen Krieg heute immer noch, aber nicht, weil die Russen das Sterben leichter hinnähmen, sondern weil Putin die russische Wirtschaft realistischer eingeschätzt hat als der Westen, als der die Sanktionen verhängte. Es ist Russland bisher gelungen, den Einbruch der Wirtschaftsleistung in erträglichen Grenzen zu halten und noch dazu so viel Munition zu produzieren, dass die Unterstützerstaaten der Ukraine nicht nachkommen.

Der sachliche Streit, ob und inwiefern eigene Fehleinschätzungen zur Eskalation beigetragen haben oder weiter beitragen, wird ersetzt durch emotionale Agitation. Dieser sachliche Streit ist aber notwendig bei aller Einigkeit darüber, dass Putin die alleinige Schuld am Krieg hat.

Putin teilt seine Vermonsterung mit Verbrechern des Alltags, und das wiederum entzaubert die apostrophierte Monstrosität seines Monstertums gewaltig. Er teilt den Monster-Titel zum Beispiel mit Josef Fritzl aus Amstetten, der seine Tochter 24 Jahre lang im Keller gefangen hielt, sie vielmals missbrauchte und mit ihr sieben Kinder zeugte. Er teilt den Monster-Titel mit einem Jürgen Bartsch, dem pädosexuellen Serienmörder, der vor sechzig Jahren, als 15jähriger, mit seiner Mordserie begann; Bartsch beschrieb sich als getriebene »Bestie«, die ihre Taten unter einem »unwiderstehlichen Drang« ausgeführt habe. Er hat vier Jungen bestialisch abgeschlachtet; Illustrierte wälzten monatelang die grausigen Details. In Umfragen nach den furchtbarsten Verbrechern des Jahrhunderts kam er damals gleich nach Hitler. »Nachruf auf eine Bestie« heißt ein Dokumentarfilm, der die Entwicklungsgeschichte des Triebtäters mit unterkühlter Anteilnahme beschreibt.

Die Strafprozesse gegen diesen Jürgen Bartsch haben die Erkenntnisse der Psychologie zum wichtigen Instrument für das Strafrecht gemacht; das Strafrecht interessiert sich seitdem nicht mehr nur dafür, ob ein Mensch den anderen umgebracht hat, sondern auch dafür, aus welchen persönlichen Dispositionen er es tat. Seit Bartsch wird eindringlich die Frage gestellt, welche Umstände Kriminalität befördern und ob und wann Verbrechen womöglich Symptome einer seelischen Krankheit sind. Bei Putin wird diese Frage heute auch gestellt. Ob es jemals einen Prozess geben wird, der diese Frage beantwortet? Was macht aus einem Normalmenschen einen Mörder? Was macht aus Abertausenden potentiellen Mördern Normalmenschen? Anders gefragt: Was macht Menschen böse? Es gibt Kritiker, die solches Forschen nach den tragischen Umständen für problematisch halten und deshalb klagen: Alles werde für Untaten verantwortlich gemacht, nur der Täter nicht. Das ist populistisches Gerede; es geht ja darum, kriminogene Faktoren zu erkennen, zu begreifen und zu beseitigen - auch im Handeln der Mächtigen. Das Verbrechen wird nicht geringer, wenn der Täter - anders als Bartsch, ein Metzgergeselle, der Kinder abschlachtete - ein Staatschef ist, der das Schlachten anordnet.

Das Böse an sich gibt es nicht. Es ist kein Abstraktum, das irgendwo und irgendwie schicksalhaft zum Ausbruch kommt. Es ist ein Konkretum, es reicht von Bartsch bis Putin. Es hat immer Ursachen, es hat immer ein Warum, es braucht immer Handelnde. Und es handeln nicht Monster. Es handeln Menschen, auch wenn sie unmenschlich sind. Eine der beliebtesten Bezeichnungen für Gewaltexzesse ist »barbarisch«. Ein Barbar war für die antiken Griechen ein Angehöriger eines fremden Volkes, der nicht Griechisch sprach und auf einer niedrigeren Kulturstufe stand. So schrill und empört die Verurteilung von Massakern als »barbarisch« und der Täter als »Barbaren« auch ist, man verharmlost die Taten, wenn man sie irgendwelchen Abartigen zuschreibt. Man verschleiert zudem die Ursachen der Taten. Das wirklich Schreckliche besteht ja gerade darin, dass es die ganz Normalen sind, die entfesselt töten. Die Vermonsterung derer, die töten, Kriege anzetteln, Gewaltorgien verüben, ist keine Erklärung, und sie ist keine Aufklärung. Ihre Vermonsterung ist Verklärung, eine bequeme und geschichtsvergessene noch dazu. Sie entbindet von der Mühe, in dem trüben Grund zu forschen, aus dem die Mordlust wächst. Sie befreit auch davon, sich selbst nach den eigenen Abgründen und Anfälligkeiten zu befragen.

Wer anders als Millionen ganz normaler Männer - die sind es bis heute vor allem, wenngleich auch Frauen töten - sollte es denn vollbringen können, Millionen Mitmenschen wie am Fließband und fabrikmäßig umzubringen, Völkermorde und grausame Kriegsverbrechen zu begehen? Wer und warum? Und wie ist es bloß möglich? Mit diesen Fragen beschäftigen sich über Jahrzehnte die Sozialwissenschaftler Harald Welzer und Jan Philipp Reemtsma, der selbst entführt wurde und Gewalt am eigenen Leib erlebte.[36] Obwohl Aufklärung und Zivilisation ein gutes Gehäuse gebaut haben, in dem wir vor Gewaltausbrüchen geschützt sind, stürzt, so Reemtsma, doch manchmal das Dach ein. Diejenigen mit diesem Dachschaden, die Kriegsverbrechen und Blutbäder anrichten, sind keine blutrünstigen Sadisten. Sie sind Freunde, Nachbarn, Arbeitskollegen, stinknormale Leute. Sie sind aus der Mitte der Gesellschaft. Sie sind wie du und ich.

Wie kommt es zu so einem Einsturz des Dachs, das die Gewalt draußen hält?

Die Gewaltforschung zeigt, dass die jungen Männer im Krieg anfangs Schwierigkeiten damit haben, Menschen umzubringen, dass also eine Art Eingewöhnungszeit nötig ist. Das Dach stürzt eben nicht sofort ein. Die Balken aus Moral und Erziehung sind einigermaßen stabil. Erfahrungen aus dem US-Bürgerkrieg und der Landung in der Normandie haben gezeigt, dass viele der nachher gefundenen Waffen nicht abgefeuert wurden. Die Soldaten haben einfach nicht auf den Feind geschossen. Um das zu ändern, wurden bei Schießübungen nicht mehr Schießscheiben, sondern Ziele in Menschenform aufgestellt. Entscheidend ist aber etwas anderes, nämlich die Propaganda. Sie ist das wichtigste und wirksamste Mittel.

Um fähig zu sein, Mitmenschen zu foltern und zu morden, müssen die Täter ihre Opfer zuvor zu »denen« machen, die nicht »wir« sind; sie müssen sie als Gefahr und Bedrohung ausmachen, zu solchen, die »aus gutem Grund« nicht dieselben Rechte haben.

Die Täter haben alle Gründe, vermeintlich gute Gründe. Sie glauben, für eine gerechte Sache zu handeln, die ihnen als unumgänglich und überlebenswichtig verdeutlicht worden ist. Sie halten es für ihr besonderes Verdienst, sich zu überwinden und das zu tun, wovor andere sich scheuen, was aber unbedingt nötig ist. Sie sind stolz darauf, die Drecksarbeit zu tun. Sie sehen bei den anderen: Die machen das ganz selbstverständlich, ganz normal, so wie eine Zigarette rauchen, da ist doch nichts dabei. So reden sie auch darüber. Sie hören von anderen und sagen es dann auch selbst, dass so was ein Klacks, ein Vogelschiss sei. Sie spüren den Gruppendruck. Wer sich verweigert, wird Außenseiter. Und Außenseiter will man nicht sein, darf man nicht sein in der Truppe, die einen im Zweifel rausholen muss, wenn es einen erwischt. Sie überzeugen sich selbst immer wieder, dass es notwendig sei, grausame Dinge zu tun. Einer muss es ja machen. Das verleiht das Gefühl, wahnsinnig wichtig und mächtig zu sein. Manche der NS-Täter, die an Massenerschießungen beteiligt waren, überlegten sich, wie sie das Töten »human« anstellen. Sie dachten sich bestimmte Techniken aus, die es den Opfern »leichter« machen, und waren hochzufrieden mit ihrer höheren Moral.

Je jünger die Menschen sind, desto besser gelingt es, sie zu formen. »Wenn im Kongo eine Schulklasse entführt wird und man alle Jungs zu Kindersoldaten macht – sie quält und hungern lässt und dann von ihnen fordert, den ersten Menschen zu erschießen, dann sterben etwa ein Drittel der Jungs in diesem Prozess. Aber die anderen werden zu blutrünstigen Soldaten«, erläutert der Neuropsychologe Thomas Elbert in einem bemerkenswerten Interview, das er der Süddeutschen Zeitung nach dem Massaker in Butscha gegeben hat.[37] Aus seinen Befragungen von Menschen, die an Massakern beteiligt waren, berichtet er, wie bei ihnen der Einsturz des Dachs funktioniert hat. Nach einer Phase der Gewöhnung habe sie ein regelrechter Rausch erfasst: »Alle, die wir gefragt haben, berichten uns, wie sie im Moment des Kampfes von dem Gefühl appetitiver Aggression davongetragen werden. Das ist mehr als die reaktive Aggression, die man entwickelt, wenn man sich gegen einen Angreifer wehrt. Es ist eine Aggression, bei der man Appetit auf Gewalt hat, Lust dabei empfindet. Wer diese Aggression verspürt, der vergisst, dass er selbst sterben könnte. [...] Wenn es einmal angefangen hat, ist es schwer zu stoppen. Der Rausch wird immer größer. Und auch auf der Seite der Feinde wächst der Hass. Es gibt dann am Ende keine Zurückhaltung mehr.« Für einen Teil der Kämpfer wird die Lust erotisch, sie berichten, dass sie eine Erektion während des Schlachtens hatten. Es nimmt da nicht Wunder, dass Vergewaltigungen nicht die Ausnahme, sondern die Regel sind im Krieg. Es sind allerdings nicht die ganz Jungen, sondern die erfahrenen Kämpfer mit längerer Kriegserfahrung, die solche Gewaltexzesse wie in Butscha anrichten.

Zu ähnlichen Schlüssen kommt auch Harald Welzer, der 150 000 Seiten Abhörprotokolle von Gesprächen deutscher Soldaten in amerikanischer und britischer Kriegsgefangenschaft ausgewertet hat. Er stellt fest, dass gemordet wird, weil gemordet werden darf, und zwar ohne lange zu fackeln: »Es genügt aber offenbar schon eine Situation, in der Menschen so etwas tun können und dürfen – Gewalt als Erlebnis absoluter Macht. In vielen Truppen herrschte außerdem ein regelrechtes Gewaltklima, in dem es goutiert wurde, wenn Soldaten mit ihren Exzessen prahlten.«[38] Und dazu brauchen sie nicht einmal einen direkten Befehl: »Man knallt die einfach ab, obwohl es weder eine Order noch irgendeinen Grund dafür gibt...«

Das Töten im Krieg ist ein Gruppengeschehen, für das ins Negative gewendet gilt, was das Weihnachtswunder des Friedens ausmachte: Die Summe ist mehr als die Addition der Teile. Aus den einzelnen Taten einzelner Menschen entsteht im Krieg eine Tötungsmaschine; und die Gewalt, die sie produziert, ist weit größer als die Addition der einzelnen Taten. Selbst wenn einer allein einem anderen gegenübersitzt, wie Sekula dem Türken: Beide sind keine Einzelpersonen in dem Sinn, dass sie in diesem Moment nur für sich selbst da sind und handeln. In ihnen leben und wirken kollektive Ängste, kollektive Überzeugungen, kollektive Selbst- und Feindbilder, kollektiver Wahn nicht selten, der durch die zugefügte und erlittene Gewalt noch wahnhafter wird. Sie waren, sie sind Menschen, davon ist auszugehen, die nicht nur ihre Zigaretten, sondern auch eigene Gewalterfahrungen im Gepäck haben, als sie sich treffen. Thomas Elbert weiß aufgrund seiner Forschungen, dass so etwas das Gehirn verändert. Menschen, die im Krieg extreme Gewalt ausgeübt haben, haben, je länger das währte, desto mehr Mühe, ihre Aggressionen zu beherrschen. Es ist nicht einfach, sie wieder in die Gesellschaft zu integrieren, nicht allein, weil einige, wenn auch nicht alle traumatisiert sind. »Sie müssen einen Rollenwechsel vollziehen. Man muss ihnen die Möglichkeit bieten, sich mit kompetitivem Sport auszutoben. Ihnen muss klar sein, dass sie Erfahrungen gesammelt haben, die sie nur mit wenigen anderen teilen können. Das sind keine Geschichten, mit denen man bei der Oma an der Kaffeetafel punktet. Wir bieten in unseren Rehabilitationsprogrammen jungen Leuten deshalb den Austausch mit anderen ehemaligen Kämpfern an, das funktioniert gut. Aber manchmal auch nicht.« Und weil es so schwer und manchmal auch nicht funktioniert, weil die Gewalt des Krieges in Friedenszeiten in den Menschen weiterlebt, kommt Elbert zu dem Fazit: »Militarismus führt uns ins Verderben, wir müssen damit vorsichtig sein. Ich plädiere für Pazifismus, bin selbst Kriegsdienstverweigerer. Das heißt nicht, dass ich sage, man muss alle Armeen abschaffen. Aber Gewalt erzeugt neue Gewalt. Wir sollten uns in dieses Hassgefüge nicht hineinziehen lassen.«

Die Ideologien der Gewalt werden nicht erst in Kriegszeiten in die Köpfe gepflanzt. Dann nehmen sie Fahrt auf und werden laut und schrill. Aber die Grundierung geschieht schon vorher. Neben dem »Du sollst nicht töten«, diesem Dach von Moral und Erziehung, wirken auch entgegengesetzte Kräfte und Botschaften. Was nützt das Dach, wenn das Fundament der Gesellschaft auf Gewalt gründet? Was nützt es in einer Gesellschaft, die in subtilen und offenen Formen Gewalt übt und adelt? Was nützt es in einer Gesellschaft, die gar auf sie abrichtet durch ihre Erzählungen, durch Literatur, durch Erziehung, ihre Normen, Alltagsmuster und ihre Ideale von Männlichkeit? Michael Haneke ist es in seinem Film »Das weiße Band« (2009) meisterhaft gelungen, davon zu erzählen. Er gibt in starken Bildern Antwort auf das »Wer? Und warum? Und wie ist es nur möglich?« Der beklemmende Schwarz-Weiß-Film, Untertitel: »Eine deutsche Kindergeschichte«, spielt vor dem Ersten Weltkrieg in Norddeutschland. Beginnend mit Tierquälereien, wird der Ort nach und nach von mysteriösen, sich steigernden Gewalttaten heimgesucht. Der Film erhellt, was der Kriegsbegeisterung und schließlich dem Nationalsozialismus den Weg gebahnt hat, der Gewalt nicht nur verübt, sondern zum Prinzip gemacht hat. Nicht von ungefähr stellt sich heraus: Die Täter des Unheimlichen sind die Kinder des strengen protestantischen Pastors, der seinen Kindern die Moral einprügelt, der sie misshandelt, der sie zwingt, ihre Hände des Nachts nicht unter die

Bettdecke zu stecken, und der ihnen als Mahnung zur Tugend das »weiße Band« um den Oberarm bindet. Die Geschichte zeigt, was so zugerichtete Kinder dann anrichten können. Die Botschaft des Films: In diesem Klima von Befehl und Gehorsam, von Scheinheiligkeit und Repression ist eine Generation herangewachsen, die dann zum Gehilfen und Vollstrecker der mörderischen Maschinerie des Nationalsozialismus geworden ist.

Nur eine alte Geschichte? Plusquamperfekt? Nein. Das Grundthema des Films gehört ins Präsens. Wer in einem Klima der Härte und Gewalt aufwächst, wer mit den Wassern des Nationalismus gewaschen ist, wem die eigene Überlegenheit über andere Völker eingeredet wird, wem der Glaube an die Ungleichheit der Menschen mit großen Löffeln einverleibt wird, wer Namen zu geben lernt, die den anderen die Würde abschneiden, wer lernt, einen Russen Ungeziefer zu nennen, einen Juden Parasit, einen Behinderten Minusvariante, einen Ukrainer Nazi: Diesem Menschen werden die Zähne des Gewissens gezogen. Den anderen zu töten, der ja kein Mit»-mensch« mehr ist, das macht ihm dann keine Gewissensbisse. Manchmal aber doch. Harald Welzer spricht von der »Hintergrundüberzeugung«, die die Täter leitet, und er merkt an: »Und da zeigt sich, dass die Ideologie selten auf direktem Wege zur Tat führt. Es kommt stattdessen sogar vor, dass sich das ideologiegeprägte Vorwissen an der Kriegserfahrung bricht. [There's a crack in everything!, H.P.] Die Rotarmisten etwa stellten sich in den Augen der Wehrmachtsoldaten häufig ganz anders dar, als sie es in der Propaganda gewohnt waren: Sie sahen keine ›bolschewistischen Untermenschen‹, sondern tapfere Kämpfer, denen sie oft sogar Respekt zollten.«

Solchen Respekt hatte in Djilas Erzählung der Montenegriner Sekula vor dem Türken, er hatte sogar eine gewisse Sympathie und überhaupt keine Tötungsabsichten, als er ihn traf. Warum also schießt Sekula ihm dennoch zwischen die lächelnden Augen? Arno Gruen löst das Rätsel um die Motive seinem Metier entsprechend psychoanalytisch. Es sei gewesen, hatte Sekula berichtet, »als ob sein Finger von sich aus abdrückte. Etwas in ihm brach aus, etwas, womit er geboren worden war und was er nicht zurückhalten konnte.« Gruen kommentiert: »Es muß der Moment gewesen sein, in dem sich Sekula dem Türken so nahe fühlte, daß sich die Scham seiner bemächtigte. So absurd es auch klingen mag: Er tat, was er tat, nicht aus Haß, sondern im Gegenteil: Er tötete, weil er diesen ›Fremden‹ *nicht* hassen konnte. Dafür schämte er sich, dafür fühlte er sich schuldig. Denn die Freundlichkeit und das Gute, das er in sich selbst spürte, verwandelten sich in ein Gefühl der Schwäche. Und dieses Gefühl mußte er abtöten. Als er den anderen tötete, tötete er die Menschlichkeit in sich selbst.«[39] Man muss es noch einmal betonen, weil so verrückt anmutet, was im Täter vorgegangen sein soll: Der Montenegriner tötet den Türken, weil er entdeckt, dass er diesen Fremden nicht hassen kann. Der Fremde, der so freundlich zu ihm ist, weckt seine eigene Freundlichkeit. Und das darf nicht sein, um keinen Preis. Das sieht Sekula als sein Versagen. Als weiteres Beispiel für diese psychische Überkreuz-Identifikation führt Gruen den Gestapo-Chef Klaus Barbie an, den sogenannten Schlächter von Lyon. Als er den französischen Widerstandskämpfer Jean Moulin zu Tode gequält habe, sei das im Gefühl geschehen, das sei er selbst, habe Barbie in einem Interview bekannt.

Wenn Arno Gruens Beobachtung zutreffend ist und die Freundlichkeit gegenüber einem Fremden nicht als Stärke, sondern als unerträglich peinliche Schwäche daherkommt, fragt man sich: Wie muss jemand ticken, wie muss er programmiert sein, wenn für ihn die eigene Annäherung an den Fremden so beschämend wird, dass er ihn töten muss, damit er ihm nicht zum Gefährten wird? Was genau ist das »Etwas«, von dem Sekula sagt, er sei damit geboren worden und es sei ausgebrochen just nach einem Moment der Nähe und Entfeindung also? Wenn der Verlust des Fremdenhasses lebensgefährlich wird, heißt das im Umkehrschluss: Der Fremdenhass ist so existentiell geworden, dass mit ihm die Identität steht und fällt. Es ist bei Todesstrafe verboten, sich dem Gebot zu widersetzen: Du musst den Fremden hassen. Nur Tabubrüche, also Übertretungen einer heiligen Grenze, lösen diese Mischung aus Scham und Schuld aus, die Sekulas Finger zum Abzug bewegen.

Arno Gruen hat »Der Fremde in uns« im Jahr 2000 veröffentlicht. Das war nach dem Jahrhundert, in dem Nationalismus, Antisemitismus und Fremdenhass zwei Weltkriege entzündet hatten, und vor dem Beginn eines Jahrhunderts, in dem ein dritter Weltkrieg der letzte wäre. Gruen hat sein Buch nach dem Jahrzehnt publiziert, in dem Deutschland nach dem Fall der Mauer wieder leicht entflammbar geworden war im glühenden Hass auf Fremde. Und es war am Anfang des Jahrzehnts, in dem die Terrorgruppe des Nationalsozialistischen Untergrunds NSU ihre Morde an Migranten verübte. Der Fremdenhass der 1990er Jahre wurde fettgefüttert von der Hysterie über steigende Zahlen von Asylbegehren und von Politikern, die die Hysterie steigerten; die rassistische Stimmung wurde pogromartig und entlud sich in mehreren Mordanschlägen: In Solingen wurden im Jahr 1993 fünf Menschen durch einen Brandanschlag ermordet, weil sie türkischer Herkunft waren. Die Täter hatten zuvor im betrunkenen Zustand eine Feier gestört und waren vom Wirt und zwei jugoslawischen Gästen vor die Tür gesetzt worden. Weil die

Täter diese für Türken hielten, zündeten sie zur Rache das Haus der Familie Genç an. In den Jahren 2000 bis 2007 ermordeten die Mitglieder des Nationalsozialistischen Untergrundes neun Menschen migrantischer Herkunft und eine Polizistin; sie verübten 43 Mordversuche, drei Sprengstoffanschläge und fünfzehn Raubüberfälle.

Die Anschläge von New York im Jahr 2001 desillusionierten diejenigen, die sich am Ende der Geschichte gewähnt hatten, nachdem der Westen den Kalten Krieg gewonnen hatte. Die Globalisierung und die Finanzkrisen, der internationale Terror und der Krieg gegen ihn, die Kriege im Irak und in Afghanistan, der Arabische Frühling und die nachfolgenden Bürgerkriege – sie haben die »offene Gesellschaft« erschüttert und verstört. Sicherheit, Sicherheit und noch mal Sicherheit, das ist ihr Thema geworden. Die Versprechen von Freiheit und Recht, Gleichheit und Wohlstand wichen der Sehnsucht nach nationaler Größe und autoritärer Kontrolle, robuster Verteidigung und völkisch-homogener Gemeinschaft. Die Offenheit der Gesellschaft im Inneren soll durch die Undurchlässigkeit der Grenzen im Äußeren gewährleistet werden. Denn eines scheint ausgemacht: Die größte Bedrohung kommt von außen: von den Fremden. »Retrotopia«,[40] diesen Namen hat der Sozialwissenschaftler und Philosoph Zygmunt Bauman erfunden für die Gesellschaft, die sich abschottet in Angst vor den anderen und somit vor der Zukunft überhaupt. »Retrotopia«, weil ihre Utopie nicht vorn in der Zukunft liegt, sondern hinten in einer untoten Zombie-Vergangenheit, die ein Paradies wiederbeleben will, das es nie gab.

Die neue Angst vor den Fremden ist eine alte Angst, eine uralte. Mit dem Fremden verbinden sich seit alters Abwehr und Hass, zugleich aber Faszination und Anziehung, es verbinden sich das Bedürfnis nach Abgrenzung und das Streben nach Kontakt, es verbinden sich die Wünsche nach Grenzziehung und Grenzsicherung und die Sehnsucht nach Grenzöffnung und Grenzüberschreitung. Der Fremde öffnet den Zwiespalt: Ist er Feind oder soll man ihn aufnehmen? Jagt man ihn zum Teufel oder lädt man ihn an den Tisch? Erklärt man ihm den Krieg oder reicht man ihm die Hand zum Frieden? Diesen Zwiespalt kann man bis in die Semantik der europäischen Sprachen hinein nachvollziehen. Und was die Sprache zeigt, bildet auch das Denken ab. Im Lateinischen gibt es das Wort »hostis«, das sowohl den Gast als auch den Feind meinen kann. Und es gibt das ähnliche Wort »hospes«, das den Fremden, den Gast oder auch den Gastgeber bezeichnen kann. Ähnlich ist es im Griechischen, wo das Wort »Xenos« dieselbe Zweischneidigkeit markiert.

Die Stadt Rom, so erzählt der römische Geschichtsschreiber Livius,[41] soll es dadurch zu ihrer Größe gebracht haben, dass ihr Gründer Romulus diese Zwiespältigkeit schlau nutzte und Fremde zunächst auf Abstand anzog: »Unterdessen wuchs die Stadt dadurch, dass man den Umfang der Mauer mehr für die Bevölkerung, die man für die Zukunft erhoffte, als für die damalige Menschenzahl berechnete und einen Platz nach dem anderen in die Ummauerung einbezog. Damit die Größe der Stadt nicht nutzlos wäre und um eine große Anzahl Menschen herbeizulocken, eröffnete Romulus – nach der alten Sitte der Städtegründer, die einen verachteten und niedrigen Haufen an sich zogen und dann vorgaben, die Erde habe ihnen Sprößlinge geboren – an der Stelle, die jetzt, wenn man zwischen den ›zwei Hainen‹ heruntergeht, verzäunt ist, eine Freistätte. Dahin floh nun aus den benachbarten Völkern alles ohne Unterschied, Freie und Sklaven, was nur eine Veränderung seiner Lage wünschte. Dies war der erste

Kern für die künftige Größe.«[42] Der Gründungsmythos des alten Roms weiß, Livius nennt es gar eine alte Sitte der Städtegründer, dass es eine Stadt mächtig macht, wenn sie anziehend ist für Fremde und ihnen Asyl gewährt. Der fremdenfreundliche und Asyl gewährende Romulus ist eine kuriose Randnotiz wert angesichts der Politik, die in den letzten Jahren in der italienischen Hauptstadt Rom gemacht wird. Allerdings muss man gleich dazu erwähnen, dass die Realität der Pax Romana und des römischen Umgangs mit fremden Völkern ganz und gar nicht der Idylle zwischen den Hainen entsprach.

Die rechtsextremen und populistischen Staatsführer von heute folgen nicht Romulus. Sie folgen dem berühmt-berüchtigten Juristen Carl Schmitt, einflussreicher Staatsrechtler in der Weimarer Republik, diskreditiert durch seine Verteidigung und Verherrlichung der Nürnberger Rassegesetze im Dritten Reich, dessen Komplize er war. Er war Persona non grata und dennoch nicht ohne Einfluss in der Bundesrepublik Deutschland; selbst eine so lautere juristische Persönlichkeit wie Ernst-Wolfgang Böckenförde, Bundesverfassungsrichter von 1983 bis 1996, war fasziniert von ihm. Aus Carl Schmitts Schrift »Die geistesgeschichtliche Lage des heutigen Parlamentarismus« stammen folgende Sätze: »Jede wirkliche Demokratie beruht darauf, dass nicht nur Gleiches gleich, sondern, mit unvermeidlicher Konsequenz, das Nichtgleiche nicht gleich behandelt wird. Zur Demokratie gehört also notwendig erstens Homogenität und zweitens – nötigenfalls – die Ausscheidung oder Vernichtung des Heterogenen. [...] Die politische Kraft einer Demokratie zeigt sich darin, dass sie das Fremde und Ungleiche, die Homogenität Bedrohende zu beseitigen oder fernzuhalten weiß.«[43] Das hört sich aktuell an, wurde jedoch in der Zeit der Weimarer Republik geschrieben.

Ein fast namensgleicher Demokrat, ein Vater des Grundgesetzes, nämlich der Literat und Staatsrechtsprofessor Carl Schmid, hat sich in der frühen Nachkriegszeit ein »o« an seinen Vornamen angehängt, um ja nicht mit diesem Carl Schmitt verwechselt zu werden, der die Nürnberger Rassegesetze als eine »Verfassung der Freiheit« gefeiert hatte.

Carl Schmitt könnte zufrieden darüber lächeln, welche Renaissance seine Gedanken seit einigen Jahren erfahren und wie viele Politiker eine Wende ganz in seinem Sinne vollziehen. Schmitt baut seinen Begriff des Politischen auf einer Idee auf, die das Fremde und den Fremden vor allem als Bedrohung wahrnimmt, denn er beunruhigt und weicht vom Eigenen ab. Seine 1923 als Aufsatz und dann 1932 als erheblich erweiterte selbstständige Schrift »Der Begriff des Politischen«[44] wurde prägend für den NS-Staat. Heute schnappen die Ideologen der Neuen Rechten nach ihm und kauen ihn durch, aber er hat auch Einfluss auf Teile der Linken, und manche Lautsprecher gegen Einwanderung reden, ohne dass es ihnen bewusst wäre, ganz so, dass ihre Worte Schmitt munden würden.

Schmitt vertritt einen Politikbegriff, der sich definiert durch die politische Unterscheidung von Freund und Feind, ein Gegensatz, der bis hin zur Bereitschaft führen könne, den Feind zu töten. Den großen demokratischen Staatsrechtler Ernst-Wolfgang Böckenförde überzeugte das als Beschreibung einer sozialen Wirklichkeit, der die Rechtsordnung Rechnung tragen müsse, um die Freiheit und Gleichheit aller zu schützen. »Wie wollen Sie«, fragte er, »die heutige politische Welt verstehen ohne die Erkenntnis, daß das Politische immer wieder auf Feindschaft hinauslaufen kann, nicht muß, aber kann, und es oft tut.«[45] Carl Schmitts Freund-Feind-Theorie ist an sich keine inhaltliche Bestimmung dessen, wer Freund und wer Feind ist. Es ist das leitende Kriterium, die Figur dessen, was Politik ausmacht; daher wurde seine Theorie anschlussfähig für unterschiedlichste politische Lager. Warum? Es gehe, sagt Schmitt, in jeder Politik darum, »die eigene, seinsmäßige Art von Leben gegen seinsmäßig Fremdes zu bewahren, das die eigene Identität gefährdet«. Der Fremde ist demnach der Feind: »Der politische Feind braucht nicht moralisch böse, er braucht nicht ästhetisch häßlich zu sein; er muß nicht als wirtschaftlicher Konkurrent auftreten, und es kann vielleicht sogar vorteilhaft scheinen, mit ihm Geschäfte zu machen. Er ist eben der andere, der Fremde, und es genügt zu seinem Wesen, daß er in einem besonders intensiven Sinne existentiell etwas anderes und Fremdes ist, so daß im extremen Fall Konflikte mit ihm möglich sind.« Diese Konflikte mit dem Fremden können nach Schmitt nicht verhindert oder aus der Welt geschafft werden durch vorausschauende allgemeine Regeln oder durch das Urteil eines unbeteiligten Dritten: »Den extremen Konfliktfall können daher nur die Beteiligten selbst unter sich ausmachen; namentlich kann jeder von ihnen nur selbst entscheiden, ob das Anderssein des Fremden im konkret vorliegenden Konfliktsfalle die Negation der eigenen Art Existenz bedeutet und deshalb abgewehrt oder bekämpft wird, um die eigene, seinsmäßige Art von Leben zu bewahren.«[46]

Legt man die Erzählung von Sekula und dem Türken neben den letztzitierten Satz, dann liest er sich wie eine Kommentierung der tödlichen Begegnung; es wirkt, als hätten Schmitts Ideen vom Begriff des Politischen sich hineingefressen in dieses zufällige Zusammentreffen der zwei, bei dem der Montenegriner den Türken als »Negation der eigenen Art Existenz« ausmacht und ihn deshalb bekämpft, um »die eigene, seinsmäßige Art von

Leben zu bewahren«. Schmitt hat keinen Zweifel daran gelassen, dass »bekämpfen« nicht etwas Geistiges ist, was man nur mit Worten macht: »Denn zum Begriff des Feindes gehört die im Bereich des Realen liegende Eventualität eines Kampfes. [...] Die Begriffe Freund, Feind und Kampf erhalten ihren realen Sinn dadurch, daß sie insbesondere auf die reale Möglichkeit der physischen Tötung Bezug haben und behalten. Der Krieg folgt aus der Feindschaft, denn diese ist seinsmäßige Negierung eines anderen Seins. Krieg ist nur die äußerste Realisierung der Feindschaft.«

Schmitt hat dies nicht für die Nazis geschrieben. Er hat seine Schrift verfasst, als die Weimarer Republik nur noch durch Notverordnungen und vom Reichspräsidenten ernannte Kanzler regiert werden konnte. Wenn man gute Haare an ihm lassen will, dann sieht man sein Anliegen darin, dass er helfen wollte, den Staat durch Stärkung seiner Exekutive vor seinen Feinden zu retten. Dennoch haben die Nazis dankbar danach gegriffen, weil seine Kriegserklärung an das Fremde und seine Aufteilung des Politischen in Freund und Feind ihnen nur zu gut in die Hände spielte. Von ihm stammt der Satz, die staatliche Autorität beweise sich darin, dass sie, um Recht zu schaffen, nicht recht zu haben brauche. In diesem Satz pries er den »Führer« als den Hüter der Verfassung.[47]

Auf der Freund-Feind-Theorie von Carl Schmitt fußt die Feindstrafrechtslehre, die der Bonner Strafrechtslehrer Günther Jakobs seit der Jahrtausendwende als Reaktion auf den Terrorismus entwickelt hat:[48] »Wer als Person behandelt werden will«, so fordert er, »muss seinerseits eine gewisse kognitive Garantie dafür geben, dass er sich als Person verhalten wird. Bleibt diese Garantie aus oder wird sie sogar ausdrücklich verweigert, wandelt sich das Strafrecht von einer Reaktion der Gesellschaft auf die Tat eines ihrer Mitglieder zu einer Reaktion gegen einen Feind.« Wer sich nicht »als Person« verhält, der wird von der Person zur Unperson, er wird zum Feind – zum Kriegsgegner eines Kriegs im Inland. Das normale Strafrecht ist nach dieser Systematik nur für den normalen Bürger da, für den im Grundsatz braven Wähler und Staatsbürger. Das andere, das radikale Strafrecht, gilt für alle Feinde des Staates, die »Unpersonen« genannt werden – und gemeint sind damit Terroristen, organisierte Kriminelle, Sexualstraftäter, kurz alle, »die sich dauerhaft vom Recht abgewandt haben«. Sie sollen von den Rechtsgarantien des normalen Strafrechts nicht mehr profitieren. Die Feinde müssen, so formuliert Jakobs weiter, außerhalb des Rechtsstaats »kaltgestellt« werden: »Es geht nicht mehr um die Erhaltung der Ordnung nach gesellschaftlichen Irritationen, sondern es geht um die Herstellung erträglicher Umweltbedingungen dadurch, dass alle diejenigen [...] kaltgestellt werden, die nicht die kognitive Mindestgarantie bieten, die nötig ist, um sie praktisch aktuell als Personen behandeln zu können.«[49]

Ein Feindstrafrecht erlaubt fast alles, was ansonsten verboten ist: Es schafft ein System, in dem sogar Folter und sonstige bisher verbotene Vernehmungsmethoden systemkonform sind und in dem, ohne lang zu fackeln, verhaftet und eingesperrt werden kann – weil es im Feindstrafrecht nicht um Normgeltung geht, sondern darum, Gefahren zu bekämpfen. Das Feindstrafrecht besitzt eine diabolische Potenz, weil es all die Maßnahmen, mit denen sich ein Rechtsstaat schwertut, ohne Weiteres ermöglicht. In Kolumbien (zur Bekämpfung der Drogenkriminalität) und auf Guantanamo (zur Bekämpfung des Terrorismus) kommt das Feindstrafrecht zum Einsatz. Die Tötung von Feinden der USA durch ferngesteuerte Drohnen in Afghanistan, Pakistan oder Jemen gehört auch zu den Erscheinungsformen des Feindstrafrechts.

Carl Schmitt ist 1985 gestorben. Seine Freund-Feind-Theorie lebt in der politischen Praxis weiter. Ganz im Sinne Carl Schmitts ist die gegenwärtige Entwicklung, die die Europäische Union und ihre Mitgliedsstaaten in ihrer Abschottungspolitik nehmen; es ist dies eine Politik im Freund-Feind-Schema, die die Angst vor Einwanderung zu ihrem Lieblingsthema macht. »Die Nation gegen einen [wie Carl Schmitt dies in seiner »Politischen Theologie« nennt] *zum Feind erklärten* Gegner zu den Waffen zu rufen hat für Politiker auf der verzweifelten Suche nach Wählerstimmen noch einen weiteren Vorteil: Solch ein Ruf hebt die Selbstachtung der Nation und bringt dem Rufenden Dankbarkeit ein«,[50] merkt Zygmunt Bauman ironisch an in seinem luziden Essay »Die Angst vor den anderen«, das er ein Jahr vor seinem Tod veröffentlicht hat, anlässlich der Migrationspanik während der Flüchtlingskrise. In diesem Zwischenruf stellt er fest, die Immigranten seien eine »aktualisierte, ›neue und verbesserte‹, ernsthafter behandelte Version jener ›Sandwich-Men‹, die in den frivol und leichtsinnig rauschenden zwanziger Jahren Plakate durch die von naiven Nachtschwärmern verstopften Straßen trugen, auf denen zu lesen war: ›Das Ende der Welt, wie wir sie kennen, ist nah.‹«[51] Die Flüchtlinge würden als »Boten des Unglücks« gesehen und dargestellt, als Boten, die den Zusammenbruch der Ordnung verkörpern, die dem bisher sicheren Europa droht und die in den Ländern, aus denen sie kommen, bereits Wirklichkeit ist. Als solche Unglücksbotschafter sind sie nicht willkommen.

Wohl aber sind sie in einer anderen Funktion willkommen, hochwillkommen sogar. Bauman erinnert in diesem Zusammenhang an eine Fabel des antiken Dichters Äsop. Es ist diese Fabel von den Hasen und den Fröschen:

»Die Hasen klagten einst über ihre mißliche Lage; ›wir leben‹, sprach ein Redner, ›in steter Furcht vor Menschen und Tieren, eine Beute der Hunde, der Adler, ja fast aller Raubtiere! Unsere stete Angst ist ärger als der Tod selbst. Auf, laßt uns ein für allemal sterben.‹ In einem nahen Teich wollten sie sich nun ersäufen; sie eilten ihm zu; allein das außerordentliche Getöse und ihre wunderbare Gestalt erschreckte eine Menge Frösche, die am Ufer saßen, so sehr, daß sie aufs schnellste untertauchten. ›Halt‹, rief nun eben dieser Sprecher, ›wir wollen das Ersäufen noch ein wenig aufschieben, denn auch uns fürchten, wie ihr seht, einige Tiere, welche also wohl noch unglücklicher sein müssen als wir.‹ Laß dich nie durch's Unglück niederschlagen; es gibt immer noch Unglücklichere, mit deren Lage du nicht tauschen würdest.«[52]

Die Hasen sind im 21. Jahrhundert nicht nur die Menschen in misslicher Lage, die die Tafeln und Suppenküchen bevölkern; es sind auch die, die so gerade über die Runden kommen und sich mehr schlecht als recht durchschlagen. Es sind die, die nach der jüngsten Inflation den Urlaub nicht mehr bezahlen können und befürchten, dass sie sich in der nächsten die Wohnung nicht mehr leisten können. Für die Menschen, die den Eindruck haben, dass sie am Boden angekommen sind und es tiefer nicht geht, kann es eine erhebende Entdeckung sein, dass es unter dem Boden noch einen Sumpf gibt, in dem andere leben, die Frösche. Die Frösche aus Äsops Fabel sind heute die heimatlosen Migranten, die im Sumpf abweisender Gesetze, umgeben von Schlingpflanzen aus Paragraphen, strampeln, um ein Aufenthaltsrecht zu bekommen. Sie sind die Unglücklichen, mit denen du nicht tauschen würdest, und deretwegen du dich deshalb froh, zuweilen sogar ein kleines bisschen stolz fühlen kannst in deiner eigenen misslichen Lage. Die Vorstellung, selber so ein elend schutzbedürftiger Mensch zu sein, kann auch die Unmoral anstacheln, den Impuls, diese Fremden abzuwehren, weil man den Anblick der Hilflosigkeit nicht erträgt.

Die Geflüchteten zeigen also das drohende Unglück an, verweisen aber auch auf das gegenwärtige kleine oder größere Glück, das es zu sichern gilt. Beliebt werden sie mit keiner Rolle. Die offenen Gesellschaften machen dicht vor Migranten. Sie tauchen unisono mit der Bezeichnung »Illegale« auf. Einwanderung, so dringend sie auch gebraucht wird, erscheint im öffentlichen Streit fast nur noch als »irreguläre Einwanderung«, die es zu stoppen gilt. Der Begriff »Festung Europa« wurde einst als Negativbegriff erfunden und für die Idee benutzt, dass der Kontinent und seine Demokratien sich nicht einschließen und die Zugbrücken hochziehen dürfen. »Festung Europa«, das ist jetzt als Kampfbegriff von Befürwortern eines strikten Grenzregimes gekapert worden; die »Festung Europa« gilt da als Positivbegriff für ein Europa, das Geflüchtete an den Außengrenzen in Haft nimmt oder, noch besser, in Lager auf dem afrikanischen Kontinent verbringt. Der europäische Asylkompromiss von 2023 will den Flüchtlingsschutz auf die Staaten jenseits der Außengrenzen auslagern; das Asyl soll dort hinkommen, wo die Flüchtlinge herkommen. Staaten wie Ruanda, Senegal oder Tunesien sollen viel Geld dafür erhalten, dass sie bei der Auslagerung des Flüchtlingsschutzes mitmachen. Aus den Augen, aus dem Sinn. Denke nur niemand, die Abschottung vor den Barbaren habe keine Wirkungen nach innen.

Man sollte den grandiosen Roman »Warten auf die Barbaren«[53] wieder zur Hand nehmen und lesen, ein Werk des südafrikanischen Literaturnobelpreisträgers John Maxwell Coetzee aus dem

Jahr 1980. Er lässt seinen Ich-Erzähler sagen: »Mein Eindruck ist, dass es garantiert in jeder Generation eine gewisse Zeit der hysterischen Angst vor den Barbaren gibt. Keine Grenzbewohnerin, die nicht schon einmal geträumt hat, unter ihrem Bett käme eine dunkle Hand hervor und griffe nach ihr, kein Grenzbewohner, der sich nicht angstvoll ausgemalt hätte, wie die Barbaren in seinem Haus zechten, sein Geschirr zerschlügen, die Gardinen anzündeten und seine Töchter schändeten. Diese Träume entstehen durch zu viel Muße. Zeige mir eine Barbarenarmee, und ich glaube, dass es sie gibt.«[54] Nie wird sich im Verlauf der Handlung eine Barbarenarmee zeigen, im Gegenteil. Eine bewaffnete Armee bricht schließlich zum Kampf auf, immer der bedrohlichen Chimäre hinterher. Dabei verirren sich die Soldaten in der Wüste, verhungern, erfrieren, werden in alle Winde zerstreut. »Wer hat euch geführt?«, wird einer der jämmerlichen Überlebenden gefragt, als er in desolatem Zustand in die Stadt zurückkehrt. Und er antwortet: »Sie – die Barbaren! Sie haben uns immer weiter gelockt, wir konnten sie nie einholen.«[55]

Coetzees Roman ist eine düster ironische Parabel auf eine Gesellschaft, die sich im Belagerungszustand wähnt. Was macht es mit einer Gesellschaft, wenn sie die Fremden zu Feinden erklärt, vor denen man sich schützen muss? Coetzee erzählt von einer Stadt, die vor Angst im buchstäblichen Sinn vergeht. Alles dreht sich um die befürchtete Invasion der Fremden. Lakonisch, nüchtern und deshalb umso beklemmender erzählt Coetzee, wie die Angst vor den Barbaren sich in die Mitte der Gesellschaft frisst und zur Hysterie steigert, wie Gewalt und Militarisierung einziehen und das Leben und alles Denken beherrschen. Die Stadt versinkt in Chaos, Panik und Plünderungen; es herrschen Notstandsgesetze; Razzien werden veranstaltet, alles zur Sicherheit.

Der »Magistrat«, der für den Rechtsstaat steht, wird als Verräter verhaftet und gefoltert. Er ist Chronist und Erzähler der schrecklichen Ereignisse. Verletzt und geschlagen sinniert er, wie das Leben sein sollte und wie es dazu kommt, dass es so ganz anders ist:

»Die Kinder zweifeln nie daran, dass die großen, alten Bäume, in deren Schatten sie spielen, ewig stehen werden, dass sie eines Tages so stark wie ihre Väter sein werden, fruchtbar wie ihre Mütter, dass sie leben und gedeihen und eigene Kinder großziehen werden und an dem Ort, wo sie geboren wurden, auch ihr Alter erleben. Wieso ist es für uns unmöglich geworden, in der Zeit zu leben wie die Fische im Wasser, wie die Vögel in der Luft, wie die Kinder? Das Reich ist schuld! Das Reich hat die historische Zeit geschaffen. [...] Das Reich verdammt sich selbst dazu, in der Geschichte zu leben und ein Komplott gegen die Geschichte zu schmieden. Einzig ein Gedanke beherrscht das Unterbewusstsein des Reichs: wie ist es möglich, nicht zu enden, nicht unterzugehen, seine Ära zu verlängern. Bei Tag verfolgt es seine Feinde. Es ist schlau und rücksichtslos, es schickt seine Bluthunde in jeden Winkel. Nachts nährt es sich von Katastrophenbildern: Plünderung von Städten, Vergewaltigung der Bevölkerung, Pyramiden von Knochen, Verwüstung weit und breit. Eine krankhafte Vision, doch eine ansteckende: ich, der ich hier im Schlick wate, bin nicht weniger angesteckt davon als der treu ergebene Oberst Joll, der die Feinde des Reichs durch die grenzenlose Wüste verfolgt, mit gezogenem Schwert, um Barbar auf Barbar niederzustrecken ...«[56]

Wieso ist es für uns unmöglich geworden, in der Zeit zu leben wie die Fische im Wasser, wie die Vögel in der Luft, wie die Kinder? Nach dem Fall der Mauer schien eine neue Zeit angebrochen, in der das möglich würde: eine freie Welt ohne trennende

Mauern. Im Enthusiasmus darüber, dass der Eiserne Vorhang Vergangenheit war und der Kommunismus den Kalten Krieg verloren hatte, wähnten viele eine Epoche der offenen Grenzen anbrechen. »Mr. Gorbachev, tear down this wall!«, hatte der US-Präsident Ronald Reagan am 12. Juni 1987 vor dem Brandenburger Tor dem Regierungschef der Sowjetunion zugerufen. »Die Mauer muss weg«, hatten die Demonstranten, die 1989 in der DDR auf die Straße gingen, skandiert. Wenn man die Menschen gefragt hätte: »Wie malst du dir den Mauerfall aus?«, wer wäre darauf gekommen, dass es so lapidar sein würde? Auf einer Pressekonferenz gefragt, ab wann die neuen Ausreiseregeln in Kraft träten, drohte die etwas verwirrte Antwort des Politbüromitglieds Günter Schabowski beinahe im Papiergeraschel unterzugehen: »Das tritt nach meiner Kenntnis ... ist das sofort, unverzüglich.« Mit diesem Gestammel fiel die Mauer am 9. November 1989 in sich zusammen.

Mehr als dreißig Jahre nach dem Mauerfall sieht die Realität so aus: »Statt des erhofften Abbaus erwachsen überall neue Barrieren, werden alte erneuert. Auf dem Globus existieren 70 Grenzmauern oder befinden sich in Planung, das sind fünfmal so viele wie zur Zeit des Mauerfalls 1989. Zusammen kommen sie auf 26 000 Kilometer Länge, was einem Zehntel aller Landgrenzen entspricht. Die befestigten Sperren können archaisch anmuten wie Marokkos Wallanlagen in der Westsahara oder hochmoderne Sicherheitsarchitekturen sein wie diejenigen, mit denen sich Saudi-Arabien von seinen Nachbarstaaten isoliert.«[57] Inzwischen könnten es noch mehr sein als diese 26 Millionen Meter Stein-, Stahl-, Stacheldraht, betongehärtete Illusion von Sicherheit. Und ein Ende der Illusion ist nicht absehbar. Mauern halten nämlich nicht, was sie versprechen, ganz und gar nicht. Die amerikanische Politikwissenschaftlerin Wendy Brown hat überzeugend herausgearbeitet, dass der Mauerbau nicht die Realisierung von Macht und Souveränität ist, sondern ihre theatralische Inszenierung, nicht viel mehr als Mummenschanz und visuelle Effekthascherei. Du sollst dir ein Bildnis machen, heißt das populistische Gebot, ein Bildnis von Festigkeit, Stärke und Souveränität in einer Zeit, in der die Nationalstaaten unter dem Druck der Globalisierung genau dies mehr und mehr verlieren. Mauern demonstrieren diesen Verlust nicht nur, sie beschleunigen ihn, weil sie Problemlösungen simulieren und dabei neue, größere Probleme schaffen. Mauern zu bauen heißt etwas zu tun, um so zu tun, als täte man etwas, und das zu einem hohen Preis. Mauern sind nicht nur monumentale, im Grunde religiöse Machtabbilder, sie haben auch ihre eigene Sprache. Sie sagen: Ihr seid in Frieden und Sicherheit. Ihr bleibt unangetastet. Wir halten den Feind auf. Ihr müsst keine Angst haben. Aber sie sprechen mit gespaltener Zunge, sie enthalten eine Doppelbotschaft. Aus jedem Stein spricht auch das Gegenteil seiner Schutzverheißung. Die Mauern sagen ebenfalls: Ihr seid in höchster Gefahr. Eure Sicherheit ist bedroht. Die Invasion ist nur mit Mühe aufzuhalten. Ihr müsst Angst haben.

Brown bezeichnet die Einmauerung drastisch als »Todesröcheln«[58] der nationalen Souveränität, denn die Mauern sind erwiesenermaßen nutzlos, teuer und ineffektiv. Das wissen die Verantwortlichen auch. Sie wissen, dass effektives Grenzregime nicht mit so etwas Archaischem wie Mauern zu machen ist, sondern wenn, dann mit Überwachungs-Hightech, und nicht an der Grenze, sondern im Innern des Landes. Brown erinnert an die ehemalige US-Heimatschutzministerin Janet Napolitano, die einst die Wirksamkeit der Grenzmauer so beschrieben hat: »Sie zeigen mir eine fünfzig Fuß hohe Mauer, und ich zeige Ihnen eine einundfünfzig Fuß hohe Leiter.« Warum das so ist, warum keine Mauer in der Praxis unüberwindlich ist, erklärt ein Mitarbeiter der Zollbehörde so: »Es ist, wie wenn man einen Ballon zusammendrückt. Die Luft muss irgendwo hin.«

Nun sind Migranten nicht Luft. Wären sie das, könnten sie die Grenzanlagen unverletzt überwinden. Sie sind aber Menschen aus Fleisch und Blut, die im Stacheldraht hängen bleiben, die sich tödlich verletzen oder auf dem Weg nach Europa ertrinken im Mittelmeer, der Wassergrenze vor dem Kontinent. Diese Bereitschaft, das eigene Leben aufs Spiel zu setzen, beweist, dass Mauern die Migranten nicht abhalten, höchstens umleiten und zu neuem Erfindungsreichtum anregen, die Barrieren zu überwinden. Migration lässt sich nicht abdrehen wie das Wasser im Wasserhahn. Sie lässt sich auch nicht auf die Weise steuern, wie sie diejenigen suggerieren, die in beharrlicher Torheit über Push- und Pull-Faktoren schwadronieren. Push-Faktoren sind in dieser Theorie aus den sechziger Jahren die Umstände, die Menschen aus ihren Heimatländern »wegdrücken«, Armut, politische Verfolgung, Kriege, Klimaveränderungen, die ganze Regionen unbewohnbar machen. Pull-Faktoren sind die sogenannten Anreize, alles, was Migranten angeblich anzieht, zum Beispiel rechtsstaatliche Verfahren, menschenwürdige Unterbringung, Sozialleistungen, offene Grenzen. Unter die Pull-Faktoren wird auch die Seenotrettung gerechnet, die Flüchtende verleitet, sich in unsichere Boote zu setzen. Studien haben mittlerweile nachgewiesen, dass die Theorie falsch ist, Migrationsexperten sagen, sie sei überholt. Frank Kalter, Co-Direktor des Deutschen Zentrums für Integrations- und Migrationsforschung, beispielsweise hält sie für eine »sehr vage Idee, mehr nicht«.[59] Trotzdem wird aufgrund dieser sehr vagen Idee weiterhin Rhetorik produziert, Ressentiment verströmt und vor allem konkrete Politik gemacht. Die sogenannten Pull-Faktoren werden zur Disposition gestellt oder abgeschafft, es werden Maßnahmen ventiliert und beschlossen, die den Menschen das Leben schwer machen im Aufnahmeland, selbst dann, wenn diese vergrämenden Maßnahmen höhere Kosten und Bürokratie verursachen. Dazu gehören Gutscheine statt Bargeld, Unterbringung in Massenunterkünften ohne Privatsphäre, Minimierung von Rechtsmitteln, Kürzung von Integrationshilfen. Vor allem schafft diese Abwehrpolitik eigene gewalttätige Push-Faktoren, Mittel, um die Einwanderer »wegzudrücken«: Mauern, Zäune, aber auch Pushbacks, Tränengasventilatoren, Schlagstöcke und Schäferhunde, mit denen die Mauer verteidigt wird. Es sind dies die gewalttätigsten Push-Faktoren der Rechtsstaaten; hinzu kommt Handeln durch Unterlassen wie die Einstellung der staatlichen Seenotrettung und aktives Wegschauen, wenn Flüchtlinge in Lebensgefahr sind. All das nützt aber nichts. Sie kommen dennoch. Sie sind jung, weil nur junge Menschen die Fliehkraft haben, die man als Flüchtender braucht. TV und Internet locken noch in den dreckigsten Ecken der Elendsviertel mit Bildern aus der Welt des Überflusses. Noch bleibt der allergrößte Teil der Menschen, die wegen Krieg, Klimawandel und bitterer Not ihre Heimat verlassen, in der Welt, die man die dritte und vierte nennt. Mehr und mehr aber drängen sie an die Schaufenster, hinter denen die Reichen der Erde sitzen.

Man kann den Wind noch so oft anschreien, dass er gefälligst aufhören soll, er wird nicht hören. Er wird weiter blasen. Migration kann nicht aufgehalten werden; sie muss gestaltet werden. Migration fragt nicht danach, ob die Deutschen ihr Grundgesetz geändert haben und womöglich noch einmal ändern wollen. Sie fragt nicht danach, ob die EU-Staaten sich aus der Genfer Flüchtlingskonvention hinausschleichen. Die Migration ist da, und der Migrationsdruck wird ein ganz großes Thema dieses Jahrhunderts sein. Und das Schicksal zweier Kontinente wird sich darin entscheiden, ob der europäischen Politik etwas anders einfällt als Abriegelung und Mobilmachung gegen Flüchtlinge. Seit 1992, seit den »Londoner Entschließungen« zur Ablehnung von Asylanträgen, hat sich EU-Konferenz um EU-Konferenz mit den Bauplänen für die Festung Europa befasst; das Projekt lief immer unter dem Namen »Harmonisierung des Asylrechts«. Die gegenwärtigen EU-Pläne sind keine guten Pläne. Es gibt eine Formel, die eine Schlüsselformel für gute, für bessere Pläne sein könnte: »Asyl ist für Menschen, die uns brauchen. Einwanderung ist für die Menschen, die wir brauchen.« Es ist dies, es wäre dies der Grundgedanke für eine gute europäische Migrationspolitik.

Mauern verhindern nicht und gestalten nicht. Wenn sie etwas gestalten, dann die Fortsetzung der Unordnung. Mauern schaffen keinen Frieden, sie schaffen Unfrieden. Mauern sind Gewaltproduzenten. In der Nähe der Grenzanlagen und fortgesetzt auch im Innern des Landes entsteht Kriminalität: Drogenschmuggel, Menschenhandel, ein Schlepperwesen, das Geschäfte mit der Überwindung der Mauer macht. Mauern zerschneiden Nachbarschaften, schaffen ein Niemandsland, machen bewirtschafteten Boden zu Ödnis, schaffen ein Klima von Misstrauen und verschärfen Nationalismus und Fremdenhass. Sie wirken nicht allein nach außen, sie wirken noch viel mehr nach innen, in die Gesellschaft hinein, in die einzelnen Bürgerinnen und Bürger hinein. Sie bestärken mit ihrem Dasein, dass der Fremde der Feind ist, gegen den man sich wehren muss, und schaffen damit nicht nur Migrationspanik, sondern auch Gewaltbereitschaft in

der Bevölkerung. Coetzees Erzähler, der im Schlick watet, sagt: »Das Reich verdammt sich selbst dazu, in der Geschichte zu leben und ein Komplott gegen die Geschichte zu schmieden.« Gesellschaften, die den Belagerungszustand aufführen, lassen ihre Bürger im Schlick der Katastrophenangst versinken und schmieden ein Komplott gegen die Zukunft. Sie produzieren »die Illusion einer Zukunft, die sich an einer idealisierten Vergangenheit orientiert«, meint Wendy Brown. Sie erinnert an eine Wortschöpfung des Kulturwissenschaftlers Greg Eghigian: »homo munitus«, um zu verdeutlichen: Mauern machen Menschen; sie machen sie zu Mauermenschen. Mauern haben Einfluss darauf, wie die Eingemauerten ihr Sein in der Welt und ihr Zusammensein verstehen. Die Mauern prägen die Subjektivität der Mauermenschen. Sie formen ihre kollektive Mentalität zu einer neuen Bunkermentalität, die die Verhinderung des Weltuntergangs zur zivilen Lebensform macht. Die Mauern sollen Ängste sedieren. Aber: »Wann werden die neuen Mauern so beengend wie die eines Gefängnisses, statt so behaglich wie die eines Wohnhauses sein?«[60]

Eine hintersinnige Frage: Wo ist bei einer Mauer eigentlich »hinter« und wo ist »vor«? In gewissem Sinn sind nicht nur die unerwünschten Eindringlinge, sondern auch die Gesellschaften, die sich einmauern, »hinter der Mauer«. In ihrem Essay »Hinter Mauern« haben Volker M. Heins und Frank Wolff diesen perspektivischen Schwenk vorgenommen.[61] Offene Gesellschaften begeben sich in einen Selbstwiderspruch, wenn sie sich zur Festung machen. »Schleichend und unauffällig beschädigen die neuen Mauern um Europa die demokratische Gesellschaft. Sie schaffen eine Situation, in der die liberale Demokratie ihre eigenen Regeln bricht.« Das sich immer rigider gebärdende Grenzregime untergräbt im Innern, auch im Inneren der Menschen selbst, die Freiheit, die es schützen will. Es kommt zu der schizophrenen Situation, dass die Mobilität innerhalb der EU und auch die Mobilität ihrer Bürger nach draußen in die weite Welt möglichst grenzenlos sein soll. Gleiches gilt für die Mobilität der Finanz- und Warenströme. Nur die Migrantenströme, die sollen mit hohen Wällen und Dämmen gestoppt werden. Wer das will, der leugnet die Wirklichkeit, denn er leugnet die Gesetzmäßigkeit der Globalisierung. Zur Globalisierung gehört Migration wie das Wasser zur Suppe.

Die Wirklichkeitsverleugnung des Mauermenschen zeigt sich auch in einer grotesken Umkehrung der Wahrnehmung. In den Augen und auch in der Sprache des Homo munitus werden die Menschen, die übers Mittelmeer flüchten und oft in seinen Fluten ertrinken, selbst zu bedrohlichen Fluten, die sein Leben gefährden. Sie, die vor Gewalt flüchten, werden zu Aggressoren. »Die Terroristen waren Migranten«, betonen Rechtspopulisten nach Anschlägen gern, jedoch nicht um einen informativen Mehrwert zu liefern. Sie betonen dies, um hinterrücks den demagogischen Umkehrschluss zu insinuieren, der da lautet: »Migranten sind Terroristen.« Es ist eine gewalttätige Sprache, die Geflüchtete kriminalisiert, die in grober Weise von ihnen spricht, die keine anderen Adjektiv für sie kennt als »irregulär« oder »illegal« und die auch nicht vor der frechen Lüge zurückschreckt, sie nähmen den Deutschen die Plätze im Gesundheitssystem weg. Diese gewalttätige entmenschlichende Sprache tut sich zusammen mit gewalttätigen entmenschlichenden Bildern vom Geschehen an den Grenzen. Da sieht man, wie Sicherheitskräfte Menschen vor sich hertreiben wie Vieh; da sieht man Szenen aus Elendslagern, in denen die Menschen demonstrativ und zur Abschreckung in würdelosen Verhältnissen gehalten werden. Beides zusammen, die gewalttätige Sprache und die gewalttätigen Bilder, sorgen dafür, dass das Mitleid gegenüber den leidenden Menschen verschwindet. Das Elend regt den Homo munitus kaum noch auf, er gewöhnt sich daran und wird dafür gelobt von Politikern, die ihm erklären, wie tapfer es ist, dass er diese Bilder aushält. Nur der sei Realist, der sich nicht von den Bildern von Leid und Tod an den Mauern, Zäunen und Grenzen bestechen lasse, sondern kühlen Kopf bewahre und das Notwendige zu tun bereit sei. Diese bürgerliche Kälte »hat die Funktion einer Klimaanlage – eine komplexe Technik, die ein Raumklima zuverlässig stabilisiert, bis die Personen darin es für natürlich halten. Bürgerliche Räume – institutionelle und affektive – bleiben kühl und angenehm, während es draußen brennt.«[62]

Diese Haltung der mitleidlosen Kälte nimmt unter Berufung auf Max Webers Verantwortungsethik (die in diesem Buch auf Seite 72 ff. ausführlich diskutiert wird) gern für sich in Anspruch, nichts als verantwortungsbewusster Realismus zu sein. In der Tat brennt es draußen. Aber gerade deshalb mag man sich fragen, wie realistisch dieser Realismus ist. Dies hat Annette Kurschus, die ehemalige Ratsvorsitzende der Evangelischen Kirche in Deutschland, in ihrem letzten mündlichen Bericht pointiert thematisiert: »Der Streit um die Migration, so heißt es oft, sei ein Streit zwischen Idealisten und Realisten: Die Idealisten wollen aller Welt helfen, die Realisten sehen ein, dass dies (leider) nicht geht. Dagegen halte ich die Frage: Wie realistisch ist eigentlich die Vorstellung, wir könnten uns die Wirklichkeit einer Welt, die lichterloh brennt angesichts globaler Konflikte und Kriege und einer sich zuspitzenden Klimakatastrophe, effektiv vom Halse halten? Wie realistisch ist der Gedanke, wir könnten unsere eigene Humanität, unsere Freiheit und Rechtsstaatlichkeit behalten, wenn wir die Würde anderer Menschen verletzen? Sollen die Grundrechte zu einer Art Luxus verkommen, den man sich eben nicht jederzeit leisten kann?«[63]

Man sollte sich nicht damit beruhigen, dass dieses Erkalten der Menschen ohne Auswirkungen bleibt auf das soziale Miteinander im Raum der Freiheit, der Sicherheit und des Rechts, als den sich die EU bezeichnet. Die Gewalt, die in diesen Verformungen liegt, wird sich nicht auf die Migranten, die man eh nicht dahaben will, beschränken. Sie wandert in den Kern der Demokratie, sie wandert in den Kern des Sozialen ein wie ein Wurm in den Apfel und frisst die Demokratie von innen auf. Der Faschismus ist nicht ausgekommen ohne einen »Faschismus des Herzens«,[64] denn er braucht die Anpassung der Emotionen genauso wie die Anpassung von Gesetzen, um zur Macht zu gelangen. Es ist kein frommes Gesülz, es ist im Gegenteil dringend nötig, für den Erhalt des Sozialstaates und der Demokratie mehr solcher Stimmen wie die der ehemaligen Ratsvorsitzenden zu hören, die sagen: »Da wird von ›Zahlen‹ gesprochen, die jetzt dringend ›runter müssen‹. Als ginge es um eine mittelschwere Matheaufgabe. Wer von Migration redet, redet von Menschen und damit letztlich auch von sich selbst, vom eigenen christlichen oder humanistischen Menschenbild und davon, wie ernst es ihm oder ihr damit ist. Ich jedenfalls lasse mir die Barmherzigkeit nicht ausreden und werde andere weiterhin an die Barmherzigkeit erinnern.«[65]

Also weg mit allen Grenzen, ist das das Fazit? Nein, es ist dies kein Plädoyer dafür, dass Grenzen abgeschafft werden. Es ist wesentlich für das friedliche Zusammenleben, dass Grenzen unangetastet bleiben. Wie Grenzverletzungen Gewalt bis hin zu heißen Kriegen provozieren, zeigt sich drastisch in den von Israel besetzten Gebieten und der Ausweitung der Siedlungen im Westjordanland, zeigt sich auch in der russischen Annexion der Krim im Jahr 2014, beide völkerrechtswidrig.

Es geht nicht um die Abschaffung von Grenzen, sondern darum, dass und wie sie durchlässig bleiben. Mauern sind ungedeckte Schecks für die Undurchlässigkeit der Grenze, sie stehen für konsequente *Ab*grenzung nach außen. Verloren geht dabei die Möglichkeit, »Innen und Außen als aneinander angrenzend wahrzunehmen«.[66] In der dualistischen Maueroptik ist das Draußen Feindesland. »Jenseits der Grenze breitet sich in dieser Optik das Reich des ›Un‹ aus: die Un-vernunft, das Un-heil, der Un-wert, das Un-heimliche, das Un-sichtbare, die Un-ordnung, das Un-wesen«, schreibt die Erziehungswissenschaftlerin Marianne Gronemeyer und bietet eine alternative Sicht an, die für die Gier nach Grenzsicherung blind ist. Gronemeyer weist auf die positive Kraft der Grenze hin: »Grenzen erlauben beiden Seiten, in ihrer Gegensätzlichkeit aneinander zu wachsen und zu reifen; sobald es um Siegen und Verlieren geht, um Einschließung und Ausschließung, erlischt ihre Kraft.« Anders ist es, wenn die Menschen auf der anderen Seite nicht per se als Bedrohung des zum Eigentlichen erklärten Eigenen und als Vernichtung der Identität gesehen werden: »Hüben und Drüben sind dann über die Grenze hinweg aufeinander bezogen, und das bedeutet zweierlei: Sie begrenzen und mäßigen sich wechselseitig, wenn nämlich an der Grenze das Eigene auf das Andere trifft und umgekehrt. Die Grenze ist eine wirksame Trennlinie. Sie hat aber ihre Wirksamkeit dadurch, dass sie durchlässig ist. Sie besteht nur, wenn Grenzpassagen in beiden Richtungen möglich sind. Das Geheimnis der Grenze liegt darin, dass sie, dem Gesetz der Widerspruchsfreiheit zum Trotz, gleichzeitig beides kann: trennen und verbinden.« Die Grenze behindert also den Übergang und ermöglicht ihn zugleich. Das ist ihr Paradox; Hüben und Drüben »sind aufeinander angewiesen, aneinander verwiesen. Hüben und Drüben verhelfen sich wechselseitig zu ihrem Sosein und begrenzen sich gegenseitig.«[67]

Es geht um die Begrenzung des Grenzwahns, es geht um die Zähmung der Gewalt. Es geht um Entfeindung. Es geht um einen Waffenstillstand. Es geht um Befriedung. So ist es im Ukrainekrieg. So ist es im Gazastreifen. So ist es an den Grenzen Europas. Überall gilt: Sicherheit ist auch die Sicherheit der anderen. Sicherheit gibt es nicht vor Russland, nicht gegen Russland. Sicherheit gibt es nicht vor den Palästinensern. Sicherheit gibt es nicht vor den Flüchtlingen. Es gibt Sicherheit nur mit ihnen.

Es gibt die Sicherheit nicht mit noch höheren Mauern. Es gibt die Sicherheit nicht mit noch höheren Militärausgaben, nicht mit noch höheren Truppenstärken, nicht mit noch mehr Kampfpanzern, nicht mit noch mehr nuklearen Sprengköpfen. Russland hat 5977 dieser Sprengköpfe. Die Nato hat 5943.[68] Die Nato hat 9042 Kampfpanzer, Russland 3300. Die Nato hat eine Truppenstärke von 3 366 000, Russland eine von 850 000. Der Verteidigungshaushalt der Nato-Länder liegt zusammengerechnet bei 1048 Milliarden US-Dollar. Der Verteidigungshaushalt Russlands liegt bei 43 Milliarden US Dollar; der von China bei 193 Milliarden.[69] Die Sicherheit wird sich nicht verdoppeln, wenn die Zahlen und die Ausgaben verdoppelt werden. Sie wird sich nicht halbieren, wenn die Zahlen und die Ausgaben halbiert werden. Sie wird steigen, wenn sich die Gegner die Brille des anderen aufsetzen. So beginnt das Frieden-Lernen.

Kapitel 5

# Die weißen Tauben sind müde

Warum wir eine neue Friedensbewegung, eine neue Entspannungspolitik und keinen dritten Weltkrieg brauchen; es wäre der letzte

Es sind nur ein paar Zeilen, die Zeilen eines Schlagers. Aber sie schildern die neuere Geschichte der Friedensbewegung, sie schildern, was passiert ist, seit die Tauben nicht mehr fliegen. Seitdem ist viel passiert. Der Refrain ist kein guter, kein hoffnungsvoller Refrain; er geht so: »Jedoch die Falken fliegen weiter, sie sind so stark wie nie vorher. Und ihre Flügel werden breiter; und täglich kommen immer mehr.«[70] So war das, so ist das. Die großmächtigen Demonstrationen für Rüstungskontrolle und Abrüstung sind Jahrzehnte her. Tempi passati. Der Sticker mit der weißen Taube auf blauem Grund war damals, am Beginn der 1980er Jahre, der Mitgliedsausweis einer pazifistischen Massenbewegung. Man sah diesen Pazifismus damals jeden Tag in der Tagesschau des Fernsehens; er lief mit Transparenten durch die Fußgängerzone; er saß mit Plakaten vor dem Eingangstor der Kasernen. Es war die Zeit der Menschenketten, der Friedensfackeln und der Großkundgebungen im Bonner Hofgarten. Es sollte so die atomare Nachrüstung verhindert werden. Diese Nachrüstung kam zwar, sie leitete glücklicherweise eine kurze und gute Epoche der Abrüstung ein, die aber dann von neuerlicher rastloser Aufrüstung abgelöst wurde.

Damals, es war in den frühen Achtzigerjahren des vorigen Jahrhunderts, bestand die halbe Bundesrepublik Deutschland aus atomwaffenfreien Zonen, jeder zweite Deutsche hatte große Sympathien für die Friedensbewegung. Frieden war machbar, Herr Nachbar. Das ist lange her. Die Friedensbewegung ist klein, sie ist sehr klein geworden, die Kriegstüchtigkeitsbewegung aber sehr groß. Aus Tauben sind Falken geworden und aus der grünen Partei, die in der Friedensbewegung zu Hause war, wurde eine Falknerei. Die Waffenarsenale sind weiter gewachsen, ihr Zerstörungspotenzial ist unermesslich. Die Gefahr eines nuklearen Infernos ist so nah wie noch nie seit dem Zweiten Weltkrieg. Es braucht eine neue Friedensbewegung, es braucht eine neue Entspannungspolitik.

Die weiße Taube braucht wieder Kraft, auch Symbolkraft. Die Geschichte dieser Taube als Friedenssymbol reicht zurück in die Frühzeit der Menschheitsgeschichte, in die Zeit der Genesis mit ihrem Mythos von der Sintflut und der Arche Noah. Es hat der Friedlichkeit des Symbols nichts anhaben können, dass die Tauben als Brieftauben in Kriegen zum Einsatz kamen; seit der Antike war das so. Noch im Ersten Weltkrieg spielten Brieftauben, wenn die technischen Möglichkeiten ausgefallen waren, eine wichtige Rolle bei der Nachrichtenübermittlung; die Heeresbrieftaubenanstalt in Spandau war bis 1945 in Betrieb. Private Brieftaubenvereine gibt es heute noch, die ersten wurden vor 150 Jahren im Ruhrgebiet gegründet, manche unter dem Namen »Kriegspost«, andere unter dem Namen »Heimkehr«. Die Taubenzucht war das

große Hobby der Bergleute im Kohlerevier, und die Brieftaube gilt dort noch immer als das Rennpferd des kleinen Mannes.

Der Vater einer Freundin war ein begeisterter und liebevoller Taubenzüchter; als er schon sehr alt war, nannte er jede Taube »Hans«. Wann immer er irgendwo eine verirrte beringte Taube entdeckte, der die Heimkehr missglückt war, lockte er sie mit zärtlichem Pfeifen und dem Ruf: »Komm, Hans, komm.« Das ist ein besonders schöner Satz, wenn man die Friedenssymbolik im Kopf hat und wenn man weiß, dass der Frieden nicht einfach von selbst kommt, dass man ihn also locken, dass man ihn stiften muss. Das war, das ist das gute Anliegen der Ostermärsche und der Friedensbewegung. Deshalb nutzen sie die Taube auf blauem Grund als ihr Symbol. Louis Aragon, Dichter und Funktionär der Kommunistischen Partei Frankreichs, hatte eine von seinem Freund Pablo Picasso gezeichnete Taube als Plakatmotiv für den Pariser Weltfriedenskongress 1949 ausgesucht; der hatte freilich die Taube mit dem Ölzweig nicht aus dem Nichts erfunden. Ihren ersten großen Auftritt hat die Taube im biblischen Mythos von der Sintflut. Noah und die Seinen erleben, dass die Welt untergeht. Als die menschliche Bosheit überbordend wird, bricht die Katastrophe über alles Leben herein. Sie überleben, ja. Aber werden sie jemals wieder festen Boden unter die Füße bekommen? Warten. Ausharren. 150 Tage im finsteren Bauch der Arche, und die Wasser schwellen an. 150 Tage – das ist eine der biblischen Zahlen, die nicht messen, sondern die Unermesslichkeit des Schreckens ausdrücken wollen. Eine halbe Ewigkeit ist Noah mitsamt seinem Getier in der Arche, in der Zwischenwelt zwischen Tod und Leben. Und dann kommt der Tag, an dem der Regen aufhört. Man merkt es ja nicht sofort, wenn man so gefangen ist im Grauen. Noch einmal 40 Tage dauert es, und dann

kommt er, dann kommt der Augenblick, als Noah eine Luke öffnet und hinausblickt. Aber noch ragen nur die Berggipfel aus dem Wasser. Da lässt Noah einen Raben hinaus, der fliegt aus und ein, denn er findet nichts, worauf er sich niederlassen kann.

Und dann heißt es im Bibeltext darüber: »*Dann ließ er die Taube hinaus, um zu sehen, ob das Wasser auf der Erde abgenommen habe. Die Taube fand keinen Halt für ihre Füße und kehrte zu ihm in die Arche zurück, weil über der ganzen Erde noch Wasser stand. Er streckte seine Hand aus und nahm die Taube wieder zu sich in die Arche. Dann wartete er noch weitere sieben Tage und ließ die Taube wieder aus der Arche. Gegen Abend kam die Taube zu ihm zurück, und siehe da: Im Schnabel hatte sie einen frischen Olivenzweig.*« Der Olivenzweig steht für das Leben und für die Hoffnung auf neues Leben, auf Frieden. Es ist die Taube, die es anzeigt: Land in Sicht. Ein Ölzweig sprießt. Das Leben ist wieder da.

Das Leben, der Ölzweig: Es war die große Hoffnung der Friedensbewegung der achtziger Jahre, die atomare Nachrüstung mit Kundgebungen, mit Sitzblockaden, mit Menschenketten und Friedenscamps verhindern zu können. Es waren dies die größten Demonstrationen, die es bis dahin in der Bundesrepublik gegeben hatte. Hunderttausende Menschen hatten friedlich »für ein atomwaffenfreies Europa« demonstriert und »Kampf dem Atomtod« propagiert. Die politische Stimmung war aufgeladen, erregt und empört. Die kritische Öffentlichkeit hielt die nukleare Nachrüstung für eine furchtbare Bedrohung Europas. Das war sie auch. Die nuklearen Planungen der Nato für Europa waren, ebenso wie die entsprechenden Strategien der Sowjetunion, verantwortungslos und irrsinnig, so sagt es der Berner Militärhistoriker Stig Förster: »In den maßgeblichen politischen und mi-

große Hobby der Bergleute im Kohlerevier, und die Brieftaube gilt dort noch immer als das Rennpferd des kleinen Mannes.

Der Vater einer Freundin war ein begeisterter und liebevoller Taubenzüchter; als er schon sehr alt war, nannte er jede Taube »Hans«. Wann immer er irgendwo eine verirrte beringte Taube entdeckte, der die Heimkehr missglückt war, lockte er sie mit zärtlichem Pfeifen und dem Ruf: »Komm, Hans, komm.« Das ist ein besonders schöner Satz, wenn man die Friedenssymbolik im Kopf hat und wenn man weiß, dass der Frieden nicht einfach von selbst kommt, dass man ihn also locken, dass man ihn stiften muss. Das war, das ist das gute Anliegen der Ostermärsche und der Friedensbewegung. Deshalb nutzen sie die Taube auf blauem Grund als ihr Symbol. Louis Aragon, Dichter und Funktionär der Kommunistischen Partei Frankreichs, hatte eine von seinem Freund Pablo Picasso gezeichnete Taube als Plakatmotiv für den Pariser Weltfriedenskongress 1949 ausgesucht; der hatte freilich die Taube mit dem Ölzweig nicht aus dem Nichts erfunden. Ihren ersten großen Auftritt hat die Taube im biblischen Mythos von der Sintflut. Noah und die Seinen erleben, dass die Welt untergeht. Als die menschliche Bosheit überbordend wird, bricht die Katastrophe über alles Leben herein. Sie überleben, ja. Aber werden sie jemals wieder festen Boden unter die Füße bekommen? Warten. Ausharren. 150 Tage im finsteren Bauch der Arche, und die Wasser schwellen an. 150 Tage – das ist eine der biblischen Zahlen, die nicht messen, sondern die Unermesslichkeit des Schreckens ausdrücken wollen. Eine halbe Ewigkeit ist Noah mitsamt seinem Getier in der Arche, in der Zwischenwelt zwischen Tod und Leben. Und dann kommt der Tag, an dem der Regen aufhört. Man merkt es ja nicht sofort, wenn man so gefangen ist im Grauen. Noch einmal 40 Tage dauert es, und dann

kommt er, dann kommt der Augenblick, als Noah eine Luke öffnet und hinausblickt. Aber noch ragen nur die Berggipfel aus dem Wasser. Da lässt Noah einen Raben hinaus, der fliegt aus und ein, denn er findet nichts, worauf er sich niederlassen kann.

Und dann heißt es im Bibeltext darüber: »*Dann ließ er die Taube hinaus, um zu sehen, ob das Wasser auf der Erde abgenommen habe. Die Taube fand keinen Halt für ihre Füße und kehrte zu ihm in die Arche zurück, weil über der ganzen Erde noch Wasser stand. Er streckte seine Hand aus und nahm die Taube wieder zu sich in die Arche. Dann wartete er noch weitere sieben Tage und ließ die Taube wieder aus der Arche. Gegen Abend kam die Taube zu ihm zurück, und siehe da: Im Schnabel hatte sie einen frischen Olivenzweig.*« Der Olivenzweig steht für das Leben und für die Hoffnung auf neues Leben, auf Frieden. Es ist die Taube, die es anzeigt: Land in Sicht. Ein Ölzweig sprießt. Das Leben ist wieder da.

Das Leben, der Ölzweig: Es war die große Hoffnung der Friedensbewegung der achtziger Jahre, die atomare Nachrüstung mit Kundgebungen, mit Sitzblockaden, mit Menschenketten und Friedenscamps verhindern zu können. Es waren dies die größten Demonstrationen, die es bis dahin in der Bundesrepublik gegeben hatte. Hunderttausende Menschen hatten friedlich »für ein atomwaffenfreies Europa« demonstriert und »Kampf dem Atomtod« propagiert. Die politische Stimmung war aufgeladen, erregt und empört. Die kritische Öffentlichkeit hielt die nukleare Nachrüstung für eine furchtbare Bedrohung Europas. Das war sie auch. Die nuklearen Planungen der Nato für Europa waren, ebenso wie die entsprechenden Strategien der Sowjetunion, verantwortungslos und irrsinnig, so sagt es der Berner Militärhistoriker Stig Förster: »In den maßgeblichen politischen und mi-

große Hobby der Bergleute im Kohlerevier, und die Brieftaube gilt dort noch immer als das Rennpferd des kleinen Mannes.

Der Vater einer Freundin war ein begeisterter und liebevoller Taubenzüchter; als er schon sehr alt war, nannte er jede Taube »Hans«. Wann immer er irgendwo eine verirrte beringte Taube entdeckte, der die Heimkehr missglückt war, lockte er sie mit zärtlichem Pfeifen und dem Ruf: »Komm, Hans, komm.« Das ist ein besonders schöner Satz, wenn man die Friedenssymbolik im Kopf hat und wenn man weiß, dass der Frieden nicht einfach von selbst kommt, dass man ihn also locken, dass man ihn stiften muss. Das war, das ist das gute Anliegen der Ostermärsche und der Friedensbewegung. Deshalb nutzen sie die Taube auf blauem Grund als ihr Symbol. Louis Aragon, Dichter und Funktionär der Kommunistischen Partei Frankreichs, hatte eine von seinem Freund Pablo Picasso gezeichnete Taube als Plakatmotiv für den Pariser Weltfriedenskongress 1949 ausgesucht; der hatte freilich die Taube mit dem Ölzweig nicht aus dem Nichts erfunden. Ihren ersten großen Auftritt hat die Taube im biblischen Mythos von der Sintflut. Noah und die Seinen erleben, dass die Welt untergeht. Als die menschliche Bosheit überbordend wird, bricht die Katastrophe über alles Leben herein. Sie überleben, ja. Aber werden sie jemals wieder festen Boden unter die Füße bekommen? Warten. Ausharren. 150 Tage im finsteren Bauch der Arche, und die Wasser schwellen an. 150 Tage – das ist eine der biblischen Zahlen, die nicht messen, sondern die Unermesslichkeit des Schreckens ausdrücken wollen. Eine halbe Ewigkeit ist Noah mitsamt seinem Getier in der Arche, in der Zwischenwelt zwischen Tod und Leben. Und dann kommt der Tag, an dem der Regen aufhört. Man merkt es ja nicht sofort, wenn man so gefangen ist im Grauen. Noch einmal 40 Tage dauert es, und dann

kommt er, dann kommt der Augenblick, als Noah eine Luke öffnet und hinausblickt. Aber noch ragen nur die Berggipfel aus dem Wasser. Da lässt Noah einen Raben hinaus, der fliegt aus und ein, denn er findet nichts, worauf er sich niederlassen kann.

Und dann heißt es im Bibeltext darüber: »*Dann ließ er die Taube hinaus, um zu sehen, ob das Wasser auf der Erde abgenommen habe. Die Taube fand keinen Halt für ihre Füße und kehrte zu ihm in die Arche zurück, weil über der ganzen Erde noch Wasser stand. Er streckte seine Hand aus und nahm die Taube wieder zu sich in die Arche. Dann wartete er noch weitere sieben Tage und ließ die Taube wieder aus der Arche. Gegen Abend kam die Taube zu ihm zurück, und siehe da: Im Schnabel hatte sie einen frischen Olivenzweig.*« Der Olivenzweig steht für das Leben und für die Hoffnung auf neues Leben, auf Frieden. Es ist die Taube, die es anzeigt: Land in Sicht. Ein Ölzweig sprießt. Das Leben ist wieder da.

Das Leben, der Ölzweig: Es war die große Hoffnung der Friedensbewegung der achtziger Jahre, die atomare Nachrüstung mit Kundgebungen, mit Sitzblockaden, mit Menschenketten und Friedenscamps verhindern zu können. Es waren dies die größten Demonstrationen, die es bis dahin in der Bundesrepublik gegeben hatte. Hunderttausende Menschen hatten friedlich »für ein atomwaffenfreies Europa« demonstriert und »Kampf dem Atomtod« propagiert. Die politische Stimmung war aufgeladen, erregt und empört. Die kritische Öffentlichkeit hielt die nukleare Nachrüstung für eine furchtbare Bedrohung Europas. Das war sie auch. Die nuklearen Planungen der Nato für Europa waren, ebenso wie die entsprechenden Strategien der Sowjetunion, verantwortungslos und irrsinnig, so sagt es der Berner Militärhistoriker Stig Förster: »In den maßgeblichen politischen und mi-

litärischen Kreisen der westlichen Siegermächte wurde auf die Bevölkerung des einstigen Feindes ohnehin wenig Rücksicht genommen, wenn es um die Planungen für den Kriegsfall ging. Es war klar, dass nach dieser Doktrin in der Mitte Europas kein Stein mehr auf dem anderen stehen würde.«[71] Das waren exakt die Befürchtungen der Friedensbewegung; aber sie vermochte die Politik nicht zu bewegen, von der Politik der Abschreckung, der Nachrüstung und der Stationierung neuer US-Atomwaffen in der Bundesrepublik abzulassen: Im November 1983, Helmut Kohl war seit einem Jahr Bundeskanzler, stimmte der Bundestag allen Massenprotesten zum Trotz der Stationierung nuklearer US-Mittelstreckenraketen vom Typ Pershing II zu. Das gehörte zum Nato-Doppelbeschluss, den noch der andere Helmut, der SPD-Kanzler Helmut Schmidt, eingefädelt hatte. Die Kanzler Schmidt und Kohl hielten die Nachrüstung für notwendig, um auf diese Weise Abrüstungsverhandlungen der Supermächte zu erzwingen. Schmidts Nachrüstungs-Atompoker sah seinerzeit so aus: Er wollte Nachrüstung mit Abrüstung verbinden. Die Nachrüstung sollte ein strategisches Gleichgewicht schaffen – um dann abzurüsten: Eine sowjetische SS-20-Rakete, die auf die BRD gerichtet gleichzeitig drei deutsche Städte ausradieren konnte, gegen eine Pershing, die binnen zehn Minuten von Westdeutschland nach Moskau fliegen und dort alles in Schutt und Asche zu legen in der Lage war. Egon Bahr sagte dazu später, es sei dies der Versuch gewesen, eine Art Erpressungssituation zu schaffen. Diese Erpressung hatte seinerzeit Erfolg: Der INF-Abrüstungsvertrag wurde dann, Jahre später, aber immerhin, im Jahr 1987 von den Staatschefs Michail Gorbatschow und Ronald Reagan unterzeichnet; 2019 wurde der Vertrag aber dann von den USA unter US-Präsident Donald Trump wieder gekündigt. Damals, in den späten Achtzigerjahren, war die Gefahr eines Euroshima mit Glück und Entschlossenheit gebannt worden. Sie besteht heute wieder. Wer bannt sie jetzt? Die Grünen von heute, diejenigen also, deren Mütter und Väter, Onkel und Tanten seinerzeit gegen die Nachrüstung demonstrierten, werben heute für Aufrüstung.

Zum Kreis der Onkel und Tanten gehörte damals Heinrich Böll. Er blockierte das Tor der US-Kaserne in Mutlangen, in der die Pershing-Raketen stationiert wurden, er blockierte, zusammen mit Günter Grass, mit Frauen und Männern der Kirche, mit Künstlerinnen und Künstlern, Ärzten, Richtern, mit Staatsanwälten und Hochschullehrern die Raketentransporte. »Wahnsinn, einfach Wahnsinn« sei die atomare Nachrüstung, klagte der Literaturnobelpreisträger von 1972. Die Staatsgewalt hielt sich zurück. Das änderte sich, als Scharen von Namenlosen auf die Alb gingen und die Konvois mit den Raketen stoppten, oft bloß für ein paar Minuten. In den Augen der Amtsrichter von Schwäbisch Hall waren diese Sitzdemonstrationen gleichwohl verwerfliche und strafbare Nötigung: Die Justiz strafte und strafte, und wer seine Geldstrafe nicht zahlte, weil er glaubte, dass sein Protest gegen die Nachrüstung richtig und zur Friedenssicherung wichtig war, der musste hinter Gitter. Zwar waren da die Waffen, gegen die sich der Protest gerichtet hatte, längst abgezogen und verschrottet (im Zug der von den Großmächten 1987 im INF-Vertrag vereinbarten Abrüstung). Aber die deutsche Justiz vollstreckte die Strafen immer noch – bis das Bundesverfassungsgericht 1995 seine spektakulären Beschlüsse fasste: Sitzblockaden, so die höchsten Richter, sind keine Gewalt, können daher auch nicht als Nötigung bestraft werden. Der Staat hatte geirrt; und die Kraft des Widerstands hatte dazu geführt, dass er sich zu seinem Irrtum bekannte.

Das ist nun Jahrzehnte her, aber es ist nicht einfach nur Geschichte; es ist wichtig für die aktuelle Politik. Denn es war dies die Zeit, in der Rolf Mützenich, der heutige Fraktionschef der SPD im Bundestag, politisch sozialisiert wurde. Er hat erlebt, wie seinerzeit SPD-Politiker, die die Nachrüstungspolitik von Kanzler Helmut Schmidt als »politische Schweinerei« bezeichnet hatten, aus der SPD ausgeschlossen wurden. Er hat erlebt, wie die Schmidt-SPD die Friedensbewegung aus der Sozialdemokratie hinausgeekelt und damit zur Gründung der grünen Partei beigetragen hat. Mützenich schrieb damals an der Uni Bremen beim Friedensforscher Dieter Senghaas seine Diplom- und seine Doktorarbeit über »Atomwaffenfreie Zonen und internationale Politik«. Vor dem Angriffskrieg Putins hatte Mützenich den Abzug der noch verbliebenen US-Atomwaffen auf deutschem Boden verlangt, zur heftigen Empörung der CDU/CSU. Heute, in Zeiten des Ukrainekriegs, wagt kein politisch Verantwortlicher mehr eine solche Forderung. Heute gilt die atomare US-Präsenz in Deutschland nicht mehr als Gefahr, sondern als Schutz durch Abschreckung. Das atomare Konzept sieht so aus: US-Soldaten machen im Ernstfall die in Deutschland deponierten Atomwaffen scharf; sie werden dann, das ist die deutsche »Teilhabe«, von einem deutschen Kampfjet »ins Ziel getragen«, wie es heißt, also abgeworfen.

Die deutsche Politik war sich in der Forderung nach Abzug der US-Atomwaffen früher schon einmal einig: Im März 2010 beschloss der Bundestag mit breiter Mehrheit, auch mit den Stimmen der Union, die Bundesregierung solle sich »mit Nachdruck für den Abzug einsetzen«. Frank-Walter Steinmeier (SPD), der heutige Bundespräsident, hatte das als Außenminister der SPD schon 2009 verlangt; Guido Westerwelle, sein FDP-Nachfolger, wiederholte das im Jahr 2010. Schon im Koalitionsvertrag der schwarz-gelben Regierung von Angela Merkel im Jahr 2009 hatten Union und FDP den Abzug der Waffen festgehalten. Das entsprach dem Zwei-plus-vier-Vertrag von 1990 »über die abschließende Regelung in Bezug auf Deutschland«; darin verpflichtete sich die wiedervereinigte Republik, dass »von deutschem Boden nur Frieden ausgehen wird« – auch indem Deutschland auf jegliche Verfügung über atomare Waffen verzichte. Die Rechtslage war und ist klarer als die politische Lage: Der Internationale Gerichtshof hat 1996 entschieden, dass der Einsatz und die Androhung des Einsatzes von Atomwaffen grundsätzlich völkerrechtswidrig seien. Und im Grundgesetz steht in Artikel 25, dass die Regeln des Völkerrechts »Bestandteil des Bundesrechts sind«.

Von einer Friedensbewegung, die sich an den atomaren Gegebenheiten reibt, liest und hört man heute fast nichts. Zu Friedensdemonstrationen heute kommen nicht Hunderttausende, es kommen allenfalls ein paar Tausend Menschen. Die weißen Tauben sind müde. Die nukleare Gefahr für Europa ist gewiss nicht kleiner als damals, in der Zeit des Kalten Krieges. Man darf davon ausgehen, dass Russland seit dem Überfall auf die Ukraine seine taktischen Atomwaffen auf Mitteleuropa gerichtet hat; wer in dieser Situation den Abzug der US-Atomwaffen aus Deutschland fordert, gilt als russischer Lakai; die Atomwaffen gelten heute als Schutz, ein Schutz allerdings, der im Ernstfall zur völligen Zerstörung Deutschlands führt. Schützt Abschreckung vor diesem Ernstfall? Der Physiker und Friedensforscher Carl Friedrich von Weizsäcker hat schon 1957 vor dem Glauben daran gewarnt. Diese Warnung gilt heute genauso: »Die großen Bomben erfüllen ihren Zweck, den Frieden und die Freiheit zu schützen, nur, wenn sie nie fallen. Sie erfüllen diesen Zweck auch nicht, wenn jedermann weiß, daß sie nie fallen werden. Eben deshalb besteht die Gefahr, daß sie eines Tages wirklich fallen werden.«[72] Dass dieser Tag ein Tag im Ukrainekrieg sein könnte – diese Befürchtung entspringt keinem katastrophischen, sondern einem realistischen Geschichtsdenken. Realität ist die Gefahr, dass dieser Krieg gefüttert wird, bis er platzt – und dann ist Hiroshima überall. Der Einsatz von Atomwaffen wäre die Katastrophe, die der Philosoph Günther Anders 1972 beschrieben hat: Das wäre Endzeit und Zeitenende.[73] Das wäre das Ende des eurasischen Kontinents. Das junge alte Europa ist bedroht wie noch nie in seiner Geschichte. Und trotzdem möchte ich es lieber mit dem Antipoden von Günther Anders halten, mit dem Philosophen Ernst Bloch und seinem Prinzip Hoffnung; ich will mir dieses Hoffen nicht als Hofferei madig machen lassen. Anders oder Bloch? Ist Europa bald nicht mehr – oder ist es noch nicht, weil es noch nicht entfaltet, weil es seine Gestalt noch nicht gefunden hat?

Es ist ungut für Europa, wenn alle politischen Weichen nur auf militärisches Handeln gestellt werden. Es ist ungut, wenn nur noch vom Krieg, von der militärischen Unterstützung der Ukraine und der Aufrüstung der Bundeswehr die Rede ist, aber die Frage, wann und wie ein Ausweg aus dem Kriegsgeschehen gefunden werden kann, als mangelnde Solidarität mit der Ukraine kritisiert oder gar als Randfrage abgetan wird. Es ist schade, wenn eine Friedensinitiative wie die des Historikers Peter Brandt (»Frieden schaffen!«) belächelt wird, weil sie feststellt, dass »der Schatten eines Atomkriegs« über Europa liege, und fordert, »alles für einen schnellen Waffenstillstand zu tun, den russischen Angriffskrieg zu stoppen und den Weg zu Verhandlungen zu finden«. Es ist fatal, wenn Wörter wie »Kompromiss«, »Waffenstillstand« und »Friedensverhandlungen« als Sympathiekundgebungen für Putin bewertet und so ausgesprochen werden, als wären sie vergiftet.

Antje Vollmer, »eine authentische Vertreterin der grünen Ursprungsideale«, wie die Tageszeitung taz sie in ihrem Nachruf nannte, klagte kurz vor ihrem Tod im März 2023 über den neuen »waffenstarrenden Abgrund zwischen zwei Machtblöcken [...], an dem die Welt sich vielleicht zum letzten Mal in einer Konfrontation mit möglicherweise apokalyptischem Ausgang gegenübersteht«. Sie fragte in ihrem politischen Testament: »Warum nur fand ausgerechnet Europa, dieser Kontinent mit all seinen historischen Tragödien und machtpolitischen Irrwegen, nicht die Kraft, zum Zentrum einer friedlichen Vision für den bedrohten Frieden zu werden?«[74] Es gibt die grünen Protagonisten der Friedensbewegung nicht mehr – Leute wie einst Petra Kelly und Joseph Beuys, die an der Wiege der Grünen gestanden hatten. Die heutigen Grünen haben sich von der Friedensbewegung komplett abgenabelt. In der grünen Bundestagsfraktion gab es genau zwei Enthaltungen beim Beschluss, schweres Kriegsgerät an die Ukraine zu liefern und Deutschland aufzurüsten: Zwei Enthaltungen, 118 Ja-Stimmen. Antje Vollmer erklärte, sie erkenne ihre Partei in der Friedensfrage fast nicht wieder: »Damit wird für mich die grüne Seele verraten.«

Aber der Bellizismus der Grünen ist nicht vom Himmel gefallen. Joschka Fischer hat als grüner Außenminister in der rot-grünen Regierung von Gerhard Schröder damit begonnen, die pazifistischen Wurzeln der Partei zu kappen. Die rot-grüne Regierung führte Deutschland 1999, zum ersten Mal nach dem Zweiten Weltkrieg, wieder in einen Krieg, in den Jugoslawien-Krieg, den sie aber nicht Krieg, sondern »humanitäre Intervention« nannte; es war aber Krieg – und nichts zeigte das deutlicher als die grausamen Irrtümer der Nato-Bomber, die nicht nur den militärischen Feind, sondern die Flüchtlinge aus dem Kosovo beschossen haben, die man vor diesem Feind ja eigentlich beschützen wollte. Solche Irrtümer sind Kennzeichen und bitterer Bestandteil von Kriegen. Es war Krieg, auch wenn man ihn nicht so nannte. Vom 24. März bis 10. Juni 1999 führte die Nato einen Luftkrieg gegen die Bundesrepublik Jugoslawien. Mit Inbrunst und moralischer Leidenschaft haben damals der grüne Außenminister Joschka Fischer und der SPD-Verteidigungsminister Rudolf Scharping die deutsche Teilnahme verteidigt. Sie verglichen, um das Nato-Bombardement zu rechtfertigen, die Vertreibungspolitik des serbisch-jugoslawischen Präsidenten Slobodan Milošević mit Auschwitz. Es war, als müssten sie so reden, um die eigenen Zweifel an der Geeignetheit der Mittel zu beruhigen. Aber das Menschenrechtspathos wurde im Verlauf des Kriegswochen schal, es hielt den Bildern des Leids, das die Nato-Raketen anrichteten, nicht stand: Bilder von Kindern, die von Nato-Splitterbomben zerrissen wurden, Bilder von zerstörten Sanatorien.

Der Pazifismus, das lernten die Pazifisten im Frühjahr 1999, war in der grünen Partei nicht mehr mehrheitsfähig. Aber damals wurde immerhin erbittert gestritten. Der Höhepunkt des Streits war der Sonderparteitag im Mai 1999 in Bielefeld, der von wütenden Demonstrantinnen und Demonstranten eingekesselt wurde. Die grünen Delegierten damals haben den Kriegsparteitag durchgestanden – manche stolz, manche zweifelnd, manche verletzt, manche weinend, mit sich und der Welt ringend, aber im Gefühl, dass man sich der Konfrontation nicht entziehen darf: nicht der Konfrontation mit dem Krieg in Jugoslawien und nicht der Konfrontation mit dem Vorwurf, man gehöre, als Teil der rot-grünen Koalition, zu den Kriegshetzern.

Es war ein dramatischer Parteitag. Da war nicht nur der Farbbeutel gegen Joschka Fischer, dessen Spuren er nach dem ersten Erschrecken trug wie den Orden Pour le Mérite. Es waren Trillerpfeifen und Sprechchöre und Blockaden, es war eine Empörung, es war ein wütender Protest, wie die Grünen ihn gut kannten. Weil sie ihn in früheren Tagen gern selbst geübt hatten, spürten sie, dass sie ihn ertragen mussten. Die einen litten, weil sie sich eigentlich in der Ablehnung des Kriegs mit den Demonstranten einig wussten; die anderen, weil sie sich von ihnen beleidigt und verhöhnt fühlten. Es war Mut, sich solcher Demütigung zu stellen. Genau deswegen kam es zu einem disziplinierten, konzentrierten und ernsthaften Ringen darüber, wie man aus dem Krieg in Jugoslawien wieder herauskommt.

Von einem solchen Ringen ist im Ukrainekrieg nichts, gar nichts zu spüren. Es gibt keinen Streit mehr. Zwar betonen die Grünen immer wieder, sie würden sich die Entscheidung für immer mehr Waffenlieferungen sehr schwer machen; aber man hört und sieht davon nichts. Es wäre ein Dienst an der Demokratie, meinte Antje Vollmer einige Monate vor ihrem Tod, den Streit sichtbar zu machen. Aber: Wenn es ihn nicht gibt, kann man ihn nicht sichtbar machen. Es gibt auch keinen Christian Ströbele mehr, der sich seinerzeit mit Joschka Fischer erbitterte Debatten lieferte; er unterlag ihm zwar bei den Abstimmungen, manchmal nur sehr knapp, aber er hielt die Fahne der anderen Meinung hoch. Ströbele starb 2022. Es gibt kein Nebeneinander und Gegeneinander von Pax Americana und Pax Christi mehr in der grünen Partei. Sie ist in der Friedensfrage monochrom und monoton geworden. Der Abschied der Grünen vom Pazifismus wurde in der Ukrainepolitik vollendet.

Der Antimilitarismus, der lange ein wichtiges Bindemittel der grünen Partei war, hat dort keine Heimat mehr. Das ist für die Grünen ähnlich bedeutsam, wie es für CDU und CSU wäre, wenn sie das »C« aus ihrem Namen strichen. Die Union verlöre dann nicht nur einen Buchstaben, sie verlöre ihr Fundament. Was verlieren die Grünen? Vielleicht verlieren sie sich selbst. Antje Vollmers politisches Testament vom Februar 2023 war ein bitterer Abschiedsbrief und eine Verlustanzeige: »Gerade die Grünen, meine Partei, hatte einmal alle Schlüssel in der Hand zu einer wirklich neuen Ordnung einer gerechten Welt [...] Wer die Welt retten wollte, musste ein festes Bündnis zwischen Friedens- und Umweltbewegung anstreben [...] Wir hatten dieses Zukunftsbündnis greifbar in Händen. Was hat die heutigen Grünen verführt, all das aufzugeben für das bloße Ziel mitzuspielen beim großen geopolitischen Machtpoker, und dabei ihre wertvollsten Wurzeln [...] verächtlich zu machen?«[75]

Die Grünen haben eine atemberaubende Metamorphose hinter sich. So eine politische Metamorphose ist atemberaubend, aber kein Novum. Im 19. Jahrhundert ist Vergleichbares passiert: Damals verwandelten sich die Burschenschaften von einer fortschrittlichen Bewegung, die sich im Deutschland des beginnenden 19. Jahrhunderts die Einführung demokratischer Prinzipien auf ihre Fahnen geschrieben hatte, in eine völkisch-nationale Front. In den Burschenschaften, in den zunächst oppositionellen, vorwiegend bürgerlichen Studentenverbänden, herrschten anfänglich demokratische, staats- und gesellschaftskritische Tendenzen vor: »Im Aufbegehren gegen die herrschende Ordnung waren sie zugleich Exponenten eines Generationskonflikts gewesen; ihre Opposition gegen das gesellschaftliche und vor allem das staatliche Establishment ihrer Tage ging einher mit einer Opposition gegen die Wertungen, kurzum: den Kanon der älteren Generationen.« So beschreibt der Kultursoziologe Norbert Elias die Studentenverbindungen.[76] Viele frühe Burschenschaftler waren wegen ihrer liberalen und demokratischen Gesinnung als Demagogen von den Staatsbehörden verfolgt worden. Die späteren Burschenschaftler gaben, so Elias, nach der Erfüllung ihrer nationalen Ziele das Bemühen um ihre einstigen sozialen Ziele auf, sie wurden zu Juniorpartnern des gesellschaftlichen und staatlichen Establishments, machten sich mehr und mehr die Wertungen und Haltungen der älteren Generation zu eigen. Es kam zu einer radikalen Umorientierung der Studentenverbände.

Das Ergebnis des Deutsch-Französischen Kriegs von 1870/71 hatte zwar nicht die Erfüllung aller politischen Hoffnungen und Wünsche der Burschenschaften mit sich gebracht, denn manche Mitglieder waren enttäuscht über die Einigung Deutschlands ohne die Einbeziehung Österreichs. Aber wenn sich auch nicht alle Träume verwirklicht hatten, die Einigung selbst war nun erreicht – und damit auch der jahrzehntelange Streit zwischen den »Philosophen« und den »Deutschen« innerhalb der Burschenschaften entschieden; der Streit also zwischen den Aufklärern und den Gegen-Aufklärern war zugunsten der »Deutschen« entschieden. Die »Philosophen«, das waren die Anhänger von Georg Wilhelm Friedrich Hegel, die einst in Heidelberg bei den Pogromen die Juden mit gezogenem Degen verteidigt hatten. Ein Vergleich der Entwicklung der Burschenschaften mit der 68er-Bewegung und den Grünen mag zunächst gewagt erscheinen – aber die Parallelen sind verblüffend. Das betrifft nicht den Ausgangs- und Endpunkt der Verwandlung, denn natürlich mutieren die Grünen nicht zur Germanomanie, wie dies die Burschenschaften spätestens nach 1871 taten. Aber die Grünen mutieren; und bei der Suche nach den Gründen für diese Mutation kann der historische Vergleich helfen. Damals, im ausgehenden 19. Jahrhundert, traten die ursprünglichen Ziele zurück »um den Lohn der Eingliederung in das neue Establishment Deutschlands« (Norbert Elias).[77] Das Regierenwollen, das Dabeisein um fast jeden Preis, prägt seit den Regierungsbeteiligungen das Verhalten der Grünen. Nicht nur in der Haltung zur Nato, zur Bundeswehr, zum Krieg als Mittel der Politik fand und findet eine radikale Umorientierung statt. Die Teilhabe an der Macht verlangt vermeintlich fast jeden Tag die Preisgabe von Ur-Überzeugungen – in der Ausländer- und Asylpolitik, in der Menschenrechtspolitik, sogar in der Energie- und Atompolitik. Das politische Testament der Ur-Grünen Antje Vollmer ist da wie von einem anderen Stern. Es endet mit dem Satz: »Wer die Welt wirklich retten will, diesen kostbaren, einzigartigen und wunderbaren Planeten, der muss den Hass und den Krieg gründlich verlernen. Wir haben nur diese eine Zukunftsoption.«[78] Bei dieser Verlern-Aktion sind die Grünen nicht mehr dabei. Im Gegenteil. Ihre undiplomatisch-aggressive, aber moralgestählte Außenpolitik macht sie zur Kriegstüchtigkeitspartei Nummer 1 – auch wenn diese Vokabel auf den sozialdemokratischen Verteidigungsminister Boris Pistorius zurückgeht.

Am 9. November 2023, ausgerechnet an einem 9. November, wurde mit den neuen Verteidigungspolitischen Richtlinien die deutsche Kriegstüchtigkeit vom deutschen Verteidigungsminister und seinem Generalinspekteur ausgerufen. War das Datum Zufall – oder war es bewusst gewählt? Beim 9. November handelt es sich nämlich um das deutsche Schicksalsdatum. Der 9. November ist ein deutscher Jubeltag und ein deutscher Trauertag. Am 9. November zeigen sich Glanz und Elend der deutschen Geschichte.

An diesem Tag im Jahr 1848 wurde der demokratische Volkstribun und Freiheitsheld Robert Blum vom Militär des Habsburger Kaiserreichs ermordet. An diesem Tag im Jahr 1918 rief Philipp Scheidemann nach dem verlorenen Ersten Weltkrieg die deutsche Republik aus. An diesem Tag im Jahr 1923 putschte Adolf Hitler in München beim Marsch zur Feldherrnhalle. An diesem Tag im Jahr 1938 fielen die Nazis in der Pogromnacht über die Juden her. An diesem Tag im Jahr 1939 war der Versuch des Widerstandskämpfers Georg Elser, Adolf Hitler zu töten, gescheitert. An diesem Tag im Jahr 1989 fiel, nach einer missglückten Presseerklärung Günter Schabowskis, die Berliner Mauer. Der 9. November erzählt von den hellen und den dunklen Tagen der deutschen Geschichte.

Es ist davon auszugehen, dass die Verfasser der neuen Richtlinien mit dem Datum 9. November nichts Besonderes verbunden haben; sonst würden sie nicht ausgerechnet an diesem Tag ein Kriegstüchtigkeitspapier veröffentlichen. Darin zeigte sich dann eine Geschichtsblindheit, die erklärt, warum man mit dem Wort »Krieg« so scheinbar unbefangen um sich wirft. Das wäre ein Skandal. Noch größer wäre der Skandal, wenn die Veröffentlichung der Kriegstüchtigkeitsrichtlinien ganz bewusst auf diesen Tag gelegt worden wäre – um damit deren Historizität zu betonen. Es wäre dies ein brachialer Abschied vom Friedensgebot des Grundgesetzes.

Am 9. November 2023 also wurden die neuen »Verteidigungspolitischen Richtlinien für die Zeitenwende«[79] propagiert. Sie sind deswegen ein sicherheitspolitisches Armutszeugnis, weil die Sicherheit dort allein als Kriegstüchtigkeit und als Kriegsbereitschaft definiert wird. Die Richtlinien propagieren die jederzeitige »Bereitschaft zum Kampf mit dem Anspruch auf Erfolg im hoch-

intensiven Gefecht«. Es geht um »die Verzahnung aller relevanten Akteure bereits im Frieden: Staat, Gesellschaft und Wirtschaft«. Das heißt: Es geht um Umstellung auf Kriegswirtschaft schon in Friedenszeiten. Dazu passt die Lieferung der Kampfjets vom Typ Eurofighter an Saudi-Arabien; die Bundesregierung, repräsentiert von der grünen Außenministerin Annalena Baerbock, verkündete im Januar 2024, dagegen keine Einwendungen mehr zu haben. Das fügt sich in ein rüstungsexportwilliges Gesamtkonzept: Im Jahr 2023 hat die Bundesregierung Ausfuhrgenehmigungen im Umfang von fast 12 Milliarden Euro erteilt, darunter Kriegswaffen im Wert von 6,15 Milliarden und sonstige Rüstungsgüter für 5,57 Milliarden; 40 Prozent aller Lieferungen gingen an Kiew. Der bisherige Höchststand aus dem Jahr 2021 wurde damit um mehr als 25 Prozent übertroffen. Gleichzeitig legte die Aktie des Rüstungskonzerns Rheinmetall 2023 um 54,2 Prozent zu und setzte sich damit an die Spitze der 40 größten und liquidesten Unternehmen des deutschen Aktienmarktes.

Der Zeitenwende soll die Gedankenwende folgen – mit Kriegstüchtigkeit allenthalben. Die neuen Gedanken sollen von Aufrüstung handeln, und die neue Kriegstüchtigkeit soll zum Band werden, das Staat und Gesellschaft zusammenhält. Es ist, als habe es Friedensforschung nie gegeben; es ist, als seien Wörter wie »Rüstungskontrolle« über Nacht auf den Index gestellt worden. Die klassischen kollektiven Sicherheitssysteme wie die UN, die Vereinten Nationen, oder die OSZE, also die Organisation für Sicherheit und Zusammenarbeit in Europa, kommen in den neuen Richtlinien gar nicht vor. Dafür gilt diesen Richtlinien die Nato als eine Organisation des Weltgewissens.

Der 9. November ist ein Tag, der exemplarisch zeigt, dass nicht das Schicksal Geschichte schreibt; Menschen machen das, gut oder schlecht. Menschen haben auch die Friedensbewegung getragen und organisiert, es waren Bürgerrechtler wie Klaus und Hanne Vack, die jahrzehntelang Widerstands- und Friedensmanagement betrieben haben.[80] Sie waren die politischen Enkel von Robert Blum, Friedrich Hecker und Amalie Struve, die Nachfahren der Revolutionärinnen und Revolutionäre von 1848. Bundespräsident Gustav Heinemann sprach einst von Deutschland als »schwierigem Vaterland«. Der 9. November ist das Symbol dafür. Die Politik hat sich nicht getraut, diesen Tag der Gründung der Republik, der auch der Tag des Mauerfalls ist, zum Nationalfeiertag zu erklären. Das ist schade: Ein Tag, der nicht nur im Licht, sondern auch im Zwielicht steht, könnte nachdenklich machen. Diese Nachdenklichkeit verlangte Bundespräsident Frank-Walter Steinmeier, als er im November 2019 seine große Rede zum 100. Jahrestag der deutschen Republik gehalten hat: »In unserem Handeln müssen wir beweisen, dass wir, die Deutschen, wirklich gelernt haben, dass wir wachsamer geworden sind im Angesicht unserer Geschichte.«[81] Vor dieser Nachdenklichkeit hat Bundespräsident Steinmeier sich dann selber gedrückt, als er sich im Juli 2023 weigerte, die Lieferung von US-Streubomben und ihren Einsatz im Ukrainekrieg zu verurteilen. Der Bundespräsident erklärte, er könne und wolle den Amerikanern nicht in den Arm fallen. Er halte sich für »befangen«, so sagte er zu den vom amerikanischen Präsidenten angekündigten Streubombenlieferungen an die Ukraine. Das war Feigheit vor dem Freund. Worin bestand die angebliche Befangenheit? Steinmeier hatte als deutscher Außenminister am 3. Dezember 2008 das Abkommen gegen die Streumunition zusammen mit Vertretern von fast hundert anderen Ländern bei einer Staatenkonferenz in Oslo unterschrieben.

Dieses Zeug ist Teufelszeug. Es gehört zu den heimtückischsten Waffen, die es gibt. Es tötet im Krieg, und es tötet auch noch, wenn der Krieg schon lange vorbei ist; es ist kein Frieden, solange dieses Zeug in Massen herumliegt. Es konserviert das Grauen und aktiviert es plötzlich. Es schlägt noch zu, wenn keiner mehr damit rechnet: Es tötet dann Bauern beim Ackern und beim Ernten, es tötet Kinder beim Spielen. Es handelt sich um fliegende Pandorabomben, angefüllt mit multiplem Horror. Der Horror steckt in sogenannter Submunition, die noch in der Luft Hunderte von Projektilen und Minibomben freisetzt, angefüllt mit mörderischen Substanzen, mit Splitterladungen und Minen, die über große Flächen verstreut werden. »Streumunition« nennt man das, und das klingt fast harmlos, fast so wie Streuzucker. Es ist aber weit gestreuter und zeitlich langgestreckter Tod. Viele dieser Streubomben explodieren nämlich nicht beim Aufprall auf dem Boden, sie bleiben liegen, detonieren viel später und zerreißen Menschen bei der geringsten Berührung. Diese Streubomben sind international geächtet. Aber Russland, die Ukraine und die USA haben das Osloer UN-Übereinkommen gegen Streumunition aus dem Jahr 2008 nicht unterzeichnet.

Russland hat solche Streubomben im Ukrainekrieg schon eingesetzt. Und die USA haben im Sommer 2023 angekündigt, der Ukraine bis zu 3,7 Millionen Streubomben mit jeweils 80 Sprengkörpern Inhalt zu liefern – 300 Millionen Sprengköpfe also. Experten rechnen beim Einsatz von Streubomben mit einer Blindgängerquote von 20 bis 40 Prozent; die USA freilich halten ihren neuen Streubomben eine verharmlosende Blindgängerquote von nur 2,5 Prozent zugute und rechtfertigen so den Einsatz. Aber selbst das wären noch sieben Millionen Blindgänger, die in der Ukraine, dem Land, das sie verteidigen sollen, liegen und es verseuchen. Sieht so die Verteidigung westlicher Werte, sieht so der

Schutz der Humanität aus? Ist das Grauen ein besseres Grauen, wenn es zur Abwehr des Grauens eingesetzt wird? Im Jahr 2008, als der damalige Außenminister Steinmeier das Osloer Übereinkommen gegen die Cluster-Munition unterschrieb, lobte er das Übereinkommen als einen »Schritt, um die Welt sicherer zu machen«. Mit seiner Unterschrift hat der Außenminister Steinmeier die Bundesrepublik damals nur verpflichtet, »unter keinen Umständen jemals Streumunition einzusetzen, zu entwickeln, zu lagern oder weiterzugeben«, wie es im Abkommen heißt; er hat Deutschland auch verpflichtet, sich nach besten Kräften zu bemühen, Staaten, die nicht Vertragsparteien des Übereinkommens sind, »vom Einsatz der Streumunition abzubringen«. Gilt das für den Bundespräsidenten Steinmeier nicht mehr? Das Staatsoberhaupt, man muss das leider so sagen, wurde vertragsbrüchig – und verkündete das auch noch stolz.

Das Streumunition-Übereinkommen, das der Außenminister Steinmeier einst gerühmt und dann Bundespräsident Steinmeier fünfzehn Jahre später verleugnet hat, ist Teil der Fortschreibung des Kriegsvölkerrechts, das seit dem ersten Waffenverbot der Geschichte (in der Petersburger Erklärung von 1868) von dem Bedürfnis geleitet wird, »die technischen Grenzen festzusetzen, wo die Erfordernisse des Krieges vor denjenigen der Humanität zurücktreten müssen«. Warum also machte Steinmeier dabei mit, diese Entwicklung zu konterkarieren? Will er, dass bei der Verteidigung gegen den russischen Angriff in der Ukraine die Humanität zurücktreten muss? Besteht die Verteidigung gegen Inhumanität darin, dass man es ablehnt, ihr in den Arm zu fallen? Ist die Inhumanität dann humaner, wenn sie von militärischen und politischen Freunden ausgeübt wird? Die Entscheidung für den massenhaften Einsatz von Streubomben in der Ukraine diskreditiert die moralische Überlegenheit des Westens im Ukrainekrieg.

In seiner Rede zur Lage der Nation im Herbst 2022 hat Frank-Walter Steinmeier sich fünfmal »widerstandskräftige Bürger« gewünscht: »Widerstandskräftige Bürger halten Unsicherheit aus und lassen sich nicht verführen von denen, die einfache Lösungen versprechen.«[82] Das ist richtig. Das gilt aber auch für den Bürger Steinmeier, den ersten Bürger des Staates. Widerstand kann auch der Widerstand gegen die eigene Angst vor dem Shitstorm sein, gegen die eigene Bequemlichkeit, gegen das Angepasstsein. Steinmeier fürchtet kaum etwas mehr als den Vorwurf, er sei in seiner Außenminister-Zeit zu russlandfreundlich, zu blauäugig gewesen; er hat sich, gedrängt von der veröffentlichten Meinung, im April 2022 für seine angebliche politische Blauäugigkeit entschuldigt. Er tat und tut sich deshalb in der Folge schwer, dem ukrainischen Verteidigungskrieg gegen Putin die Grenzen zu ziehen, die auch ein Verteidigungskrieg braucht. Er will es vermeiden, dass die alten Vorwürfe zu großer Russlandfreundlichkeit gegen ihn von Neuem hochkommen. Darin besteht die Befangenheit Steinmeiers. Indes: Wer so viel hilft, wie es Deutschland in der Ukraine tut, der darf und muss dann Nein sagen, wenn durch den Einsatz von Streubomben die Notwehr ihre Grenzen überschreitet.

Will der Bundespräsident ein kriegstüchtiger Bundespräsident sein? In der genannten Rede zur Lage der Nation erklärte er im Herbst 2022, dass man eine »Kriegsmentalität« nicht brauche. Aber er trat und tritt ihr auch nicht entgegen. Steinmeier wird nachgesagt, dass ihm die große Rede nicht liege. Das stimmt nicht. Er redet viel, und er redet mit Substanz. Er ist kein furioser Redner, aber viele seine Reden haben Gehalt und Tiefe. Der historische Rang seiner Darlegungen zur Geschichte der Demokratie ist bisher zu wenig erkannt worden. Steinmeier steht mit ihnen neben Richard von Weizsäcker, der seinerzeit den 40. Jahrestag des Kriegsendes als den »Tag der Befreiung« bezeichnet hat. Steinmeier geht weiter zurück: Er holt die Wegbereiter der deutschen Demokratie aus dem Vergessen, er erinnert immer wieder, sensibel und geschichtsmächtig, an die demokratischen Revolutionäre von 1848; und er holt die deutsche Revolution von 1918 und die Weimarer Verfassung heraus aus der Abstellkammer der Demokratiegeschichte. Das ist verdienstvoll. Aber diese Reden hatten das Echo nicht, das sie verdienen. Es erging ihnen wie einst den Präsidenten-Reden von Johannes Rau. Dessen Reden fielen in ein Aufmerksamkeitsloch, selbst seine große Rede vor dem israelischen Parlament, der Knesset, die von der israelischen Presse einhellig als »historisch« bezeichnet wurde. Zum ersten Mal wurde am 16. Februar 2000 dort Deutsch gesprochen, keinem anderen Deutschen wäre das wohl erlaubt worden als ihm, der zuvor als SPD-Spitzenpolitiker 33mal im Heiligen Land gewesen war.

Aus seinem Aufmerksamkeitsloch herausgearbeitet hat Bundespräsident Steinmeier sich erst mit einem Besuch in Kiew und den zwei Stunden, die er dort im Luftschutzkeller verbrachte. Seiner Rede zum Ukrainekrieg, zur Lage der Nation und zum »Epochenbruch« gab er den Titel: »Alles stärken, was uns verbindet«. Aber es fehlte in dieser Rede das, was sie zur großen Rede hätte machen können: die Gedanken über die Wege zum Frieden. Da wich Steinmeier aus, da war er kleinmütig: »Unser Land ist nicht im Krieg. Und wir wollen auch nicht, dass sich das ändert.« »Zu allererst« warb er für »eine starke und gut ausgestattete Bundeswehr«; er verteidigte die Sanktionen gegen Russland, den »Abbruch von Kontakten« und auch die »Waffenlieferungen in einen

tobenden Krieg«; er begrub »alte Träume«, für die kein Platz mehr sei, und meinte damit »Gorbatschows Traum vom gemeinsamen Haus Europa«. Dieser Traum freilich war nicht nur Gorbatschows Traum, sondern der Traum von so vielen, auch von Helmut Kohl, von Richard von Weizsäcker, von Willy Brandt. Darf man sich diesen Traum, auch wenn er jetzt ein sehr ferner Traum ist, von einem Putin nehmen lassen? Braucht es in bitterer Zeit nicht Visionen, nicht auch eine Utopie, braucht es nicht ein, wenn auch fernes, Ziel? Das Nachdenken über eine Friedensordnung in Europa jenseits des Krieges ist unverzichtbar. Dieses Nachdenken beginnt mit dem Gedanken, dass Moskau zu Europa gehört.

»Eine Ausweitung des Kriegs, gar eine nukleare Eskalation, muss verhindert werden«, so sagt der Bundespräsident. »Muss verhindert werden« – vom wem? Wer soll das verhindern? Wie und womit? Mit immer mehr Waffenlieferungen? Die Waffen werden bei unklaren und sich verändernden Kriegszielen geliefert. Russland besiegen? Eine Niederlage der Ukraine verhindern? Regimewechsel in Moskau? Selbst wenn Russland sich zurückzöge: Was muss geschehen, damit es nicht bald wieder angreift? Es wäre besser und klarer gewesen, der Präsident hätte, bei aller Beschränktheit seiner Möglichkeiten als Bundespräsident, so formuliert: »Ich werde mich mit aller Kraft dafür einsetzen, die nukleare Eskalation zu verhindern.« Auf den Frieden kam Steinmeier nur sehr vage zu sprechen: »Ich weiß, viele Menschen in unserem Land sehnen sich nach Frieden«, sagte er. Das war von seltsamer Zurückhaltung. Sehnt Steinmeier selbst sich nicht nach Frieden, muss er seine Sehnsucht verstecken? Ist Frieden in Zeiten eines Angriffskriegs ein F-Wort? »Einige glauben«, so sagte er, »es fehle an ernsthaften Bemühungen unsererseits, an Bereitschaft zu verhandeln. Ich kann Ihnen versichern: Niemandem, der bei Sinnen ist, fehlt der Wille. Aber die Wahrheit ist: Im Angesicht des Bösen reicht guter Wille nicht aus.« Über die »ernsthaften Bemühungen unsererseits« selbst sagte er aber dann gar nichts mehr. Steinmeier warb stattdessen für einen »gerechten Frieden«. Er identifizierte sich offenbar, ohne das ausdrücklich zu sagen, mit dem ukrainischen Ansatz, Verhandlungen mit Russland erst nach Rückeroberung der besetzten Gebiete ins Auge zu fassen – und dann ohne Putin. Darf man die Anforderungen an Verhandlungen über einen gerechten Frieden schon vor dem Beginn so hoch hängen, dass die Ernsthaftigkeit es angeblich gebietet, die Verhandlungen zu unterlassen? Darf der Krieg die Politik ersetzen, weil bei Verhandlungen »das Angesicht des Bösen« als Verhandlungspartner gegenübersäße? Dann wäre die Alternative zum gerechten Frieden der ewige Krieg.

Im Anfang war das Wort – nicht der Streitwagen und nicht die Panzerhaubitze. Das heißt: Man muss auch dann das Gespräch suchen, man muss auch dann verhandeln, wenn man das Gefühl hat, gegen Wände zu reden. Selbst das Reden gegen Wände kann ein Gespräch öffnen. Um des Endes des Tötens willen muss man es versuchen. »Was der Epochenbruch verändert, sind nicht die Werte, für die wir stehen« – so sagt Steinmeier. Zu diesen Werten gehört aber auch: Frieden suchen mit aller Kraft. So haben es die Mütter und Väter des Grundgesetzes, die Überlebenden des Zweiten Weltkriegs, als Friedensgebot in die Verfassung des Jahres 1949 geschrieben – als Gebot der Friedensstaatlichkeit. Dieses Friedensgebot steht neben dem Sozialstaatsgebot und dem Rechtsstaatsgebot.

Was ist notwendig, um zum Frieden zu finden? Es ist das Bewusstsein für die drohenden ungeheuren Gefahren; und es ist eine »verantwortungsbewusste Kaltblütigkeit«. Willy Brandt hat das so genannt, als er in seiner Friedensnobelpreisrede im Dezember 1971 darlegte, wie die Kuba-Krise im Jahr 1962 beigelegt wurde. Damals stand die Welt an der Schwelle zum Atomkrieg. Die UdSSR hatte Atomraketen auf Kuba stationiert, US-Präsident John F. Kennedy geriet unter massiven internen und öffentlichen Druck: Seine Berater forderten eine US-Invasion auf Kuba, die Presse propagierte den Regime-Change in Havanna. Mit dem sowjetischen Diktator Nikita Chruschtschow und seinem Genossen Castro in Havanna könne und dürfe es keine Verständigung geben, hieß es; die Kommunisten verstünden ja nur eine Sprache, die Sprache der Waffen nämlich. Chruschtschow und sein Außenminister müssten für ihre atomare Erpressungspolitik und für ihre dreisten Lügen büßen und bestraft werden. Es waren Vokabeln, wie man sie heute kennt, wenn es um Putins Aggressionen geht. Kennedy verhängte eine Seeblockade über die Insel Kuba, versetzte die US-Atomraketen und Langstreckenbomber in den höchsten Alarmzustand unterhalb der Schwelle eines Atomkriegs, er warnte und drohte und drohte und warnte – und ließ seinen Bruder Robert höchst vertraulich mit den Sowjets verhandeln. Chruschtschow entfernte seine Atomraketen auf Kuba. Die USA verzichteten auf eine Invasion der Insel und zogen ihre in der Türkei und Italien stationierten Atomraketen ab – wovon die Öffentlichkeit aber nicht unterrichtet wurde.

Chruschtschow war ein Realist, der seinem Politbüro den Raketenabzug auf Kuba wie folgt erläuterte: »Jeder Trottel kann einen Krieg anfangen, und wenn er es einmal gemacht hat, sind selbst die Klügsten hilflos, ihn zu beenden – besonders, wenn es ein atomarer Krieg ist.«[83] Dieser Satz, den der Historiker und Amerikanist Bernd Greiner in seinem Buch über die Kuba-Krise wiedergibt, liest sich wie ein posthumer Kommentar Chruschtschows über seinen Nachfolger Putin. Und Kennedy wird dort mit dem Satz zitiert, der seine Lehre aus der Kuba-Krise darstellt: Die Führer von Nuklearmächten dürften sich nicht in eine Lage bringen, »dass es nur noch die Wahl zwischen Demütigung und Atomkrieg gibt«. Man wünscht sich heute so viel Realismus und so viel Beherrschtheit, wie sie die Protagonisten damals hatten. Und man wünscht sich, dass anstelle der kommunikativen Brandbeschleunigung, die die Gegenwart kennzeichnet, eine kommunikative Beschleunigung von Friedensbemühungen tritt. Man wünscht sich, dass es heute Diplomaten gibt wie Alvise Contarini, der als »weltweiser Venezianer«, wie ihn Golo Mann nannte, mit mühseligsten Verhandlungen den Dreißigjährigen Krieg beendete. Der Westfälische Friede von 1648 gilt als sein Werk; 2023 wurde dessen 375. Jubiläum begangen.

Dieser Friede von Münster und Osnabrück beendete einen Krieg, an dessen Beginn 18 Millionen und an dessen Ende nur noch 11 Millionen Menschen in Deutschland lebten. Dieser Krieg war der Krieg der Kriege, er war eine Verheerung Deutschlands; er war aber auch eine Großbaustelle des Friedens. Er war ein als Konfessionskrieg getarnter Staatenbildungskrieg: Für die Habsburger in Wien und in Madrid, für die französische Krone in Paris und für König Gustav Adolf in Stockholm ging es um ihre Großmachtprojekte, um eine Vormachtstellung in Europa. Während der fünfjährigen Friedensverhandlungen gingen die Kämpfe weiter. Es gab lange bei keiner der Kriegsparteien einen Friedenswillen, dafür ungeheuer viel Misstrauen und wenig Gesprächsbereitschaft – selbst die musste erst durch Gespräche hergestellt werden. Es war dies das Geschick des venezianischen Diplomaten Alvise Contarini, der in seinem Wappen die bezeichnende Devise trug: »Non ad perniciem« – nicht bis zum Untergang. Sein Erfolg als Mediator wurde begünstigt durch eine totale Erschöpfung der Ressourcen. Das ist im Übrigen eines der Hauptmomente bei der Beendigung von Kriegen. »Verfügbare Ressourcen bestimmen den Kippmoment von Kriegen, aber nicht unbedingt die Einsicht der Akteure«, stellt Jörn Leonhard, Professor für Neuere und Neueste Geschichte in Freiburg fest.[84] In seiner Untersuchung »Über Kriege und wie man sie beendet«, arbeitet er heraus, wie viel an der Ausrüstung und permanenten Versorgung einer Armee hängt und was für eine hohe Herausforderung es darstellt, sie zu organisieren und sicherzustellen. »Ohne Transportmittel ist alles andere wertlos«, hat schon Napoleon erkannt. Munitionskrisen gibt es nicht erst im Ukrainekrieg. Sie seien »geradezu endemisch« für die neuzeitlichen Kriege, so Leonard. Solche Engpässe haben Einfluss auf eine andere, nicht materielle Ressource im Krieg, nämlich auf die Moral der Truppe. Sie erschüttern den Glauben an den Sinn ihres Einsatzes und die Kompetenz ihrer Führung. Ressourcenkrisen verkürzen den Krieg jedoch nicht immer. Manchmal, nämlich dann, wenn im Gefüge der globalen Wirtschaft die Knappheit der einen Nation der wirtschaftliche Gewinn von anderen Akteuren ist, kann dieser ökonomische Profit die Lust hemmen, den Frieden zu befördern.

So groß wie zum Ende des Dreißigjährigen Krieges ist die Erschöpfung im Ukrainekrieg noch nicht. Aber dafür ist, anders als damals in Münster und Osnabrück, lupenrein klar, wer der Aggressor ist. Vor 375 Jahren verzichtete man auf eine Debatte über die Kriegsschuld schon deswegen, weil sie schwer zu klären war. Im Fall des Ukrainekriegs kann man deswegen auf sie verzichten, weil die Schuldfrage völlig klar ist. Deswegen kommt auch eine umfassende Amnestie, wie sie zum Friedensschluss von 1648 gehörte, nicht in Betracht.

Gleichwohl ist aus dem Westfälischen Frieden einiges zu lernen. Zu lernen ist, dass aus Aussichtslosigkeit Aussichten werden können. Zu lernen ist, dass Gesprächsbereitschaft wachsen kann bei Staaten und Mächten, die zu Gesprächen eigentlich gar nicht bereit sind. Zu lernen ist, dass Diplomatie sogar bei fortwährendem Krieg einen Frieden herbeiverhandeln kann. Zu lernen ist, dass es Formeln und Regeln gibt, die einen Frieden langfristig stabilisieren können. Im Westfälischen Frieden war das die »Normaljahrregel«: Dies war die Bezeichnung für ein Jahr, das als normierender Referenzpunkt für bestimmte Besitzstände gilt. In Münster und Osnabrück wurde der 1. Januar 1624 als Stichtag festgelegt – und einer Konfession derjenige Besitz endgültig zugesprochen, den sie am 1. Januar 1624 innegehabt hatte.

Die Geschichte kennt wiederkehrende Muster der Kriegsbeendigung. Muster eins ist der Vernichtungssieg einer kriegführenden Partei. Der Kriegsgegner wird niedergekämpft, zur bedingungslosen Kapitulation gezwungen und unterworfen. So hat sich Putin seinen Krieg gegen die Ukraine vorgestellt; der Wunsch ging, dank westlicher militärischer Hilfe, nicht in Erfüllung. Und eine Kriegsbeendigung durch Siegfrieden der ukrainischen Seite ist wegen der Atommächtigkeit Russlands nicht vorstellbar. Wenn atomare Großmächte »besiegt« werden, dann sieht der Rückzug so aus wie der der Russen aus Afghanistan nach jahrzehntelangen Kämpfen. Der Ukraine ist nicht zu wünschen, dass sie zu einem Afghanistan wird. Muster zwei ist die Ermattung aller Kriegsparteien. Es kommt zu einem langsamen Absterben der Gewalt, die Kriegsparteien bluten aus, sind zum Waffenstillstand bereit, den sie womöglich nutzen, um wieder zu Kraft und Krieg zu kommen. Das ist in der Ukraine vorstellbar. Muster drei ist der Verhandlungsfrieden, der Friedensvertrag zwischen den Kriegsparteien. Sein Exempel ist der Westfälische Friede von 1648. Wenn ein solcher Frieden für die Ukraine nicht absehbar ist, liegt das nicht einfach nur daran, dass Kunst und Technik des Friedensschlusses verloren gegangen sind. Das liegt an vielem: Das liegt an der Brachialität der Putin'schen Rechtsbrüche, die es heutzutage nicht erlaubt, zur Tagesordnung und, wie 1648, zu einer Amnestie überzugehen. Das liegt am Wandel des Kriegs hin zu einem Volkskrieg, damit verbunden einer mentalen Mobilisierung der beteiligten Bevölkerungen, die nicht einfach, zum Zwecke eines Friedensschlusses, wieder abgeschaltet werden kann.

Zwischen Muster eins bis drei gibt es viele Mischformen. Und es gibt ein Muster vier, das kein Muster ist, sondern eine Wunschvorstellung, eine Fantasie, eine mittelalterliche Kuriosität, die ab und an vereinbart, aber nie erfolgreich praktiziert worden ist. Sie war und ist Ausdruck der Sehnsucht nach einem zerstörungsarmen Weg heraus aus dem Krieg: das Duell der Herrscher. Der Kulturhistoriker Johan Huizinga überliefert in seinen Hauptwerken »Herbst des Mittelalters« und »Homo ludens« solche Verabredungen zum Fürstenzweikampf an Krieges statt – auf diese Weise werden Staatszwistigkeiten zu dem, was sie damals oft waren (und bisweilen heute noch sind): eine persönliche Querele. Indes: Kein Fürstenduell wurde jemals ausgefochten. Aber das bloße Erzählen davon bringt verzweifelte Heiterkeit in ein todernstes Thema.

Frieden durch Vernichtung – oder Frieden durch Vertrag? Das Urbeispiel für Vernichtung ist Karthago. Die Stadt wurde nach dreijähriger Belagerung vom römischen Feldherrn Scipio dem Erdboden gleichgemacht. Nie mehr sollte hier eine Stadt entstehen. Als Karthagischer Friede wird daher ein Friede bezeichnet, der den Besiegten dauerhaft zerstört. Der Versailler Vertrag nach dem Ersten Weltkrieg ist oft als Karthago-Frieden bezeichnet worden. Das stimmt nicht, aber er war ohne Zweifel ein Diktat; der Verlierer, das Deutsche Reich, war an den Verhandlungen gar nicht beteiligt, anders als Frankreich beim Wiener Kongress nach der Niederlage Napoleons. Versailles hat daher den Zündstoff für einen neuen Weltbrand gelegt, endend mit der bedingungslosen Kapitulation Deutschlands 1945. Anders als 1918/19 bestand 1945 an der alleinigen Kriegsschuld Deutschlands nicht der mindeste Zweifel.

Kann es die Rückkehr zu einer Friedensordnung geben ohne Bestrafung der Schuldigen? Die Wege zum Frieden sind nicht einfacher geworden seit den Zeiten, in denen nicht Staaten, sondern Herrscherhäuser Krieg gegeneinander führten. Und der Anspruch an das, was Frieden ist, ist größer geworden. In der Ukraine braucht es nicht unbedingt einen punktuellen Friedensakt, es braucht einen Prozess, der zur Deeskalation der Gewalt führt. Das verlangt nach einer Einbeziehung Russlands ins Mächtesystem. Der Historiker Christopher Clark hat zu Verhandlungen aufgerufen, in die Russland eingebunden wird, und verwies dabei auf den Wiener Kongress: »Die Schuld der Franzosen an den Kriegen war damals unbestritten, und doch hat man sie schnell wieder ins Mächtesystem eingebunden. Das war kluge Politik. Die Friedensordnung, die man in Wien vereinbarte, hat Jahrzehnte gehalten.«[85] Europa hat eine Geschichte, in der sich Krieg an Krieg reiht. Zu Europa gehört aber auch eine Friedensgeschichte, zu der der Westfälische Friede von 1648 und der Wiener Kongress von 1815 gehört. Und zu Europa gehört eines der bemerkenswertesten Friedensprojekte der Historie: die Europäische Union.

Die Europäische Einigung war die große Antwort auf die Katastrophe des Zweiten Weltkriegs – sie war, sie ist ein Friedensprojekt. Das »europäische Kleinstaatengerümpel«, wie Adolf Hitler es verächtlich genannt hatte, tat sich zusammen und überwand die gut gepflegten Animositäten, den alten Nationalismus und die uralten Feindschaften. Die Gründung der EWG, der EG, der EU war ein welthistorisches Friedensprojekt. So ein Projekt ist nicht fertig, wenn ein paar Verträge abgeschlossen sind. So ein Projekt muss immer weitergehen, es muss immer neu durchdacht, begründet, fortentwickelt werden. Mit zunehmendem Abstand zum Zweiten Weltkrieg galt das Friedensprojekt Europa als Normalität, als Selbstverständlichkeit. Aber das Selbstverständliche ist nicht selbstverständlich. Ein unkriegerischer Kontinent ist, wie der Ukrainekrieg zeigt, nicht selbstverständlich. Er muss gebaut, er muss geschützt, er muss verteidigt, er muss geschaffen werden.

Wo Gefahr ist, sagt Hölderlin, wächst das Rettende auch. Wo ist das Rettende? Ist Aufrüstung, allein Aufrüstung, das Rettende? Hugo Grotius, der Vater des Völkerrechts, hat 1625 die berühmten drei Bücher vom Krieg und vom Frieden geschrieben, »De jure belli ac pacis libri tres«. Wir brauchen 400 Jahre später einen neuen Hugo Grotius, wir brauchen ein viertes Buch; darin müssen die Wege zum Frieden in atomaren Zeiten beschrieben sein. Das Buch kann nicht nur von Abschreckung handeln.

Die Doktrin von der Abschreckung ist eine martialische Doktrin, sie ist offenbar unsterblich und militant nicht nur nach außen, sondern auch nach innen. Das zeigt sich in der Geschichte der Bundesrepublik. Wer da die Doktrin der Wiederaufrüstung kritisierte, galt als gefährlich und suspekt. In der Frühzeit der Bundesrepublik wurde deswegen ein späterer Bundespräsident, es war Gustav Heinemann, von den Geheimdiensten abgehört – gerade so, als gäbe es keine Unverletzlichkeit der Wohnung. Er war nämlich aus Protest gegen die von Bundeskanzler Konrad

Adenauer angestrebte Wiederbewaffnung im Oktober 1950 als Bundesinnenminister zurückgetreten. Es war dies die Zeit, in der Adenauer die Gegner dieser Wiederbewaffnung öffentlich als Dummköpfe ersten Grades titulierte, weil nur, wie es hieß, die Wiederbewaffnung Sicherheit vor kommunistischer Bedrohung garantiere. In dieser Zeit wurde der große Theologe und evangelische Kirchenpräsident Martin Niemöller von Adenauer mit dem Satz abgekanzelt, es sei »tief bedauerlich, dass ein Deutscher seiner Regierung in den Rücken fällt«. Niemöller hatte den russisch-orthodoxen Patriarchen in Moskau besucht. In dieser Zeit wurde Klara Marie Faßbinder, katholische Pazifistin und Professorin für Geschichtspädagogik, weil sie Adenauers Aufrüstungspolitik bekämpfte, aus der Bonner Hochschule vertrieben; man drohte ihr an, sie auf ihren Geisteszustand zu untersuchen. »Friedensklärchen« wurde sie genannt. Noch 1966 verweigerte ihr Bundespräsident Heinrich Lübke die Annahme des französischen Ordens Ordre des Palmes Académiques, den sie als Übersetzerin des französischen Dichters und Diplomaten Paul Claudel erhalten sollte. Der politische Skandal erregte weltweites Aufsehen. Erst später, unter Bundespräsident Gustav Heinemann, konnte Klara Faßbinder dann diese Auszeichnung verliehen werden.

In dieser Zeit gab es in der Bundesrepublik einen Mann namens Wilhelm Elfes. Heute kennt ihn keiner mehr. Aber sein Fall kann als Exempel dafür dienen, dass die Meinungsfreiheit auch in demokratischen Zeiten keine ungefährdete Freiheit ist. In der Weimarer Republik war Wilhelm Elfes Mitglied der Zentrumspartei gewesen, Abgeordneter des Rheinischen Provinziallandtags und mit dessen Präsident Konrad Adenauer freundschaftlich verbunden. 1945 wurde er zum Oberbürgermeister von Mönchengladbach, 1947 in den nordrhein-westfälischen Landtag gewählt für die neu gegründete CDU, deren damals pazifistische Grundeinstellung und deren Ahlener Programm ihm imponiert hatten. Auf den Wahlkampfzetteln seiner Partei hieß es, dass der Kandidat für eine Staatsordnung im christlichen Geist eintrete und »für die Idee einer europäischen Staatenföderation« werbe. Das tat Elfes freilich so, dass er für eine Verständigung auch mit der Sowjetunion eintrat. Das entfremdete ihn Adenauer, das machte ihn zum potentiellen Staatsfeind, was sich so auswirkte, dass man dem Mann nicht einmal mehr einen Reisepass ausstellte. Nicht nur die Verwaltung, sondern auch die Justiz machte dieses Spiel mit. Weil Elfes seine Verständigungsgedanken auch im Ausland vertreten hatte, verweigerten ihm die Richter den Pass, der damals noch für sämtliche Auslandsreisen notwendig war. Man ließ den Politiker 1955 nicht einmal zum Eucharistischen Weltkongress nach Rio de Janeiro fahren; das Bundesverwaltungsgericht fürchtete, dass er »die Bundesrepublik verleumdet«. So stand die Meinungsfreiheit unter der Kuratel der Bündnistreue zum Westen – oder was man dafür hielt.

Solche Maßregelung von demokratischer Kritik in existentiellen Fragen beschränkt sich nicht auf die Frühzeit der Bundesrepublik, sie lebt in jüngster Zeit wieder auf. Der Fall Guérot ist dafür ein Exempel. Die eloquente und medienpräsente Ulrike Guérot, die von 2016 bis 2021 Leiterin des »Departement Europapolitik und Demokratieforschung« an der österreichischen Universität Krems war, wurde 2021 zur Professorin für Europapolitik an der Universität Bonn ernannt. Als sie aber mit kritischen Beiträgen zur staatlichen Corona- und zur Ukrainepolitik auffiel, wurde sie im Februar 2023 gekündigt; als offizieller Grund wurde die Verletzung von wissenschaftlichen Standards in ihren nichtwissenschaftlichen Bestsellerbüchern genannt. Die einstige »Jeanne d'Europe« und deswegen Liebling der Linksliberalen wurde nun als Querdenkerin und Putin-Versteherin abqualifiziert. Ulrike Guérot ist das Friedensklärchen von heute.

Vor Repression schützt bisweilen ein Nobelpreis, wie das bei Heinrich Böll der Fall war, der ein nachhaltig-radikaler Gegner der Lehre von der Abschreckung war. Als Böll im Jahr 1983 (zusammen mit Günter Grass, der dann 1999 den Literaturnobelpreis erhielt) per Sitzdemonstration das US-Nuklearraketen-Depot in Mutlangen blockierte, erklärte Roman Herzog, der spätere Bundespräsident, damals Innenminister von Baden-Württemberg, er wolle der Weltpresse doch nicht das Schauspiel bieten, den Nobelpreisträger Böll von deutschen Polizisten von der Straße tragen zu lassen. Heinrich Böll hat, es war zu Zeiten des Kalten Kriegs, mit unermüdlicher pazifistischer Penetranz vor Eskalation gewarnt. Die Warnung gilt im heißen Ukrainekrieg auch und erst recht. Böll hat aber auch damals, im Kalten Krieg, viel Kritik einstecken müssen. Im Dezember 1972, in seiner Dankesrede für den Literaturnobelpreis, sagte er daher, er sei durch einen »dichten Wald von deutschen Zeigefingern« marschiert. Und »gar manche Zeigefinger waren scharf geladen«. In den Jahrzehnten seitdem hat sich unendlich viel geändert, aber den Wald von scharf geladenen Zeigefingern gibt es immer noch. Wenn einer heute die Aufrüstung und die Waffenlieferungen an die Ukraine kritisiert, spürt er das. Es gibt die scharf geladenen Zeigefinger in Zeiten des Ukrainekriegs vor allem in der Parteistiftung der Grünen, die den Namen von – ausgerechnet – Heinrich Böll trägt.

Durch diesen grünen Zeigefingerwald mussten 2023 Alice Schwarzer und Sahra Wagenknecht gehen, als sie ein »Manifest durch den Frieden« verfasst hatten, das dann fast eine Million Menschen in Deutschland unterzeichneten. Das Manifest warnte vor einer Eskalation im Ukrainekrieg, es warnte vor einer »Rutschbahn Richtung Weltkrieg und Atomkrieg«, es machte sich stark dafür, den Krieg am Verhandlungstisch zu beenden. Das Manifest forderte den Bundeskanzler auf, sich »an die Spitze einer starken Allianz für einen Waffenstillstand und für Friedensverhandlungen« zu setzen. Das Manifest wurde von denen, die noch mehr und noch schnellere Waffenlieferungen an die Ukraine fordern, schwer gescholten – es sei »naiv« und »gewissenlos«; die Lieferung von Leopard-Panzern, von Kampfflugzeugen und Langstreckenraketen sei alternativlos, behaupteten die Kritiker des Friedensmanifests. Sahra Wagenknecht selbst fiel aber einem Teil der Unterzeichner ihres Manifests in den Rücken und nahm dem Manifest damit Überzeugungskraft. Hatte der Text die strikte Alternative Waffenlieferungen ja oder nein klugerweise vermieden und vor einer Eskalation der militärischen Gewalt gewarnt, so spannte sie das Manifest und seine Unterzeichner vor ihren politischen Karren, auf dem sie mit der Forderung nach einem kategorischen Nein zu militärischer Unterstützung der Ukraine durchs Land fuhr. Das war vielleicht eine Reaktion darauf, dass so viele strikte Befürworter von Waffenlieferungen die Alternativlosigkeit dieser Position behaupten.

Indes: Wer in der Demokratie Alternativlosigkeit behauptet, der will in Wahrheit die Wahrheit für sich pachten und setzt sich selbst ins Unrecht, weil er damit sagt, dass er nicht diskutieren will. Man muss aber diskutieren, man muss um den richtigen Weg ringen, weil es um Fundamentalfragen geht. Wenn über den richtigen Weg zum Frieden gerungen wird, darf man dabei nicht rhetorisch Krieg führen. Es gibt eine grassierende Unduldsamkeit in der öffentlichen Diskussion; es gibt eine zunehmende Unfähigkeit, Andersdenkende verstehen zu wollen und verstehen zu können. Diese Unfähigkeit und die scharf geladenen Zeigefinger gibt es freilich auch in Kreisen derjenigen, die Waffenlieferungen an die Ukraine strikt ablehnen. Die AfD hat das Spaltungspotential des Themas sogleich für sich entdeckt und sich, so wie auch Viktor Orbán mit seiner Fidesz in Ungarn, als Friedenspartei inszeniert. Die Diskussion über die Waffenlieferungen ist auch dadurch vergiftet, dass die AfD Friedensliebe heuchelt und die pazifistische Position besetzt hat. Die grassierende Unduldsamkeit in der Diskussion ist in den Jahren der Corona-Pandemie gewachsen; sie sollte in Ukraine-Kriegszeiten nicht noch weiter anhalten. Sie tut der Demokratie nicht gut. Demokratie braucht die respektvolle Diskussion. Zur Demokratie gehört der Gedanke, dass womöglich auch der andere recht haben könnte.

Darf man Pazifist sein in Deutschland? Natürlich darf man. Darf man das auch zeigen? Man darf. Darf man es auch drastisch sagen? Man darf. Das Bundesverfassungsgericht gab 1995 die Erlaubnis dazu, weil sonst die Meinungsfreiheit nicht viel wert wäre. »Soldaten sind Mörder« – das war, das ist so ein drastischer Satz. Aber: Ein Pazifist muss nicht vorsichtiger formulieren als ein Bellizist. Er muss auch nicht Kurt Tucholsky heißen, um mit scharfer Kritik straffrei zu bleiben. Er darf auch heute sagen, was Tucholsky schon 1931, zum 17. Jahrestag des Beginns des Ersten Weltkriegs, schreiben durfte: »Soldaten sind Mörder.« So hat es das Bundesverfassungsgericht am 10. Oktober 1995 entschieden. Das wäre eigentlich nicht weiter bemerkenswert, wenn es nicht damals ein Trommelfeuer politischer Kritik gegen Karlsruhe gegeben hätte. Die Richter haben sich davon nicht beeindrucken lassen. Das war gut so; das ist gut so. Wohlgemerkt: Es ging nicht und es geht nicht darum, ob der Satz über die Soldaten richtig oder falsch ist. Es geht darum, ob man für so einen Satz bestraft werden darf. Man darf nicht. Die Richter in Karlsruhe stellten sich nicht hinter diesen Satz; sie teilen nicht die Aussage, sondern schützen den, der sie macht, vor strafrechtlicher Verfolgung – nicht mehr, nicht weniger. Wären nämlich nur noch solche Meinungen von der Meinungsfreiheit geschützt, die von der Mehrheit geteilt werden, dann müsste die Meinungsfreiheit künftig Mehrheitsmeinungsfreiheit heißen.

Es mag sein, dass der Satz gegen die Soldaten viele Menschen empört, weil sie den ganz allgemeinen Satz auf ganz konkrete Personen beziehen. Es mag sein, dass der Satz heute, in der Zeit der Kriegstüchtigkeitsrenaissance, noch mehr Menschen empört als 1995, als Karlsruhe seinen Soldaten-sind-Mörder-Beschluss verkündete. Solche Empörung ist aber kein Strafgrund. Nicht einmal 1932 haben sich die Richter dazu verleiten lassen, Tucholskys Satz wegen allgemeiner Empörung zu bestrafen. In dieser Zeit, in der der Militarismus und der Nazismus Deutschland schon in den Griff genommen hatten, schrieb Kurt Tucholsky in der »Weltbühne« den Beitrag über den Ersten Weltkrieg, in dem der bis heute umstrittene Mörder-Satz steht: »Da gab es vier Jahre lang ganze Quadratmeilen Landes, auf denen war Mord obligatorisch, während er eine halbe Stunde davon ebenso streng verboten war. Sagte ich Mord? Natürlich Mord. Soldaten sind Mörder.«[86] Reichswehrminister Groener klagte dafür nicht Tucholsky an, der in Schweden lebte, sondern Carl von Ossietzky, den verantwortlichen Redakteur. Die Justiz wollte seinerzeit das Verfahren gar nicht erst eröffnen, doch die Reichswehr setzte sich durch. Vor dem Kammergericht Berlin kam es dann zum Freispruch: Der Satz »Soldaten sind Mörder« war in seiner Abstraktheit nicht justitiabel. Das Bundesverfassungsgericht folgte dieser alten Linie: Straffrei bleibt, wer sich mit dem Kriegshandwerk als solchem auseinandersetzt; und der Krieg ist nun einmal das blutige Handwerk der Soldaten. Dieses Handwerk wird durch immer gemeingefährlichere Waffensysteme, durch Drohnen und Marschflugkörper, nicht besser.

Wer sich wünscht, dass dieses Handwerk ausstirbt, ist ein pazifistischer Mensch. Es wäre gut, wenn dieser Wunsch wieder eine parteipolitische Heimat hätte.

# Kapitel 6

# Die Friedenswette

Im Westen was Neues: Warum negativer Pazifismus positiv ist und warum wir eine Friedenspädagogik brauchen. Erich Maria Remarque und Ernst Toller als Lehrer.

Die besten deutschen Pazifisten wurden ermordet. Der Pazifist Ernst Toller hat das gesagt.[87] Auf einer Vortragsreise in seinem Exil in den USA im Jahr 1935 gedachte er der Antimilitaristen und zählte sie auf – sozialistische Weggefährten, alle erschlagen, erschossen, zu Tode gefoltert von Rechtsextremisten in den Jahren 1919 und 1920: Karl Liebknecht, Rosa Luxemburg, Gustav Landauer, Kurt Eisner, Leo Jogiches, Eugen Leviné, Hugo Haase, Hans Paasche, Karl Gareis. Sie alle mussten, so sagte er, »im Frieden für den Frieden sterben«. Erst waren es die von Toller genannten Sozialisten und Kommunisten, die ihren Antimilitarismus mit dem Leben bezahlten – Leute wie Leviné, der in seiner Verteidigungsrede vor Gericht den berühmten Satz sagte: »Wir Kommunisten sind alle Tote auf Urlaub.« Später waren es Dichter und Denker verschiedenster Weltanschauungen, Christen und Anarchisten, bis hin zum Theologen und Antimilitaristen Dietrich Bonhoeffer, ermordet am 9. April 1945 im KZ Flossenbürg. »Aber glauben wir ja nicht«, erklärt Toller, »dass eine Bewegung allein dadurch, dass sie Märtyrer schafft, Überzeugungskraft gewinnt.«

Toller war ein bekehrter Kriegsfreiwilliger des Ersten Weltkriegs, der dann Revolutionär und Pazifist wurde (»Der Krieg ließ mich zum Kriegsgegner werden«), eine der Leitfiguren der Münchner Räterepublik und nach deren Scheitern wegen Hochverrats angeklagt und zu einer Festungshaft von fünf Jahren verurteilt. Der Soziologe Max Weber hatte seinem ehemaligen Studenten Toller im Prozess die »absolute *Lauterkeit*« eines radikalen Gesinnungsethikers bescheinigt und damit geholfen, ihn vor der Todesstrafe zu bewahren. Webers Wort von der Lauterkeit kommt einem in Erinnerung, wenn Jahrzehnte später der Theologe Helmut Gollwitzer den christlich-charismatischen Studentenführer Rudi Dutschke als einen Mann von vollkommener Lauterkeit[88] bezeichnet. Während der Zeit, in der Toller dann in der bayerischen Festungshaftanstalt Niederschönenfeld eingekerkert war, hatten seine Stücke auf den Theaterbühnen der Weimarer Republik sensationellen Erfolg; viele der Aufführungen wurden gestört und gesprengt von den Nationalsozialisten. Als Joseph Goebbels am 1. April 1933 mit einer Hassrede in Berlin den »Juden-Boykott« eröffnete, nannte er Ernst Toller als vordersten Exponenten des deutschen Judentums und damit als einen Hauptfeind des Nationalsozialismus: »Aus den Gräbern von Flandern und Polen«, so Goebbels, »stehen zwei Millionen deutsche Soldaten auf und klagen an, dass der Jude Toller schreiben durfte, das Heldenideal sei das dümmste aller Ideale.« Bei der Bücherverbrennung, als am 10. Mai 1933 unter dem Protektorat von Goebbels die Werke zahlreicher deutscher Autoren ins Feuer geworfen wurden, waren Tollers Bücher dabei; stellvertretend für ihren in die Schweiz entkommenen Autor wurden die Bücher an aufgerichteten Pfäh-

len gekreuzigt. Toller stand auf der ersten Ausbürgerungsliste der Nazis. Mit dem »Gesetz über den Widerruf von Einbürgerungen und die Aberkennung der deutschen Staatsbürgerschaft« hatte der NS-Staat ein Instrument geschaffen, um gegen »Landesverräter«, die sich im Ausland aufhielten, vorzugehen. Das braune Regime konnte damit Menschen die deutsche Staatsangehörigkeit entziehen und sich ihr Vermögen aneignen. Zwischen 1933 und 1945 wurden rund 39 000 deutsche Staatsbürger ausgebürgert. Die erste Ausbürgerungsliste vom 25. August 1933 enthielt neben Toller die Namen von 32 weiteren Personen, an denen ein Exempel statuiert werden sollte – darunter Kurt Tucholsky, Lion Feuchtwanger, Wilhelm Pieck und Philipp Scheidemann.

Ernst Toller hatte an Goebbels gleich nach der Bücherverbrennung einen offenen Brief geschrieben.[89] »Sie verfolgen selbst die Emigranten durch die mannigfachen Mittel Ihrer Gewalt, Sie wollen sie (um in Ihrer Sprache zu reden) geistig und physisch brutal und rücksichtslos vernichten. Und was ist der Grund so abgründigen Hasses? Diese Männer glauben an die Welt der Freiheit, der Menschlichkeit, der sozialen Gerechtigkeit, diese Männer sind wahrhafte Sozialisten, Kommunisten oder gläubige Christen, diese Männer sind nicht gewillt, die Stimme der Wahrheit zu verleugnen und der Macht sich zu beugen. Die Verfolgungen und Ächtungen sind für uns Verfolgte eine große Ehrung, mancher von uns wird jetzt erst beweisen müssen, daß er diese Ehrung verdient.« Und dann heißt es, direkt an die Adresse von Goebbels: »Sie geben vor, daß Sie und der deutsche Geist identisch sind, aber Ihre Taten sind die Ächtung der Ideen Goethes und Lessings, Herders und Schillers, Wielands und Rankes und aller jener Männer, die um die reinsten Werte Deutschlands gerungen haben und sie in die Welt trugen.«

Toller rechnet auch ab mit braunem Dünkel und brauner Aufgeblasenheit: »Ich las in diesen Tagen Ihre künstlerischen Werke und die Ihrer Pgs [Parteigenossen]. Daß Sie ein schlechtes Deutsch schreiben, will ich Ihnen nicht zum Vorwurf machen, Gewalt verleiht noch kein Talent, daß Sie aber die deutschen Theater zwingen, diese armseligen Werke zu spielen, ist kläglich. [...] Sie sprechen soviel von der Feigheit Ihrer Gegner. Wir versprechen Ihnen, daß Ihre Verfolgungen uns härter, Ihr Haß uns reifer, Ihr Kampf uns kämpferischer machen werden.«[90] Und dann folgt ein Satz, der einem die Tränen in die Augen treibt: »Wir sind nicht schuldlos an unserem Schicksal, wir haben viele Fehler begangen, der größte war unsere Langmut. Wir werden, dank der Lehre, die Sie uns gaben, unsere Fehler überwinden. Und das ist Ihr Verdienst.« Es war zu spät dafür, viel zu spät. Ernst Toller hat sich 1939, in seinem Exil in New York, desillusioniert das Leben genommen. Tollers Appelle an das Gewissen der Welt, an das er fest glaubte, hatte wenig Echo. Die reichsdeutsche Presse hat seinen Tod wie einen Sieg gefeiert: Wieder ein Pazifist weniger. Der Schlaf der Welt, der Toller den Schlaf geraubt und in den Tod getrieben hatte, ging scheinbar weiter.

In seinen letzten Lebensjahren hatte Toller viel nachgedacht über »Das Versagen des Pazifismus in Deutschland«; so hieß der Vortrag, mit dem er 1935/36 durch die USA reiste.[91] Er blickte darin zurück auf die Jahre, in denen sich »Europa in ein Schlachthaus verwandelte, als Millionen von Menschenleben sinnlos, zwecklos, nutzlos geopfert wurden, als der kriegerische Mord heilige nationale Pflicht war und der pazifistische Gedanke ein strafwürdiges Verbrechen«.[92] In diesen Jahren war es, sagte er, »die beste deutsche Jugend, die im Kriege zum Frieden sich bekannte«. Der Pazifismus habe damals die Jugend gewinnen kön-

len gekreuzigt. Toller stand auf der ersten Ausbürgerungsliste der Nazis. Mit dem »Gesetz über den Widerruf von Einbürgerungen und die Aberkennung der deutschen Staatsbürgerschaft« hatte der NS-Staat ein Instrument geschaffen, um gegen »Landesverräter«, die sich im Ausland aufhielten, vorzugehen. Das braune Regime konnte damit Menschen die deutsche Staatsangehörigkeit entziehen und sich ihr Vermögen aneignen. Zwischen 1933 und 1945 wurden rund 39 000 deutsche Staatsbürger ausgebürgert. Die erste Ausbürgerungsliste vom 25. August 1933 enthielt neben Toller die Namen von 32 weiteren Personen, an denen ein Exempel statuiert werden sollte – darunter Kurt Tucholsky, Lion Feuchtwanger, Wilhelm Pieck und Philipp Scheidemann.

Ernst Toller hatte an Goebbels gleich nach der Bücherverbrennung einen offenen Brief geschrieben.[89] »Sie verfolgen selbst die Emigranten durch die mannigfachen Mittel Ihrer Gewalt, Sie wollen sie (um in Ihrer Sprache zu reden) geistig und physisch brutal und rücksichtslos vernichten. Und was ist der Grund so abgründigen Hasses? Diese Männer glauben an die Welt der Freiheit, der Menschlichkeit, der sozialen Gerechtigkeit, diese Männer sind wahrhafte Sozialisten, Kommunisten oder gläubige Christen, diese Männer sind nicht gewillt, die Stimme der Wahrheit zu verleugnen und der Macht sich zu beugen. Die Verfolgungen und Ächtungen sind für uns Verfolgte eine große Ehrung, mancher von uns wird jetzt erst beweisen müssen, daß er diese Ehrung verdient.« Und dann heißt es, direkt an die Adresse von Goebbels: »Sie geben vor, daß Sie und der deutsche Geist identisch sind, aber Ihre Taten sind die Ächtung der Ideen Goethes und Lessings, Herders und Schillers, Wielands und Rankes und aller jener Männer, die um die reinsten Werte Deutschlands gerungen haben und sie in die Welt trugen.«

Toller rechnet auch ab mit braunem Dünkel und brauner Aufgeblasenheit: »Ich las in diesen Tagen Ihre künstlerischen Werke und die Ihrer Pgs [Parteigenossen]. Daß Sie ein schlechtes Deutsch schreiben, will ich Ihnen nicht zum Vorwurf machen, Gewalt verleiht noch kein Talent, daß Sie aber die deutschen Theater zwingen, diese armseligen Werke zu spielen, ist kläglich. [...] Sie sprechen soviel von der Feigheit Ihrer Gegner. Wir versprechen Ihnen, daß Ihre Verfolgungen uns härter, Ihr Haß uns reifer, Ihr Kampf uns kämpferischer machen werden.«[90] Und dann folgt ein Satz, der einem die Tränen in die Augen treibt: »Wir sind nicht schuldlos an unserem Schicksal, wir haben viele Fehler begangen, der größte war unsere Langmut. Wir werden, dank der Lehre, die Sie uns gaben, unsere Fehler überwinden. Und das ist Ihr Verdienst.« Es war zu spät dafür, viel zu spät. Ernst Toller hat sich 1939, in seinem Exil in New York, desillusioniert das Leben genommen. Tollers Appelle an das Gewissen der Welt, an das er fest glaubte, hatte wenig Echo. Die reichsdeutsche Presse hat seinen Tod wie einen Sieg gefeiert: Wieder ein Pazifist weniger. Der Schlaf der Welt, der Toller den Schlaf geraubt und in den Tod getrieben hatte, ging scheinbar weiter.

In seinen letzten Lebensjahren hatte Toller viel nachgedacht über »Das Versagen des Pazifismus in Deutschland«; so hieß der Vortrag, mit dem er 1935/36 durch die USA reiste.[91] Er blickte darin zurück auf die Jahre, in denen sich »Europa in ein Schlachthaus verwandelte, als Millionen von Menschenleben sinnlos, zwecklos, nutzlos geopfert wurden, als der kriegerische Mord heilige nationale Pflicht war und der pazifistische Gedanke ein strafwürdiges Verbrechen«.[92] In diesen Jahren war es, sagte er, »die beste deutsche Jugend, die im Kriege zum Frieden sich bekannte«. Der Pazifismus habe damals die Jugend gewinnen kön-

len gekreuzigt. Toller stand auf der ersten Ausbürgerungsliste der Nazis. Mit dem »Gesetz über den Widerruf von Einbürgerungen und die Aberkennung der deutschen Staatsbürgerschaft« hatte der NS-Staat ein Instrument geschaffen, um gegen »Landesverräter«, die sich im Ausland aufhielten, vorzugehen. Das braune Regime konnte damit Menschen die deutsche Staatsangehörigkeit entziehen und sich ihr Vermögen aneignen. Zwischen 1933 und 1945 wurden rund 39 000 deutsche Staatsbürger ausgebürgert. Die erste Ausbürgerungsliste vom 25. August 1933 enthielt neben Toller die Namen von 32 weiteren Personen, an denen ein Exempel statuiert werden sollte – darunter Kurt Tucholsky, Lion Feuchtwanger, Wilhelm Pieck und Philipp Scheidemann.

Ernst Toller hatte an Goebbels gleich nach der Bücherverbrennung einen offenen Brief geschrieben.[89] »Sie verfolgen selbst die Emigranten durch die mannigfachen Mittel Ihrer Gewalt, Sie wollen sie (um in Ihrer Sprache zu reden) geistig und physisch brutal und rücksichtslos vernichten. Und was ist der Grund so abgründigen Hasses? Diese Männer glauben an die Welt der Freiheit, der Menschlichkeit, der sozialen Gerechtigkeit, diese Männer sind wahrhafte Sozialisten, Kommunisten oder gläubige Christen, diese Männer sind nicht gewillt, die Stimme der Wahrheit zu verleugnen und der Macht sich zu beugen. Die Verfolgungen und Ächtungen sind für uns Verfolgte eine große Ehrung, mancher von uns wird jetzt erst beweisen müssen, daß er diese Ehrung verdient.« Und dann heißt es, direkt an die Adresse von Goebbels: »Sie geben vor, daß Sie und der deutsche Geist identisch sind, aber Ihre Taten sind die Ächtung der Ideen Goethes und Lessings, Herders und Schillers, Wielands und Rankes und aller jener Männer, die um die reinsten Werte Deutschlands gerungen haben und sie in die Welt trugen.«

Toller rechnet auch ab mit braunem Dünkel und brauner Aufgeblasenheit: »Ich las in diesen Tagen Ihre künstlerischen Werke und die Ihrer Pgs [Parteigenossen]. Daß Sie ein schlechtes Deutsch schreiben, will ich Ihnen nicht zum Vorwurf machen, Gewalt verleiht noch kein Talent, daß Sie aber die deutschen Theater zwingen, diese armseligen Werke zu spielen, ist kläglich. [...] Sie sprechen soviel von der Feigheit Ihrer Gegner. Wir versprechen Ihnen, daß Ihre Verfolgungen uns härter, Ihr Haß uns reifer, Ihr Kampf uns kämpferischer machen werden.«[90] Und dann folgt ein Satz, der einem die Tränen in die Augen treibt: »Wir sind nicht schuldlos an unserem Schicksal, wir haben viele Fehler begangen, der größte war unsere Langmut. Wir werden, dank der Lehre, die Sie uns gaben, unsere Fehler überwinden. Und das ist Ihr Verdienst.« Es war zu spät dafür, viel zu spät. Ernst Toller hat sich 1939, in seinem Exil in New York, desillusioniert das Leben genommen. Tollers Appelle an das Gewissen der Welt, an das er fest glaubte, hatte wenig Echo. Die reichsdeutsche Presse hat seinen Tod wie einen Sieg gefeiert: Wieder ein Pazifist weniger. Der Schlaf der Welt, der Toller den Schlaf geraubt und in den Tod getrieben hatte, ging scheinbar weiter.

In seinen letzten Lebensjahren hatte Toller viel nachgedacht über »Das Versagen des Pazifismus in Deutschland«; so hieß der Vortrag, mit dem er 1935/36 durch die USA reiste.[91] Er blickte darin zurück auf die Jahre, in denen sich »Europa in ein Schlachthaus verwandelte, als Millionen von Menschenleben sinnlos, zwecklos, nutzlos geopfert wurden, als der kriegerische Mord heilige nationale Pflicht war und der pazifistische Gedanke ein strafwürdiges Verbrechen«.[92] In diesen Jahren war es, sagte er, »die beste deutsche Jugend, die im Kriege zum Frieden sich bekannte«. Der Pazifismus habe damals die Jugend gewinnen kön-

nen, »weil er Rebellion war, weil die Jugend den Sinn dieser Rebellion erfaßte«. Es habe sich »in dem magischen Worte ›Frieden‹ die tiefste und menschlichste Sehnsucht der aktiven deutschen Jugend gesammelt«. Nach dem Krieg habe das Wort Frieden dann seine Magie verloren, als zweieinhalb Millionen junger Menschen in Deutschland sich weder in einer Arbeit bewähren, noch in absehbarer Zeit darauf hoffen konnten – und die Reaktion habe sich der Hoffnungslosigkeit dieser Jugend bedient: »Weil die Friedensidee 1918 nicht siegte, sagte sie, der ewige Friede sei ein Traum und nicht einmal ein schöner. Die pazifistische Idee sei feminin und eines Mannes unwürdig. Eines Mannes würdig sei der Gedanke der Wehrhaftigkeit, das Bekenntnis zum Krieg, der militärische Geist. Für solche Tendenzen war der Boden in Deutschland gut vorbereitet. Kaum ein anderes Land neigt so zu militärischer Romantik.«[93] Nirgends in der deutschen Republik habe die Jugend die Verherrlichung der Friedensidee gefunden. Nicht in den Schulen, nicht in den Zeitungen, nicht im Rundfunk. »Aber doch in den vielen kriegsfeindlichen Büchern und Filmen, wird man sagen. Diese kriegsfeindlichen Bücher hatten«, so Toller, »eine merkwürdige Wirkung. Da sie immer mit einer spannenden Geschichte verbunden waren, blieb im Gedächtnis nicht der Schrecken des Krieges haften, sondern das Abenteuer, die Kameradschaft, die sich so wundervoll in der Nähe des Todes bewährt hatte. Am Ende war fast jedes Anti-Kriegsbuch, trotzdem es von seinen Gegnern verfolgt und beschimpft wurde, eine Stärkung des Kriegsgedankens, weil die Friedensidee ein bloßer Schatten blieb, und die Kriegsidee die Wirklichkeit durchdrang.« Selbst bei Thomas Mann ist das so. Als Hans Castorp den Zauberberg verlassen hat und nach Flandern an die Front geht, in der Schlussszene das Schlachtfeld mit allem Dreck und Blut beschrieben wird, lässt Thomas Mann ihn im Stürzen und Fallen das Lied vom Lindenbaum singen, in dessen Rinde er schnitt »so manches liebe Wort«. Gewalt erhält so, so kritisiert daher der Literaturwissenschaftler Jürgen Wertheimer, »aller Detailkritik zum Trotz [...] eine Perspektive der Transzendenz: [...] das Chaos des gemachten Kriegs wandelt sich durch das Zauberwort zum Boden einer Wiederauferstehung im neuen Geiste.« Wer hier, wie Thomas Mann, vom »Weltfest des Todes« spreche, von einem »argen Tanzvergnügen«, bediene sich, so klagt Wertheimer, »eines zutiefst fragwürdigen Konstrukts zwischen Spiel und blankem Zynismus«.[94]

Ein Buch war anders, und Toller, anders als Kurt Tucholsky und Carl von Ossietzky, spürte das sofort: Erich Maria Remarques Antikriegsroman »Im Westen nichts Neues«, erstmals publiziert im November 1928 als Vorabdruck in der Vossischen Zeitung, erschienen in Buchform dann beim Propyläen Verlag am 28. Januar 1929. Toller hat Remarques Roman am 22. Februar 1929 rezensiert in der Rubrik »Buch-Chronik der Woche« der Wochenzeitschrift »Die literarische Welt«: »Einer hat für uns Alle gesprochen, für uns Muschkoten, die im Schützengraben lagen, die verlaust und verdreckt waren, die schossen und erschossen wurden, die den Krieg nicht aus der Perspektive der Generalstäbe, nicht aus Schreibstuben und Redaktionsbüros sahen, die ihn erlebten als Alltag, als furchtbaren und monotonen Alltag. Dieser eine heißt Erich Maria Remarque. Sein Buch: Im Westen nichts Neues [...] ist ganz wahrhaftig, ohne rhetorische Zutat, ohne dialektische Spitzfindigkeit. Dieses Buch ist so gerecht und ungerecht, wie ein Kriegsbuch sein muss, gerecht gegen die Opfer, ungerecht gegen die Treiber, die über Millionen Leichen sich Denkmale setzen. Dieses Buch ist Wirklichkeit und Vision. Es zeichnet nicht nur äußere Handlung und äußere Dinge. Was in den Menschen vorgeht und wie es in ihnen vorgeht, warum Menschen sterben und wie sie sterben, das spüren wir hier, spüren es so schmerzhaft, daß es auf unseren Herzen trommelt und wir in dem wahnwitzigen Wunsch, dem Unentrinnbaren zu entgehen, uns die Augen zuhalten: ›Das war nicht!‹ Aber es war. [...] Dieses Buch sollte in Millionen Exemplaren verbreitet, übersetzt, in den Schulen gelesen, von allen den Krieg bekämpfenden Gruppen gekauft und verschenkt werden. Es sagt mehr über das Volk und seinen Anteil am Krieg aus als dickleibige historische Wälzer und Statistiken. So haben die deutschen Muschkoten im Schützengraben gelebt, so die französischen, so die englischen.«[95]

Der Geburtsname von Remarques Großmutter mütterlicherseits war »Bäumer« – so wie der Familienname der Hauptfigur in Remarques Roman. Am Ende, nachdem alle seine Freunde an der Westfront, auf dem sogenannten Feld der Ehre, verreckt sind, trifft es auch diesen Paul Bäumer – »an einem Tag, der so ruhig und so still war, daß der Heeresbericht sich auf den Satz beschränkte, im Westen sei nichts Neues zu melden«. Tucholsky meinte, das Buch habe »durch die unsagbare Dummheit der Rechtskreise einen pazifistischen Dunstkreis erhalten; diese Tendenz war von Remarque höchstwahrscheinlich nicht beabsichtigt«.[96] Remarque galt deshalb im Rahmen der Aktivitäten der damaligen Friedensbewegung zunächst als »taube Nuss«.[97] Er wurde für naiv erklärt, als einer, der die wahren Ursachen des Krieges, nämlich die Ausbeutung der Menschen, nicht erkenne und damit auch keine Chance habe, aktiv den Frieden politisch mitzugestalten. Dieses Votum wurde vom Komitee für den Friedensnobelpreis 1931 in schicklicher, aber gleichwohl unzutreffender Form übernommen. Remarque war vom Warschauer Jura-Professor

Zygmunt Cybichowski für den Friedensnobelpreis vorgeschlagen worden. Das Preiskomitee lehnte ab. Der Remarque-Kenner Tilman Westphalen nennt die Details: Im Nobelpreiskomitee habe der Vorschlag (so die einschlägigen Akten) zwei Unterstützer gefunden. Er sei aber dann, wie in den Protokollen von 1931 nachzulesen, abgelehnt worden mit der Begründung: »Negative pacifism is not enough.« Der Berichterstatter habe auf »the active spirit« in den Werken Tolstois und Bertha von Suttners hingewiesen und abschließend notiert: »In my opinion, Remarque's book does not do this inspite of all it's great quality.«[98] Mit dem Friedensnobelpreis wurden dann 1931 ausgezeichnet: Jane Addams und Nicholas Murray Butler. Addams war die Präsidentin der »Women's International League for Peace and Freedom«; der Philosoph Butler hatte sich um das Zustandekommen des Briand-Kellogg-Pakts von 1928 verdient gemacht; dieser Pakt war ein völkerrechtlicher Vertrag zur Ächtung des Krieges, benannt nach dem französischen und dem US-Außenminister. Das waren gewiss positive Preisträger, aber das negative Urteil über Remarque war ein Fehler.

Negativer Pazifismus: Das meint, etwas geringschätzig, die bloße Ablehnung des Krieges. Positiver Pazifismus: Das meint ein Tun und ein Handeln für den Frieden. Kann, darf man das trennen? Es gibt Friedensnobelpreisträger, die Kriegshetzer waren: Theodore Roosevelt jr. etwa, US-Präsident von 1901 bis 1909; er war der erste US-Amerikaner, dem, es war 1906, der Friedensnobelpreis zuerkannt wurde, weil er 1905 den Frieden von Portsmouth zwischen Russland und Japan vermittelt hatte. Seine Außenpolitik freilich war imperialistisch und blieb als die Politik des »Big Stick«, des großen Knüppels, in Erinnerung: »Rede sanft und trage einen großen Knüppel mit dir. Dann wirst du weit kommen«, war Roosevelts Motto. Die Auszeichnung Roosevelts zeigt die Schwäche des Nobelpreises, wenn er sich nur auf einen punktuellen Erfolg bezieht, der dann als »positiver Pazifismus« gewürdigt wird, aber dabei die Grundhaltung der oder des Auszuzeichnenden außer Acht lässt; das freilich ist im Testament des Stifters Alfred Nobel so angelegt, weil demzufolge ausgezeichnet werden soll, wer »im vergangenen Jahr [...] am meisten oder am besten hingewirkt hat auf die Verbrüderung der Völker und die Abschaffung oder Verminderung stehender Heere sowie das Abhalten oder die Förderung von Friedenskongressen«. War Roosevelt ein positiver Pazifist? Als »Vorbild für friedensorientierte Staatskunst«[99] taugt der Friedensnobelpreisträger von 1906 jedenfalls nicht. Ist Remarque ein negativer Pazifist, weil er keinen Frieden vermittelt, keinen Friedenskongress veranstaltet, kein Pazifismuskonzept entwickelt, weil er Jahre gebraucht hat, bis er sich zum Pazifismus ausdrücklich bekannte? Es gibt Werke, die sind klüger als ihr Autor und auch klüger und vorausschauender als dessen Kritiker samt Nobelpreiskomitee. »Im Westen nichts Neues« ist dafür ein gutes Beispiel. Das Buch wurde zu einem antimilitaristischen Credo; und aus dem Autor, der sich zunächst selbst als einen unpolitischen Beobachter bezeichnet hatte, wurde im Lauf der Jahre ein militanter Pazifist. Remarque hat sich politisch tollerisiert.

Das war weniger seiner Bekanntschaft mit Toller geschuldet, als dem gewaltigen Echo seines Buches, das dazu führte, dass er sich politisierte. Toller und Remarque haben sich zwar hin und wieder im Schweizer Exil beim Schriftsteller Emil Ludwig getroffen; Ludwig war bekannt geworden durch sein in viele Sprachen übersetztes Buch »Mord in Davos« über das tödliche Attentat des aus Deutschland geflohenen jüdischen Studenten David

Frankfurter auf den Nazi-Funktionär Wilhelm Gustloff in dessen Wohnhaus in Davos; Gustloff war Landesgruppenleiter der NSDAP-Auslandsorganisation in der Schweiz – und Ludwig hatte in seiner Romanbiographie über das Attentat den Attentäter David Frankfurter als neuen David gewürdigt, der den neuen Riesen Goliath erschoss. Günter Grass hat zu diesem Stoff im Jahr 2002 seine geniale Novelle »Im Krebsgang« veröffentlicht, in der er die schauerliche Faszination vorausahnt, die der Nationalsozialismus in Gestalt des AfD-Politikers Björn Höcke heute wieder gewinnt. Gast bei den Treffen im Haus von Emil Ludwig war 1934 auch der Theaterautor und Schriftsteller Heinz Liepman, der wie Remarque aus Osnabrück stammte, doch anders als Remarque zu den vergessenen jüdischen Autoren deutscher Sprache zählt. In einem Interview mit Liepman erklärte Remarque 1962: »Ich war dasselbe, was ich heute noch bin: ein militanter Pazifist.«[100] Ja – er war einer geworden, ein militanter Pazifist, wie Toller einer war, wie Emil Ludwig einer war und der Interviewer Heinz Liepman.

Wolfgang Frühwald, der Herausgeber von Ernst Tollers Gesamtwerk, sagt über den Pazifismus Tollers: »Dieser Pazifismus ließ ihn nicht realitätsblind werden, er hinderte ihn nicht daran, die nicht faschistischen Völker der Welt auch zu bewaffnetem Widerstand gegen den nationalsozialistischen Eroberungsfeldzug aufzufordern.«[101] Das meint einen militanten Pazifismus, Toller hielt den Krieg gegen Hitlerdeutschland für unvermeidlich. Remarque tat dies auch; er wurde zu einem militanten Pazifisten, trat aber nie durch öffentliche Aufrufe oder Auftritte hervor. Remarques pazifistische Auftritte waren seine Bücher. In seinem Theaterstück »Die Heimkehr des Enoch J. Jones« beispielsweise, das er 1952/53 schrieb, positionierte er sich scharf gegen den »koreanischen Krieg« der USA, der für ihn ein imperialistischer Angriffskrieg war.

1939, in dem Jahr, in dem sich Toller im US-Exil das Leben genommen hatte, war Remarque endgültig in die USA gegangen, wo er auf weitere Emigranten traf – unter ihnen Bertolt Brecht, Lion Feuchtwanger, Thomas Mann und Carl Zuckmayer. Anders als viele andere emigrierte Schriftsteller, anders auch als Toller, genoss Remarque hier große Anerkennung und die Aura einer hohen Prominenz, was unter anderem darauf zurückzuführen war, dass seine Werke auch auf Englisch sehr erfolgreich waren. Remarque hatte zuvor, seit 1933, meist am Lago Maggiore in der Schweiz gelebt, dort am Lautsprecher seines Radiogeräts die Bücherverbrennung vom 10. Mai 1933 miterlebt und den sogenannten Feuerspruch bei der Verbrennung von »Im Westen nichts Neues« gehört: »Gegen literarischen Verrat am Soldaten des Weltkriegs, für Erziehung des Volkes im Geiste der Wehrhaftigkeit.« Dieser Geist der Wehrhaftigkeit sah so aus: Remarques Schwester Elfriede Scholz, die als Schneiderin in Dresden lebte, wurde 1943 von Roland Freisler, dem Präsidenten des Volksgerichtshofs, wegen Wehrkraftzersetzung zum Tode verurteilt und durch das Fallbeil hingerichtet. Sie war wegen kritischer Äußerungen gegen die NSDAP denunziert worden, wonach der Krieg schon verloren sei. Im Prozess hatte Freisler die Angeklagte angeschnauzt: »Ihr Bruder ist uns entwischt, Sie werden uns nicht entwischen.« Seinen ersten Nachkriegsroman, 1952 erschienen, hat Remarque in Erinnerung an seine ermordete Schwester geschrieben: »Der Funke Leben«.

Remarques Pazifismus entfaltet sich in der Wirkung seines Werks. 2023, zu seinem 125. Geburtstag, wurde das deutlich. Das Friedenszentrum in seiner Geburtsstadt Osnabrück, das seinen

Namen trägt, hatte den Geburtstagstisch aufgebaut. Künstler und Autoren aus aller Welt haben zu diesem Geburtstag gemalt und geschrieben, welche Bedeutung Remarque und sein Werk für ihr Leben haben. Zur Geburtstagswürdigung gehörten auch die vier Oscars, mit denen die Netflix-Verfilmung des Buches unter der Regie von Edward Berger 2023 ausgezeichnet worden war. Es waren nicht die ersten Oscars. Schon die erste Verfilmung, eine US-Produktion aus dem Jahr 1930 von Lewis Milestone, gilt als einer der hundert besten Filme der US-Filmgeschichte; der Film erhielt schon damals Oscars in der Kategorie »Bester Film« und »Beste Regie«. Bei der deutschen Erstaufführung im Metropol, dem Theater am Nollendorfplatz in Berlin, war es am 4. Dezember 1930 zum Skandal gekommen: Auf Anweisung des damaligen Berliner NSDAP-Gauleiters Joseph Goebbels besetzten nationalsozialistische Schlägertrupps den Saal; die Vorführung musste abgebrochen werden; eine Woche später wurde der Film von der Film-Oberprüfstelle des Deutschen Reiches verboten. Es war dies ein Menetekel für die nächsten 15 Jahre.

Seit 1991 vergibt Osnabrück, die Heimatstadt von Erich Maria Remarque, alle zwei Jahre den Erich-Maria-Remarque-Friedenspreis. Im Jahr 2023, am Tag des 125. Remarque-Geburtstags, wurde die achtzigjährige russische Schriftstellerin Ljudmila Ulitzkaja mit dem Remarque-Friedenspreis ausgezeichnet. Die Feier war in das Jubiläum »375 Jahre Westfälischer Friede« eingebettet – und stand im Zeichen des Ukrainekriegs. Was sie von Putin und seinen Kriegszügen hält, hatte die Preisträgerin schon 2014 so zum Ausdruck gebracht: »Ich bin eine russische Schriftstellerin jüdischer Herkunft und christlicher Prägung. Mein Land hat gegenwärtig der Kultur, den Werten des Humanismus, der Freiheit der Persönlichkeit und der Idee der Menschenrechte, einer

Frucht der gesamten Entwicklung der Zivilisation, den Krieg erklärt. Mein Land krankt an aggressiver Unbildung, Nationalismus und imperialer Großmannssucht. Ich schäme mich für uns alle, für unser Volk, das seine moralische Orientierung verloren hat.«[102] Die Krankheit, wie Ulitzkaja das nennt, hat sich nicht gebessert seitdem. Der Krieg, den Putin in die Ukraine gebombt hat, ist eine besonders grausame Emanation dieser Krankheit. Im Vorfeld der Preisverleihung hatte es Unmut gegeben, weil die Preisjury neben dem Hauptpreis an Ulitzkaja dem ukrainischen Zeichner Sergiy Maidukov einen Sonderpreis zuerkannt hatte. Er lehnte es ab, mit der Russin auf einer Bühne zu stehen, obwohl die Bücher der im Exil lebenden Preisträgerin wegen ihrer offenen Kritik am russischen Regime und dem Angriffskrieg auf die Ukraine in Russland verboten sind. Maidukov nahm den Preis an, kam aber nicht zur Preisverleihung nach Osnabrück. Man spürt: Krieg tötet, Krieg vergiftet – er vergiftet auch Bühnen und Konzerthallen.

Mit dem Ukrainekrieg befassten sich viele der Glückwünsche zum Remarque-Geburtstag. Ein paar Dutzend Politikerinnen und Politiker, Dichter, Persönlichkeiten aus dem öffentlichen Leben hatten auf einen Fragebogen geantwortet und über die Bedeutung von Remarques Werk für sie und für ihr Leben nachgedacht.[103] Der Schriftsteller Jurij Andruchowytsch, ein Großer der ukrainischen Gegenwartsliteratur, zitierte Sätze von Remarque aus dem Jahr 1946 als ein ukrainisches Credo: »Man muss an die Zukunft glauben, an eine bessere Zukunft. Die Welt will Frieden, trotz gewisser Politiker. Und die Welt will wieder Dinge haben, an die sie glauben kann: Menschlichkeit, Verständnis, Fortschritt, Hilfsbereitschaft. Der Mensch ist gut, trotz allem.« Die armenische Sprachwissenschaftlerin Vanuhi Baghmanyan, die an der

Universität Eriwan lehrt und acht Romane von Remarque ins Armenische übersetzt hat, meinte, dass dessen Romane »auch in allen Kriegsgebieten auf der Welt als eine Art Tröstung gelten«. Margot Käßmann, die ehemalige Ratsvorsitzende der EKD, der Evangelischen Kirche in Deutschland, nannte ihr Lieblingszitat aus Remarques Œuvre: »Ich dachte immer, jeder Mensch sei gegen den Krieg, bis ich herausfand, dass es welche gibt, die dafür sind, besonders die, die nicht hingehen müssen.«

Der Linken-Politiker Gregor Gysi wählte folgendes Zitat von Remarque aus: »Im Jahr 1931 musste ich Deutschland verlassen, weil mein Leben bedroht war. Ich war weder Jude noch war ich politisch links eingestellt. Ich war dasselbe, was ich heute noch bin: ein militanter Pazifist.« Gysi hatte dieses Zitat (in dem Remarque sich selbst verklärt) ausgewählt, weil er, wie er schreibt, »die heutige geistige Situation in unserem Land als unheimlich empfinde«. Warum? »Viele ehemalige Pazifisten, ehemalige Wehrdienstverweigerer etc. überbieten sich gegenseitig in bellizistischen Stellungnahmen.« Die Situation sei heute »selbstverständlich nicht dieselbe wie in der Endphase der Weimarer Republik« – und vor allem sei es heute nicht lebensbedrohlich, sich pazifistisch zu äußern: »Allerdings wird fast reflexartig jede und jeder, der meint, dass politische Auswege gesucht werden müssen, öffentlich als jemand angeprangert, der angeblich die Kapitulation der Ukraine wolle.« Diese Leute, so meint der Linken-Politiker, sollten sich lieber fragen, wie viele Menschen sterben sollen, »damit sie sich in ihrer bellizistischen Prinzipienpolitik gefallen«.

Norbert Walter-Borjans, SPD-Parteichef neben Saskia Esken von 2019 bis 2021, zeigte sich als großer Kenner des Werks von Remarque und resümierte: »Es ist zugleich ein Auftrag, Lehren aus Sprachlosigkeit und ungebremsten Eskalationsspiralen zu ziehen, um dem Krieg in der Ukraine ein rasches Ende zu setzen. Dazu gehören geschlossenes Handeln und klare Ansagen. Dazu gehört aber eindeutig nicht die Verteufelung von Nachdenklichkeit, besonnenem Handeln und der Betonung von Diplomatie im Zusammenspiel mit militärischer Unterstützung. Das Widerwort gegen den apodiktischen Mainstream braucht Mut.« Auch Remarque, so Walter-Borjans, sei mit seinen ungeschminkten Erfahrungsberichten vom Krieg und den Traumata in seinem Gefolge in den Fünfzigerjahren hierzulande nicht nur auf Zustimmung gestoßen. Das sei ein wichtiger Teil seines Vermächtnisses. Johano Strasser, der langjährige Generalsekretär und Präsident des deutschen PEN, verwies darauf, dass nicht nur die Ukraine, sondern auch Russland zu Europa gehöre: Das Russland Putins habe sich in seinem Größenwahn aus dem Kulturraum Europas entfernt, wie es einst Deutschland unter den Nazis tat. Aber als Nazi-Deutschland schließlich besiegt worden war, sei es als ein demokratisches Deutschland in die Gemeinschaft der zivilisierten Völker zurückgekehrt: »Darum sollten wir nicht nur alles tun, um die Ukraine gegen den Aggressor zu verteidigen [...], sondern gleichzeitig die Weiterentwicklung der EU zu einer wirklich handlungsfähigen politischen Einheit vorantreiben und dabei die Langzeitperspektive einer gesamteuropäischen Sicherheits- und Friedensarchitektur unter Einschluss eines demokratisierten Russlands trotz aller gegenwärtig nahezu unüberwindbar erscheinenden Hindernisse nicht aus dem Blick verlieren.« Das Ziel dürfe nicht eine erneute Blockspaltung quer durch Europa sein.

Das war ein trefflicher Kommentar zu einem Positionspapier der Kommission internationale Politik beim SPD-Parteivorstand, in dem unter anderem steht, dass Sicherheit künftig nicht mehr mit, sondern vor Russland organisiert werden müsse. Parteiintern hatten sich dagegen schon Peter Brandt, Ernst Ulrich von Weizsäcker und Gernot Erler, ehemals Staatsminister im Auswärtigen Amt, kritisch geäußert. Wolfgang Lieb, früherer SPD-Regierungssprecher in Nordrhein-Westfalen, hatte in einem Brief an den Parteivorstand gemahnt, sich »eine Politik mit Russland als Option« für die Zeit nach dem Ukrainekrieg offenzuhalten, und sich an einen Satz von Egon Bahr erinnert: »Amerika ist für Deutschland unverzichtbar, aber Russland ist unverrückbar.« Der Satz von Egon Bahr ist immer noch richtig und bedeutsam für die Zukunft.

Es waren dies alles Reflexionen zu Remarque, Gaben auf dem Geburtstagstisch von Remarque. Bundesverteidigungsminister Boris Pistorius hat dann im Herbst 2023 ganz andere, sozusagen alternative Betrachtungen nachgeschoben. Pistorius hat einen besonderen Bezug zur Remarque-Stadt Osnabrück: Er ist dort aufgewachsen, er war von 2006 bis 2013 ihr Oberbürgermeister und stolz darauf, in dieser Zeit alle zwei Jahre den Erich-Maria-Remarque-Friedenspreis verleihen zu dürfen – in dem historischen Saal, in dem 1648 der Westfälische Friede verkündet wurde. Als Oberbürgermeister hätte Pistorius wohl zum Geburtstag Remarques die Friedenstüchtigkeit der Gesellschaft beschworen. Als Verteidigungsminister griff er zum Gegenwort; er forderte, Deutschland müsse »kriegstüchtig« werden. Indes: Die Europäische Union hat den Friedensnobelpreis 2012 nicht deswegen erhalten, weil sie kriegstüchtig werden, sondern weil sie friedenstüchtig sein will und sein soll – und weil ihre Politik auf Vertrauen, Austausch und Begegnung gesetzt hat. Die Pistorius-Forderung nach deutscher Kriegstüchtigkeit ist so irrig, wie es einst der Satz von Verteidigungsminister Peter Struck war, dass die Sicherheit Deutschlands auch am Hindukusch verteidigt werde. Zur Friedenstüchtigkeit gehört die Betonung von Diplomatie und der Wille, dem Krieg in der Ukraine und damit auch dem Flüchtlingselend ein rasches Ende zu setzen. Zur Kriegstüchtigkeit gehört die Verteufelung von Nachdenklichkeit und Besonnenheit.

»Erst wenn der Geist des Kriegs besiegt ist, wird es keinen Krieg mehr geben.« So schreibt Henri Barbusse, der französische Schriftsteller und Politiker 1916 in seinem Kriegstagebuch; es heißt »Das Feuer« und gilt als Vorläufer von Erich Maria Remarques »Im Westen nichts Neues«. Boris Pistorius hat das gewusst, als er Oberbürgermeister von Osnabrück war: »Kriege sind schrecklich, gnadenlos und grausam«, so sagte er in seiner Rede zum Antikriegstag 2008. »Sie können weder heilig noch gerecht sein.« Und was sind sie, wenn sie weder heilig noch gerecht sind? »Sind sie unvermeidlich, gar notwendig oder sind sie unausrottbarer Bestandteil der menschlichen Natur?«, hat der Anglist und Remarque-Kenner Tilman Westphalen daraufhin gefragt.[104]

Das ist das Thema eines Theaterstücks von Ernst Toller, das ist das Thema einer Wette zwischen Napoleon und dem heiligen Franziskus. Die Szene spielt im Himmel, in einem Salon des Olymp. Dort sitzen, bequem auf Wolken und vor dem Feuer eines offenen Kamins, der heilige Franz von Assisi und Napoleon, der sich im Himmel langweilt. Sie führen einen Disput darüber, ob die Menschen von Natur aus eher zum Frieden tendieren oder zum Krieg. »Ich kenne die menschliche Natur«, sagt Napoleon, »ich glaube nicht an das Friedensgeschwätz [...]. Dieselben Menschen, die heute den Frieden preisen, werden morgen den Krieg rühmen.«[105] Der heilige Franziskus widerspricht; Napoleon bietet ihm eine Wette an: »Wählen Sie die friedlichste Stadt auf Erden. Ich werde dorthin ein Telegramm aufgeben, der Krieg ist erklärt.« Franziskus prophezeit: »Die Männer werden beten und sich weigern zu kämpfen. Die Mütter werden ihre Söhne verbergen.« Es werde Napoleon nicht gelingen, aus Frieden Krieg werden zu lassen. Aber es gelingt Napoleon im Nu, die Friedensfeiern im friedlichen Staat Dunkelstein (der seiner Beschreibung nach an Liechtenstein erinnert, gemeint ist das zeitgenössische Hitler-Deutschland) in Kriegsfeiern zu verwandeln. Es ist irrelevant, wer den Krieg erklärt hat – den angeblich so friedlichen Bewohnern Dunkelsteins genügt die vage Angabe: der Erbfeind. Kriegshysterie bricht aus. Der Herrenfriseur Emil erklärt sich zum Führer des Staates, eine Welle von Feindschaft, Gewalt und Rassismus geht über das Land. Eine »Komödie« nennt Ernst Toller sein Theaterstück aus dem Jahr 1934/35, das er im Exil geschrieben hat und das 1936 in London uraufgeführt worden ist. Diese Komödie handelt davon, ob und wie es gelingt, die Tragödie zu beenden – und den Wahn des Herrenfriseurs Emil (in dem man Hitler entdecken mag), der sich zum Führer des nunmehr kriegführenden Staats erklärt hat, wieder zu brechen. Das ganze Stück ist eine bitter witzige Kritik an der Lernunfähigkeit der Menschen; es schwankt zwischen Resignation und Hoffnung.

»Nie wieder Friede!«: Tollers Theaterstück ist ein Lehr- und Lernstück – zum Beispiel zur Verfassung von Baden-Württemberg (Artikel 12), zur Verfassung von Hessen (Artikel 56 Absatz 5), zur Verfassung von Nordrhein-Westfalen (Artikel 7), zur Verfassung von Thüringen (Artikel 22) und zur Verfassung von Brandenburg (Artikel 28). Die Jugend ist »zur Friedensliebe« zu erziehen, heißt es in der Baden-Württembergischen Verfassung, zur »Friedfertigkeit« in den Brandenburgischen und der Thüringischen, zur »Friedensgesinnung« in der Nordrhein-Westfälischen. Und in der Hessischen Landesverfassung steht, wie das gehen könnte: »Der Geschichtsunterricht muss auf getreue, unverfälschte Darstellung der Vergangenheit gerichtet sein. Dabei sind in den Vordergrund zu stellen die großen Wohltäter der Menschheit, die Entwicklung von Staat, Wirtschaft, Zivilisation und Kultur, nicht aber Feldherren, Kriege und Schlachten.« Mit Erich Maria Remarque und seinem Roman »Im Westen nichts Neues« kann man die Friedenspädagogik beginnen; es wäre dies die Umkehrung der staatlich organisierten Erziehung zum Krieg, der bis 1945 viele Generationen ausgesetzt waren; diese Erziehung hat das Sterben im Krieg zum Heldentod verklärt. »Wir sind vollgestopft mit Basisgeschichten der Gewaltverklärung – nicht ihrer Ächtung«, erklärt der Literaturwissenschaftler Jürgen Wertheimer: »Das alles gehört zu unserer kulturellen Ausstattung.«[106] Friedenspädagogik ist der Versuch der Neuausstattung. Mit Ernst Toller und seinem Theaterstück »Nie wieder Friede!« kann man die Friedenspädagogik strukturieren. Zur Friedenserziehung gehört das Einstudieren von Theaterrollen, um so andere Lebenswelten und Biographien durchzuspielen. Zur Friedenserziehung gehört es, Gewaltchiffren zu entziffern: Der große Dramatiker Anton Tschechow gab denen, die ihm nacheifern und große Theaterschriftsteller werden wollten, folgenden Rat: »Wenn im ersten Akt ein Gewehr hängt, muss es im letzten Akt auch abgefeuert werden.«[107] Das ist ein kluger Satz, nicht nur bezogen auf die Gesetze der Aufrüstung. Es ist ein inspirierendes Motto für die Friedenserziehung überhaupt. Wenn man Kindern im ersten Akt ihres Lebens Gewehre in den Schrank hängt, werden sie sie später auch abfeuern. Ein Mensch, der in täglichem Unfrieden, in Armut, in Rohheit und einem Klima von Gewalt aufwächst, wird es schwerer haben, ein friedlicher Mensch zu werden. Friedenserziehung kann nicht früh genug anfangen. Sie ist weniger

Technik als Haltung. Und Haltung hat nur, wer Halt hat, denn nur der hat in Konflikten Rückgrat. Denn Friedenserziehung ist nicht Konfliktvermeidung, sondern Unterricht darin, Konflikte zu erkennen, zu benennen, zu verhandeln und zu lösen – und die unlösbaren auszuhalten. Friedenserziehung ist Bildung in der Kunst des Kompromisses. Sie ist Schule der Neugier, die dem anderen begegnet, ohne gleich zu werten.

Zur Friedenserziehung gehört das Sprachenlernen und das gemeinsame Musizieren. Zur Friedenserziehung gehört es, Schüler in der Schule als Streitschlichter und Mediatoren einzusetzen. Erziehung zum Frieden heißt, den Kindern und Jugendlichen die Erfahrung zu ermöglichen, etwas wert zu sein, etwas zu können, über sich hinauszuwachsen und auch Scheitern und Misserfolge auszuhalten. Und das nicht als Ego-Shooter-Projekt, sondern als Gemeinschaftserfahrung, damit sie zugleich lernen: Auch der andere, den ich eventuell gar nicht leiden kann, ist was und kann was. Friedenserziehung ist Werteerziehung; die kann stattfinden in Themenwochen, durch Patenschaften, beim gemeinsamem Kochen nach internationalen Speiseplänen, bei Leseprojekten in Altenheimen und Kindergärten. Friedenserziehung gelingt durch das Hinterfragen von Heldenbildern, durch Diskussionen über Zivilcourage. Und sie findet nicht nur in der Schule statt und endet nicht mit dem Abschlusszeugnis. Sie ist eine lebenslange Aufgabe, die auch an Universitäten und in Betrieben stattfinden muss, überall dort, wo Interessenkonflikte aufeinanderstoßen. Der Friede ist kein natürlicher Zustand. Er muss gestiftet, er muss geschaffen, er muss gelehrt werden. Die Lehrer brauchen dafür Lehrer. Remarque und Toller gehören zu diesen Lehrern. Vielleicht sollte ein Schulfach oder ein Unterrichtsschwerpunkt »Frieden« eingeführt werden. Dort können Religion, Ethik/Philosophie und Sozialkunde zusammengefasst oder es kann projektbezogen mit den Fremdsprachenfächern, mit dem Deutsch- und Geschichtsunterricht zusammengearbeitet werden. Warum? Da gilt der Satz des Friedensnobelpreisträgers Willy Brandt: »Der Frieden ist nicht alles, aber alles ist ohne den Frieden nichts.«

## Kapitel 7

# Gewalt und Gebet

Am Anfang war der Mord. Die Mythen und Erzählungen der Bibel prägen das kollektive kulturelle Gedächtnis des Westens. Glaube und Religion waren und sind in Gegenwart und Geschichte beides: Kriegstreiber und Kraft zum Frieden. Imagine there's no heaven?

»Es ist wunderbar«, schrieb ein Kriegspfarrer in sein Tagebuch, »nicht Stimmung, sondern nüchterne starke Wirklichkeit, rauh genug bei dem Donner der Geschütze in der Nähe, die die Orgel ersetzen. Wir machen hier nicht in Illusionen und Anschauungen, glauben und erfahren es aber: ›Das Himmelreich ist herbeigekommen!‹« Die Pfarrer an der Front im Zweiten Weltkrieg empfahlen den sterbenden Soldaten, ihren Tod zu begrüßen. In ihren Tagebüchern findet man Einträge, die vom Strahlen auf den Gesichtern und von den Freudentränen der Sterbenden nach dem Empfang der Sakramente schwärmen. »Soldatentod und das Sterben Christi auf Golgatha verschmolzen zu einer Einheit, weil der Soldat durch sein Lebensopfer – so wie Christus – jeglichen Eigenwillen seinen Brüdern geopfert hatte.«[108] Ziel war, dass die Soldaten freudig zum Heldentod bereit waren und ihr Leben für das Vaterland gaben. Darin lag die aus der Perspektive des NS-Regimes wichtigste Aufgabe der Kriegspfarrer, nur deshalb durften sie an der Front als Seelsorger wirken: Seelsorge als Schmiermittel für den Krieg, um die Soldaten geschmeidiger fürs Töten und Sterben zu machen. Dem wollten die Kirchenleitenden gerne nachkommen und ihre Wichtigkeit beweisen. Aber der Hochgesang aufs Opfern funktionierte nur begrenzt. Nicht weil die Soldaten ihren blinden Fleck erkannten und sahen, dass dasselbe ja auch umgekehrt für die Feinde gelten müsse, sondern weil die Realität des Elends die Durchhalteideologie zerstieß. Die Einträge der Seelsorger in ihre Tagebücher zeigen, dass sie zunehmend weniger überzeugt waren vom Sinn ihrer Aufgabe; manche suchten mehr den Trost des Geistes in der Flasche als den Trost des Heiligen Geistes.

Glaube und Religion waren und sind in Gegenwart und Geschichte beides: Kriegstreiber und Kraft zum Frieden. Wie kann das eine gezähmt und das andere gefördert werden? Religiöser Terror ist nicht Alleinstellungsmerkmal von Islam und Dschihadisten; Terror und Gewalt sind bis vor Kurzem auch Spezialitäten des Christentums gewesen. Die Rechtsextremisten, die das »christliche Abendland« verteidigen wollen (und Patriarch Kyrill, das Oberhaupt der Russisch-Orthodoxen Kirche, erst recht) beweisen, dass die Gewalttat im Namen Jesu nicht die Akne des Christentums ist, die sich mittlerweile ausgewachsen hat. Christen haben Juden massakriert, Christen haben Kreuzzüge unternommen, Christen haben Hexen verbrannt, Christen haben sich gegenseitig gemetzelt im Dreißigjährigen Krieg. Christen haben freudig den Ersten Weltkrieg als Gottes Walten in der Geschichte begrüßt, und sie haben sich in Hitlers Dienst gestellt und den Vernichtungskrieg im Osten geistlich unterstützt. Das alles nicht, weil Ungläubige sie dazu gezwungen hätten, sondern in voller Überzeugung; sie konnten das alles an der Heiligen Schrift belegen.

Wie das funktionieren kann, hat Georg Wilhelm Friedrich Hegel in seinen Vorlesungen über die Geschichte der Philosophie mit feiner Ironie erklärt: »Man hat so, kann man sagen, aus der Bibel eine wächserne Nase gemacht: dieser findet dies, jener jenes darin; ein Festes zeigt sich gleich als unfest, indem es betrachtet wird vom subjektiven Geiste.«[109] Kurz gesagt: Die Bibel ist biegsam wie Wachs, man kann sie nach Belieben in alle Richtungen drehen. Wenn man sucht, findet man immer den passenden Bibelvers, der die eigene Meinung, den eigenen Zweck und die eigenen Mittel heiligt. Und wenn man Sätze aus ihrem Kontext reißt, kriegt man es immer hin, ihren Sinn so zu verdrehen, dass sie den eigenen Zielen dienen können. Nichts ist hier fest, das beweist die Wirkungsgeschichte der Texte eindrücklich. Zum Beispiel findet der Pazifist den bereits zitierten (in Kapitel 3, S. 75) Satz: »Steck dein Schwert wieder an seinen Ort. Denn wer zum Schwert greift, wird durch das Schwert umkommen.« (Matthäus 26,52) Wenn man die wächserne Nase der Bibel umdreht, findet man einen anderen Satz, der nach dem glatten Gegenteil klingt: »Ihr sollt nicht meinen, dass ich gekommen bin, Frieden zu bringen auf die Erde. Ich bin nicht gekommen, Frieden zu bringen, sondern das Schwert.« (Matthäus 10,34) Und schon hat der Bellizist die sakrale Begründung zum Dreinschlagen, die er braucht.

Die Bibel strotzt vor Rachephantasien, vor Gewaltorgien, vor brutalen Gesetzen, vor Mord und Vergewaltigung. Ihre Verteidiger haben zwei Fluchtwege daraus gefunden. Fluchtweg Nummer eins ist der antijüdische: Man erklärt das Alte Testament zum Buch von Hass und Vergeltung und verklärt das Neue Testament zu seiner Überwindung durch Jesus, den Lehrer von Liebe und Gnade. Dieser vermeintliche Ausweg jedoch führt schnurstracks in die Sackgasse des Antisemitismus. Es sind dann die Juden, die das Liebesevangelium nicht angenommen und dessen Prediger Jesus ermordet haben. Das beliebte hermeneutische Muster, das Neue Testament als Überbietung, Überwindung oder Überholung des Alten Testaments zu verstehen, ist also selbst gewaltförmig und Gewalt fördernd. Es heizt das Ressentiment gegen Juden und Judentum an. Es negiert, dass Jesus selbst Jude war und sich nie anders als jüdisch verstanden hat. Es vergisst, dass Paulus ein jüdischer Schriftgelehrter war. Und es verkennt, dass die Evangelien aus jüdischer Tradition kommen und in rabbinischer Tradition als »Midrasch«, als Auslegung der Tora und der Propheten gelesen werden wollen. Es gibt hier keinen Abbruch, sondern kritische Kontinuität. Fluchtweg Nummer eins gehört zum Gewaltrepertoire des Antisemitismus.

Fluchtweg Nummer zwei: Man vernachlässigt die Gewalt-Texte und tut so, als gäbe es sie nicht. Man schneidet die schneidigen Psalmverse, die Rachephantasien enthalten, aus dem Gesangbuch; man predigt einfach nicht über die rabiaten Kriegstexte. Stattdessen zitiert und spricht man allein über die Gegentexte, über die Texte, die von Frieden, Liebe und Barmherzigkeit handeln. Es gibt diese strahlenden Friedensbotschaften zweifellos, und es gibt sie mindestens in so großer Menge wie die finsteren Texte. Aber die Visionen von Frieden und die Gebote von Barmherzigkeit und Liebe, die es im Alten wie im Neuen Testament gibt, decken die Gewalttexte nicht zu und heben sie nicht auf. Die Gewalttraditionen der Bibel sind kein Erbe, das man ausschlagen kann.[110] Dieses Erbe wirkt weiter, es hat in den Kriegen der Vergangenheit gewirkt, es wirkt bis heute in die Moral und die Mentalitäten der säkularen Gesellschaften hinein. Die Mythen und Erzählungen der Bibel prägen das kollektive kulturelle Gedächtnis des Westens. Das hat nichts damit zu tun, ob sie im religiösen Sinn geglaubt werden oder nicht.

Der Ägyptologe Jan Assmann hat erläutert, wie wir uns diese Tiefenwirkung vorzustellen haben:[111] Das kollektive Gedächtnis einer Gesellschaft bildet sich interaktiv; Individuen und Gruppen sprechen über ihre Erinnerung und über die Erinnerung der Erinnerung. Im kollektiven Gedächtnis unterscheidet Assmann das kommunikative Gedächtnis vom kulturellen Gedächtnis. Ersteres sind Erinnerungen, die der Mensch mit seinen Zeitgenossen teilt; sie beziehen sich auf die jüngste Vergangenheit. Es ist ein sehr lebendiges Gedächtnis. Was »wahr« und was »falsch« ist, entscheiden die Loyalität zur Gruppe und die Identität der Gruppe, die sich selbst darin weiterentwickelt. Das kommunikative Gedächtnis lebt circa 80 Jahre, so lange also, wie noch Zeitzeugen leben. Einiges aus diesem kommunikativen Gedächtnis verfestigt sich dauerhaft zum kulturellen Gedächtnis, und zwar durch kulturelle Formung, unter anderem durch bewusste Erinnerungskultur, durch organisierte und zeremonialisierte Kommunikation über die Vergangenheit. Dazu gehören zum Beispiel Feiertage, kultische Praxis, Verschriftlichung des Erzählten, Kanonbildung. Das Erzählte wird in diesem Prozess in ein kulturelles Gedächtnis überführt. Geschichte wird zum Mythos. »Dadurch wird sie nicht unwirklich, sondern im Gegenteil erst Wirklichkeit im Sinne einer fortdauernden normativen und formativen Kraft. [...] Fundierende Geschichten nennen wir ›Mythos‹. Diesen Begriff stellt man gewöhnlich der ›Geschichte‹ gegenüber und verbindet mit dieser Gegenüberstellung zwei Oppositionen: Fiktion (Mythos) gegen Realität (Geschichte) und wertbesetzte Zweckhaftigkeit (Mythos) gegen zweckfreie Objektivität (Geschichte). Beide Begriffspaare stehen seit längerem zur Verabschiedung an. Falls es so etwas gibt wie Texte, in denen eine aseptische Vergangenheit von jeder rekonstruktiven Phantasie und jedem wertorientierten Interesse ungerührt zur Darstellung kommt, dann sind sie für die Antike nicht zu erwarten [...]. Vergangenheit, die zur fundierenden Geschichte verfestigt und verinnerlicht ist, ist Mythos, völlig unabhängig davon, ob sie fiktiv oder faktisch ist. [...] Nur bedeutsame Vergangenheit wird erinnert, nur erinnerte Vergangenheit wird bedeutsam.«

Der biblische Kanon gehört zu dieser bedeutsamen normgebenden Vergangenheit, die nicht vergeht, besonders die Mythen von der Erschaffung der Welt, vom Paradies, von den ersten Menschen, von der Sintflut. Sie sind »wirklich« im Wortsinn, sie wirken fort. Sie sind Urgeschichte, nicht im Sinne von uralten Histörchen, sondern von ureigenen Fragen des Menschseins und dem Ursprung der Humanität in der Welt, wie sie ist. Es ist dies eine Welt voller Gewalt, die nach Deutung und Orientierung verlangt. Es kann nicht hoch genug bewertet werden, was der orientierende Mythos vom Beginn der Menschheit erzählt. Er erzählt, dass Kain, das erste Kind des von Gott geschaffenen ersten Menschenpaares, ein Mörder ist. Im Anfang war der Mord! Der Mythos geht sofort in die Vollen, mitten hinein in die verstörendste historische Realität, der man sich zu stellen hat, wenn man über den Menschen und seine Humanität nachdenkt: Der Mensch bringt seinen Bruder um. Die brutale Unverblümtheit der Erzählung mag abstoßend wirken. Jedoch muss man sich fragen, was für einen Sinn überhaupt eine »heilige Schrift« hätte, die sich über diese Realität ausschweigen würde. Sie hätte keinen Sinn – denn nur das, worüber geredet wird, kann verstanden und verändert werden. In der Geschichte vom ersten Bruderpaar Kain und Abel sinnt die Bibel darüber nach, woher die Gewalt kommt und wie man sie zähmt. Darum nämlich geht es – ihre Realität begründet keine Legitimität. Das ist eine enorm wichtige Unterscheidung. Sie ist oft genug, zu oft in der Geschichte, vergessen oder verdrängt worden.

Schon die Ouvertüre der Kain-und-Abel-Geschichte zeigt an, worin eine Ursache der Gewalt liegt: in der Ungleichheit und im Machtgefälle unter den Menschen. Beredt sind schon die Namen der Brüder. Der Name Kain sagt etwas aus über diesen Mann. Er ist ein echter »Kerl«, ein Macher. »Ich habe einen Mann geschaffen« (Gen 4,1), ruft Eva nach der Geburt aus, nachdem sie ihm seinen Namen gegeben hat; und im Namen Kain klingt das hebräische Wort für »schaffen«. Kain ist der Erstgeborene, der Erbe, der neue Patriarch. »Kain« ist der Potente, der etwas kaufen und besitzen kann, der etwas schafft. Ganz anders sein Bruder Abel, deutlich die Nummer zwei, nicht nur numerisch. Er trägt die Schwäche schon im Namen, der buchstäblich nichts als Schall und Rauch ist; Hebräisch: »häbäl« – heißt übersetzt »Nichts« oder »Hauch«, »Dunst«. Er ist das arme Würstchen, das Nichts-chen. Abel ist nichts als Bruder, der Bibeltext hämmert das Wort siebenmal ein.

Woher kommt die Gewalt? Woher kommt die Lust, den Menschenbruder, und zwar den schwächeren, umzubringen? Sie kommt aus dem rasenden Ärger. Nichts ist ärger als dieses brennend-zornige Gefühl, das die Lust weckt, irgendetwas kaputtzuschlagen. Kain, der Brudermörder, ist der Prototyp des Menschen, der von seinem Ärger aufgefressen wird, er ist ein Verbrecher aus vermeintlich verlorener Ehre. Er ist Ackerbauer und opfert für Gott Früchte. Abel ist Schafhirt und opfert für Gott ein Lamm. So kennen es viele Christinnen und Christen schon aus ihrer Kinderbibel: Der Rauch von Abels Opfer steigt kerzengerade in den Himmel, der Rauch von Kains Opfer bleibt am Boden. Gott beachtet also nur Abel und nicht Kain. Warum? Darüber sind Bücher mit Spekulationen gefüllt worden. Im Bibeltext steht nicht, warum. Dabei möchte man es so gern wissen. Warum hat der eine mehr Glück als der andere? Warum ist der eine vom Himmel begünstigt, warum wird der andere nicht gesehen? Warum? Und warum steht da nichts über das Warum?

Die Geschichte hat hier eine Lücke. Es ist die Lücke, die beredt ist. Es ist die Lückenhaftigkeit der Gerechtigkeit. Gerechtigkeit geht nicht auf wie eine mathematische Gleichung. Es ist oft genauso im Leben: Der eine hat eine fette Herde, dem anderen wird die Ernte verhagelt. Der eine wird mit dem silbernen Löffel im Mund geboren, der andere in der Gosse. Der eine hat eine Mutter, die ihn liebt, der andere einen Vater, der ihn hasst. Die eine zieht bei der Lotterie der Natur das große Los, die andere zieht die Niete. Der eine erbt Talent und Durchsetzungskraft, der andere Krankheit und Antriebsschwäche. Der eine kriegt einen klugen Kopf, der andere ein schwaches Herz. Der eine ist sein Leben lang gesund, der andere wird mit einer schweren Behinderung geboren. Die Natur ist ein Gerechtigkeitsrisiko. Das Schicksal gibt dem einen und dem anderen nicht. Warum auch immer. Man fühlt sich nicht beachtet. Der andere kommt besser weg. Einfach so, weiß der Himmel warum. Warum der und nicht ich? Man ist tief gekränkt. Damit, mit dieser Frage und mit diesem Frust, muss jeder, aber auch wirklich ein jeder irgendwann irgendwie zurechtkommen – das ist die kleine Gerechtigkeit in der Ungerechtigkeit. Jeder muss zurechtkommen damit, dass ein anderer vor ihm drankommt, womöglich einer, der das gar nicht verdient hat.

Kain kommt damit nicht zurecht. »Kains Gesicht fiel«, heißt es wörtlich im Text. Man kennt das: Der Ärger drückt so sehr, dass er den geraden und aufrichtigen Blick erdrückt. Man schaut nur noch auf die Kränkung und empfindet sie als Demütigung. Es überläuft ihn heiß, steht im Bibeltext über Kain. Er ist nämlich jemand, den es besonders quält, wenn er sich zu kurz gekommen fühlt. Ist er doch eigentlich derjenige, der mit stolzem Blick geht und die Blicke auf sich zieht. Die Gewalt beginnt dort, wo der Unbeachtliche beachtet wird, wo also die vermeintlich natürliche Ordnung nicht mehr funktioniert und angeblich natürliche Privilegien infrage gestellt werden. Gott spricht Kain an: Warum entgleiten dir deine Gesichtszüge? Wenn dir Gutes gelingt, schaust du doch stolz; wenn dir aber nichts Gutes gelingt, lauert die Sünde an der Tür. Hier taucht das Wort Sünde zum ersten Mal in der Bibel auf, eben nicht beim sogenannten Sündenfall, nicht beim Biss in die Frucht, mit der Adam und Eva sich die Autonomie nehmen. Autonomie an sich ist nicht Sünde, aber sie macht für die Sünde anfällig. Die lauernde Sünde erscheint hier wie ein Dieb, der nur die richtige Gelegenheit abwartet, den Moment, wo man die Tür offenstehen hat. Der gekränkte Narzissmus Kains hat die Tür für die Sünde geöffnet. Gott warnt den Kain vor dem, was er in seinem finsteren Blick sich anbahnen sieht. Aber Kain lässt sich nicht aufhalten. »Da wollte Kain seinem Bruder Abel etwas sagen – doch als sie auf dem Feld waren, erhob sich Kain gegen seinen Bruder Abel und tötete ihn«: Das ist brutal gestörte Kommunikation. Es gelingt Kain nicht, mit Abel zu sprechen, es gibt kein brüderliches Gespräch. Dann »erhob sich« Kain, so steht da in beredter Formulierung. Der, der ohnehin oben steht, erhebt sich noch mal mehr über den Abel, den Nichtigen, und erschlägt ihn.

»Was hast du getan? Laut schreit das Blut deines Bruders zu mir vom Acker her«, stellt Gott den Mörder zur Rede. In der biblischen Vorstellungswelt ist das Blut der Sitz des Lebens. Abel, der bisher kein Wort redete, bekommt hier eine Stimme. Gott hört den Schrei des Opfers. Und er spricht zum Täter: »Verflucht bist du, weg vom Acker, der das Blut deines Bruders von deiner Hand geschluckt und aufgenommen hat! Wenn du den Acker weiter bearbeitest, wird er dir seine Kraft nicht mehr geben. Heimatlos und ruhelos musst du auf der Erde sein.« Das ist kein Urteil, und das ist keine Strafe und auch keine Sühne. Es ist eine Feststellung über den Täter und über den blutigen Acker. »Bloodlands«,[112] Blutlande, hatte der Historiker Timothy Snyder die Landstriche im Osten unseres Kontinents genannt, in denen Kriege, Massenmorde und Hungersnöte zu einer monströsen Gewaltwalze anschwollen, in Polen, Weißrussland, der Ukraine bis nach Russland. Wieder grassiert dort jetzt die Gewalt, wo über so viele Jahrhunderte lang das Blut der Opfer zum Himmel schreit. Wo preußische und habsburgische, zaristische, polnische und ukrainische Heere durchzogen, wo Stalin seine Hungerlager errichtete und die Schlote von Hitlers Todesfabriken rauchten, dort wüten jetzt russische Heere.[113]

Und auch der Täter bekommt die Konsequenzen seiner Tat existentiell zu spüren. Auch das folgt aus dem Gesetz des Stärkeren. Er, der Stärkere, hat keinen Bruder mehr. Er schneidet sich selbst die Existenzgrundlage ab. Denn auch der Stärkere ist irgendwann der Schwächere. Es ist das Verhängnis des Brudermordes; es ist der Fluch der bösen Tat, der den Täter trifft. Da weicht Kains Eigensinn dem Schrecken. Kain erkennt erschaudernd, was ihm blüht: »Du hast mich heute vom Ackerland verjagt und ich muss mich vor deinem Angesicht verbergen; rastlos und ruhelos werde ich auf der Erde sein und wer mich findet, wird mich erschlagen«, jammert er und kapiert nicht, dass kein Gott ihn verjagt hat, sondern er sich selbst, er, der der Jäger seines Bruders wurde, statt ihm Hüter zu sein. Der Jäger wird zum Verjagten, der Verjagte zum Gejagten. Er wird zum Schutzlosen, zu einem, der Asyl sucht und es nirgends finden wird. Wieso sollte denn er jetzt einen finden, der ihn behütet? Es ist dieses Betriebssystem der Erbarmungslosigkeit, das die biblische Geschichte erklären will.

In jedem veritablen Sandalenfilm würde der Mörder am Ende zur Strecke gebracht. Nicht so im biblischen Mythos vom Brudermord. Er erhält das sprichwörtliche »Kainsmal«, das im gewöhnlichen Sprachgebrauch ein Stigma bezeichnet, das einen Übeltäter der Verachtung preisgibt. Das Gegenteil ist aber hier der Fall. Der Mörder Kain, der sich fürchtet, der Rache anheimzufallen, bekommt von Gott ein Schutzmal, das ihn vor Blutrache und Todesstrafe bewahrt. Es ist der Stempel »Asyl«, der ihn vor Verfolgung und Tod schützt. Der Mörder Kain darf leben. Er lässt sich nieder im Land Nod, wird erzählt. Der Name Nod ist keine geographische Bezeichnung. Es gibt den Ort auf der Landkarte nicht. Nod heißt übersetzt: »Unruhe«. Der Gewalttäter lebt im Status dauernder Unruhe.

Und schließlich kommt die Pointe der Geschichte: Kain wird zum Städtegründer und zum Ahnherrn der Kultur und Zivilisation. Versteckt sich in diesem Narrativ die Erfahrung, dass die Metropolen, auch die des Altertums, mit ihrem urbanen Leben und ihren Annehmlichkeiten, ihrer Kultur, ihrem Fortschritt und ihrer Technologie, nicht nur das gute Leben verkörpern, sondern auf Gewalt gebaut sind? Steckt darin die Erfahrung, dass das, was den einen besseres Leben bringt, mit dem Tod von anderen erkauft ist?

Eine der schockierendsten Gewaltgeschichten der Bibel ist die Erzählung von der Sintflut, und zwar, weil Gott selbst hier zum brutalen Mörder an seiner ganzen Welt wird. Er rottet alles Leben, dessen Schöpfer er doch ist, gnadenlos aus. Als er feststellt, dass die Bosheit der Menschheit überhandnimmt, verhält er sich wie ein gekränkter narzisstischer Idealist: Wenn das, was ist, nicht so ist, wie ich will, soll es gar nicht sein. Dieser Gott will das Böse vernichten, indem er die Bösen vernichtet. Und in seinem glühenden Eifer tötet er nicht nur den Mann, sondern auch die Maus. Der Mythos von der großen Flut ist ein Menschheitsmythos, es gibt ihn in unterschiedlichen Versionen auch in den anderen Religionen des Altertums. Die Völker am Nil und im Zweistromland verarbeiten darin ihre Erfahrungen mit der gewalttätigen Natur. Das biblische Narrativ ist also eines unter anderen. Seine Spezialität ist, dass es die Naturgewalt ursächlich mit dem ungerechten Tun der Menschen in Verbindung bringt. Weil die Gewalt unter Menschen überbordend wird, entfesselt Gott die Naturgewalt, die sich gegen die Menschen kehrt und sie vernichtet. Auch wenn darin in Zeiten der menschengemachten Klimakatastrophe erstaunliche Hellsichtigkeit steckt: Man kann, man muss entsetzt sein über diesen Gott, der sich gebärdet wie ein fundamentalistischer Massenmörder, der die Welt gut und rein haben will und deshalb in die Luft jagt, was nicht seinem Ideal entspricht.

Sein vorsintflutlicher Wahn heißt: »Fiat justitia et pereat mundus.« Es ist ein Wahn, der Gerechtigkeit schaffen will, auch wenn die Welt darüber ins Verderben stürzt. Es ist dies ein Muster, das unendlich vielen Gewaltexzessen zugrunde liegt: Die gerechte Sache, die Gewalt und Mord und Krieg legitimiert – das ist für den Inquisitor die reine Lehre der heiligen Katholischen Kirche, für den Mullah der religiöse schiitische Gottesstaat, für die RAF-Terroristin die Überwindung des Kapitalismus, für den Nazi das eigene wahre Volk. Das totalitäre Muster, das nichts anderes zulässt als die eigene Moral, den eigenen Glauben und die eigenen Reinheitsvorstellungen – dieses Muster ist bedrückend ähnlich. Das heißt nun nicht, dass die mörderischen Mittel sämtliche Ziele disqualifizieren. Das heißt nicht, dass, egal, ob Kampf gegen rassistische Unterdrückung oder Kampf für die völkische Reinheit, die dabei ausgeübte Gewalt am Ende alle Katzen grau macht. Aber kein noch so hehres Ziel kann es heiligen, Massenmorde zu verüben, um Schrecken zu verbreiten – oder gar die atomare Apokalypse in Erwägung zu ziehen, um auf diese Weise angeblich die freie Welt zu retten.

Die Kraft der Sintfluterzählung liegt darin, dass sie diesem totalitären Denken den Garaus macht. Und das geht kaum konsequenter als damit, einen Konflikt im Gottesbild selbst zu inszenieren. Die Sintflutgeschichte erzählt von einer Umkehr des gewalttätigen Gottes, der sich von einem beleidigten Fundamentalisten, für den die Welt sehr gut sein muss, in einen Realisten wandelt, für den sie mangelhaft sein und trotzdem bestehen darf. Der Gott wird zu einem Gott, der Kompromisse schließt und die zweitbeste der Welten akzeptiert. Die Geschichte endet mit der göttlichen Zusage »Nie wieder!«, sie endet mit dem Eingeständnis: Weil der Mensch böse von Jugend auf ist, will ich die Erde nicht mehr verderben. Was Gott zuvor Grund für den Gewaltexzess war, dass der Mensch eben böse ist, ist ihm jetzt Grund dafür, seinen Frieden mit der Welt zu machen, ohne sich mit dem Unfrieden in ihr abzufinden: So ist er, der Mensch, dafür muss ich ihn nicht umbringen. Einem Gott, der so denkt, müssten Gläubige entsprechen, die dieselbe Toleranz aufbringen.

Die Abkehr von einem fundamentalistischen Gottesbild ist jedoch keine Abkehr von einem kriegerischen Gottesbild. Die Narrative von der Landnahme Israels und auch die von den berühmten Königen Saul und David beinhalten beklemmend viele Episoden von Kriegen. Der Herr »Zebaoth«, der Herr der (Heer-) Scharen, tritt auf als Kriegsgott, der Kriege befiehlt und sie sogar selbst führt. Das war eine oft anzutreffende Vorstellung im alten Orient, aber das macht sie nicht weniger verstörend. Die Erzählungen erschrecken durch besondere Grausamkeit, die darin besteht, dass der »Bann« an den Feinden vollstreckt wird; damit ist die Ausrottung der gesamten besiegten Bevölkerung gemeint. Diese grausamen Texte haben eine grausame Wirkungsgeschichte, deshalb sind sie nicht unschuldig. Sie sind auch nicht vor Kritik gefeit, weil sie für Christen »Heilige Schriften« sind. Im Gegenteil, es muss ganz im Interesse von Christen sein, sie der kritischen Untersuchung zu unterziehen.

Der Bruch des Christentums mit der strikten Gewaltlosigkeit kam spätestens mit der Konstantinischen Wende, als das Christentum Staatsreligion wurde. Zuvor hatten Christen konsequent den Kriegsdienst verweigert. Nun, da sie in politische Ämter gelangten, stellte sich die Frage nach der Beteiligung an staatlicher Gewalt. Die gewonnene Beteiligung an Macht und Verantwortung stellte die Christen vor politische und ethische Fragen, die bis heute virulent sind: Darf man Gewalt ausüben, um sich gegen Gewalt zu wehren? Kann man Gewalt mit Gewalt mindern? Teil der Staatsgewalt geworden, gab das Christentum die Abstinenz von Gewalt auf, es gebrauchte sie schließlich selbst, setzte sie am Ende ein für den grausamen »guten Zweck«: Untertanen zum Christentum zu bekehren und das Heilige Land von den Heiden zu befreien. Das war die Idee der Kreuzzüge, die als Heilige Kriege zum Teil nach dem Vorbild der Gotteskriege des Alten Testaments durchgeführt wurden – obwohl dem Alten Testament der Begriff des Heiligen Krieges fremd ist, nicht zufällig, wie noch zu zeigen ist. Der Schall der himmlischen Posaune gehört zum Aufruf zum Kreuzzug. Anstelle der Bundeslade werden dem Heer Reliquien vorausgetragen. Unter dem Motto »Deus vult«, »Gott will es«, zogen die Kreuzritter erstmals 1096 aus, um Jerusalem von den Ungläubigen zu befreien. Diejenigen, die daheim blieben, fanden sich dieser Aufgabe vor der Haustür verpflichtet und verübten mörderische Pogrome an der jüdischen Bevölkerung.

Der Gedanke, dass Kriege eine höhere »Mission« haben, und das Motto »Gott will es«, hatten sich nicht erledigt mit den Kreuzzügen. Zu Beginn des Ersten Weltkriegs, am 6. August 1914, richtete sich Kaiser Wilhelm II. mit einem Aufruf an das deutsche Volk. Darin sagte er: »Darum auf! Zu den Waffen! Jedes Schwanken, jedes Zögern wäre Verrat am Vaterlande. Um Sein oder Nichtsein unseres Reiches handelt es sich, das unsere Väter sich neu gründeten. Um Sein oder Nichtsein deutscher Macht und deutschen Wesens. Wir werden uns wehren bis zum letzten Hauch von Mann und Roß. [...] Vorwärts mit Gott, der mit uns sein wird, wie er mit den Vätern war.«[114]

Das Echo aus den Kirchen kam prompt: »In der ersten Kriegsansprache des EOK, der Zentralbehörde der preußischen Landeskirche, vom 11. August 1914 heißt es unter anderem: »Mit hoher Freude sehen alle, die unser Volk lieb haben, wie unter der Not des mit ungeheurem Frevelmut aufgezwungenen Krieges das religiöse Bedürfnis in unseren Gemeinden erwacht. Gottesdienste und Gotteshäuser füllen sich. Scheinbar erstorbene Glaubensfunken leuchten wieder auf. An vielen Orten sind die Heerespflichtigen unter Fürbitte der Gemeinde zur Armee gezogen. Man fühlt:

Gott spricht in der Not der Schlachten zu unserem Volke. Und Gott sei Preis: unser Volk findet Seinen Gott wieder und spricht zu ihm als seinem festen Hort und seiner starken Zuflucht. Man kann sagen: ein Feld weiß und reif zu einer Geisteserente liegt vor uns!‹«[115] Der Krieg mit seiner »Geisteserente« wurde von zahlreichen Theologen wie ein neues Pfingsten empfangen und gefeiert. Es ging nicht um Verteidigung; es ging um die von Gott aufgetragene Aufgabe, die deutsche Sittlichkeit, die deutsche Kultur, deutsches Wesen in die Welt zu tragen: »Und über alles setzen wir all unsere Hoffnungen auf Gott, daß er durch uns eine herrliche Zukunft des Vaterlandes heraufführe, daß er uns ehrenvoll und siegreich aus diesem Krieg hervorgehen lassen werde, daß er die Welt an deutschem Wesen werde genesen lassen.«[116]

Ähnliche Töne finden sich auch – dem Friedensaufruf des Papstes Benedikt XV. zum Trotz – auf katholischer Seite: »Ganz ähnlich verstand der katholische Pfarrer Karl Th. Hafner den Krieg als eine Offenbarung Gottes, der ›sehr vernehmlich [...] mit Kanonendonner, mit Blut und Eisen‹ durch die Welt gehe; dieses ›majestätische Gehen Gottes durch die Welt miterleben zu dürfen‹, sei ›Gnade‹, und den Teilnehmern des großen Völkerringens gelte das Bibelwort ›Selig die Augen, die sehen, was ihr seht‹. Der katholische Feldpropst Bischof Faulhaber verglich den Krieg mit der ›Erscheinung des Herrn im Dornbusch, die uns lehrt, vor dem Heiligtum in Ehrfurcht die Schuhe von den Füßen zu ziehen‹.«[117]

Die Kriegsprediger picken in der drastischen Kritik der biblischen Propheten über ungerechte Zustände im Land nach Futter für ihre Hassreden gegen Frankreich und England, die sie als Hort der Unsittlichkeit brandmarken. Sie verdrehen die Hoffnungsvisionen der Bibel in Durchhalteparolen. Sie schaffen es sogar, der Bergpredigt eine wächserne Nase anzupappen und sie zu verdrehen. Noch einmal Bischof Faulhaber: »›Dem Böswilligen nicht widerstehen‹, heißt das, das Böse ohne jeden Widerstand Herr werden lassen? ›Die andere Wange hinhalten‹, heißt das, gutmütig von rechts und links sich beohrfeigen und alle Schmach und alles Unrecht sich bieten lassen und in allen Rechtsfragen nachgeben, ohne mit der Wimper zu zucken? ›Will dir einer den Rock nehmen, laß ihm auch den Mantel dazu‹, heißt das: wollen sie euch Elsaß nehmen, gebt ihnen Lothringen noch dazu, und wollen sie Ostpreußen, gebt ihnen Westpreußen noch dazu? [...] Das Wort vom Nichtwiderstehen und Hinhalten der anderen Wange ist überhaupt keine sozialrechtliche Richtlinie [...] Das Gebot der Feindesliebe ist auch im Kriege nicht aufgehoben [...] Mit einem Fluch auf den Lippen sollen unsere Feldgrauen nicht sterben. Die Zeit des Fluchpsalmen ist mit dem Evangelium endgültig vorüber. Die reinere, reichere, stärkere Kraft ist die Liebe, die Liebe für König und Vaterland und Heimat.«[118] Man fasst es nicht und muss es deshalb noch einmal übersetzen: Feindesliebe ist es, wenn ein sterbender deutscher Soldat nicht in seinen letzten Atemzügen den Franzosen drüben verflucht, der ihm die tödliche Kugel in die Brust geschossen hat.

Aus diesem Gebrauch der biblischen Erzählungen von Gotteskriegen als ideologische Aufrüstung und Vorlage für Ausrottungs- und Vernichtungskriege könnte man folgern, sie am besten in einen Giftschrank für toxische Texte zu legen und fest zu verschließen. Aber das wäre falsch. Im Sinne von Aufklärung und Erziehung zum Frieden ist es schlauer, die Texte zu entgiften. Dazu muss man sie genau betrachten und schauen, was hinter der wächsernen Nase der Auslegung an festem Textmaterial steckt, denn Auslegung mag zwar subjektiv sein, sie ist aber nicht beliebig. Dazu gehört zuerst festzuhalten: Die Schriften sind entstanden in einem Land, das kaum eine Zeit ohne Kriege kannte, das fast durchgängig auf der Seite der Opfer stand und zur Beute der Imperien wurde, gelegen in einer Region, die bis heute das Augenmerk der geopolitischen Interessen von Großmächten auf sich zieht. Die Kriegserzählungen sind Spiegel der Realität. Aber: Wie spiegeln sie diese Realität zurück? Denn sie sind keine historischen Protokolle, sondern mythologisch grundiert und Teil eines Befreiungsnarrativs. Zu diesem Rahmen gehört es dann auch, den kategorialen Unterschied zu verstehen zwischen der Freude der Opfer über den Tod der Angreifer und dem Johlen der Mörder über den Tod der Opfer. Die Kriegsgeschichten und Rachepsalmen im Alten Testament sind in der großen Mehrheit der ersten Kategorie zuzuordnen: Es sind Triumph- und Widerstandsgeschichten der Opfer.

Die Kriege des Alten Testaments sind Kriege Gottes. Sie haben sakralen Charakter; die Krieger müssen sich zuvor reinigen. Unter dem hässlich befremdlichen Anblick dieser Idee liegt eine bemerkenswerte Überzeugung: Kriege sind keine Mittel der Politik der Herrscher, die ihre imperialen Interessen mit Waffengängen durchsetzen. Sie sind es in diesem Verständnis nicht, und sie dürfen es auch nicht werden. In diesen Zusammenhang gehört, dass das Alte Testament die Volkszählung als Sakrileg ächtet. Volkszählungen nämlich haben den Sinn, die Waffenfähigen zu ermitteln und die Ressourcen für Kriege zu heben. Gottes Kriege sind Kriege zur Rettung und zum Erhalt seines bedrohten Volkes. Auf gewisse Weise gilt das auch für die wohl bekannteste der biblischen Kriegserzählungen, die Einnahme Jerichos. Sie hat alle Ingredienzen, die sie zum Fantasythriller machen: eine Festung, Spione bei Nacht, eine Hure, bei der sie unterschlüpfen, viel Krach, und vor allem: Es geht um Gut gegen Böse. Besonders spektakulär ist die Einnahme der mächtigen Stadt: Mit Posaunen, vorweg die Priester, zieht Israel siebenmal um die Stadtmauer. Dann stößt das Volk einen gewaltigen Jubelschrei aus, und die Mauern fallen in sich zusammen. Danach fallen alle Einwohner dem Schwert zum Opfer, bis auf die Hure Rahab und ihre Familie, die als Kennzeichen ein rotes Band aus dem Fenster gehängt hat.

Man muss diese Geschichte so ausführlich erzählen, weil sie zeigt: Dies ist eine fast aberwitzige Inszenierung und Verzeichnung des Krieges. Sie protokolliert nicht Geschichte, sie inszeniert vielmehr eine phantastische Story vom Kampf zwischen Gut und Böse. Dieser Kampf geht ganz so aus, wie es sich für das Genre gehört. Das Böse geht mit Pauken und Trompeten unter, und das Gute triumphiert. Der Ort, an dem die Story spielt, war zu ihrer Entstehungszeit vor zweieinhalbtausend Jahren längst eine verlassene Ruine. Da stöhnte Israel unter Besatzung und sah kaum noch eine Zukunft. Die Festung Jericho steht für die schier unbesiegbaren, aggressiven Großmächte, die das Land bedrohen. Die Erzählung vom Sieg über sie ist ein Anti-Verzweiflungs-Narrativ, das die Opfer von Gewalt und Blutvergießen gegen die erfahrene Wirklichkeit stellen. Die sogenannte Landnahme ging historisch ziemlich unspektakulär vonstatten: schlicht in einem lange währenden Prozess der Migration und mit den üblichen Konflikten um Verteilung und Identität, die damit einhergehen.

Über das »Kriegsrecht«, das im 20. Kapitel des Buches Deuteronomium formuliert ist, urteilt der Alttestamentler Jürgen Ebach denn auch so: »Nun, es gäbe kein wirksameres Mittel zur faktischen Verhinderung realer Kriege, als wenn man sich an diese Anweisungen hielte. Dann nämlich dürften zunächst einmal alle die potentiellen Soldaten zuhause bleiben, die noch eine Frau zu heiraten, ein Kind zu zeugen, ein Haus zu bauen hätten oder (diese Stelle in 5. Mose 20 liebe ich besonders) einfach Angst haben. Dann bedürfte es überhaupt keiner hochgerüsteten Truppe. Wenn nämlich Gott selbst kämpft, reichen auch die Linkshänder oder die, die an einer Quelle auf ungewöhnliche Weise Wasser trinken, nämlich schlappen wie ein Hund. Dann könnte man eine feindliche Stadt mit dem Musikcorps einnehmen und die Mauern würden umfallen vom Posaunenschall. Kurz: Diese Anweisungen sind gerade keine für einen realen Krieg.«[119]

Auch wenn es die »Landnahme« des biblischen Volkes Israel so nicht gegeben hat, haben die mythologischen Erzählungen über sie eine Legitimation für Kolonisierungen bereitgestellt, so zum Beispiel für die Vertreibung der indigenen Bevölkerung und für die Besiedlung des amerikanischen Kontinents als »God's own Country«.[120] Die Erzählungen von der göttlichen Verheißung des Landes, von der Landnahme, vom Kampf gegen die Philister haben Gewaltpotential, wenn sie heute von orthodoxen Juden oder von reaktionären Christen gegen geltendes Völkerrecht in Stellung gebracht werden, um so die Rechte der palästinensischen Bevölkerung oder die Zwei-Staaten-Lösung zu diskreditieren.

Der Erste Weltkrieg brachte eine interessante Erfahrung ans Licht. Die Texte, die taugen, um zum Angriff zu euphorisieren, um Lust auf Landnahme zu machen und um die von Gott gewollte Mission zu beschwören, halten auf Dauer dem zermürbenden Alltag im Schützengraben und dem allgegenwärtigen Sterben nicht stand. Im Herbst 1916, in der Mitte des Ersten Weltkriegs, fand in Berlin ein Lehrgang für evangelische Feldgeistliche statt.[121] Es hatte sich herausgestellt, dass die üblichen Predigten angesichts des Massensterbens an der Front zunehmend auf taube Ohren stießen bei den Soldaten. Dass sie Gott auf ihrer

Seite hatten, vermochten sie nicht mehr recht zu glauben, und der Glaube an den Sieg war löchrig geworden. Die Kriegshomiletik, also die Kriegspredigerei, sie brauchte einen Schwenk. Man brauchte Texte, Themen und Traditionen, die die Soldaten animierten, den Krieg und das Elend im Schützengraben zu erdulden und weiterzumachen. Man setzte jetzt mehr auf Christus und seine Passion. Im Zweiten Weltkrieg hatte man dann dazugelernt. Die Pfarrer predigten nicht mehr das ohnehin im NS-Staat und bei der NS-nahen antisemitischen Glaubensbewegung »Deutsche Christen« in Verruf gekommene »jüdische« Alte Testament. Sie predigten nun von Christus und deuteten das, was die Soldaten erlebten, im Horizont seines Leidens und Sterbens. »Die Todesnähe wurde zum ›Privileg‹ der Soldaten umdefiniert, zu einer Potenz, die dem Leben der Soldaten eine vermeintlich neue Intensität zu geben vermochte«, schreibt Dagmar Pöpping in ihrer überzeugenden, bereits am Eingang dieses Kapitels zitierten Studie über Kriegspfarrer an der Ostfront, in der sie darlegt, wie die Geistlichen ihren Dienst in der Tötungsmaschine des Vernichtungsfeldzugs verstanden und welche Rolle sie darin spielten.

Man arbeitete in enger konfessionsübergreifender Verbundenheit an einer Symbiose von christlichem Opfer und NS-Heldenkult – das Wort Opfer sei ein »religiöser Urlaut«, hieß es.[122] Die Bereitschaft der Kirchen, diese Urlaute auszustoßen und sich in den Dienst des Vernichtungsfeldzugs an der Ostfront zu stellen, war auch davon getrieben, dass sie spürten, dass das NS-Regime eine tödliche Bedrohung für sie war. Hatte Hitler 1941 zum Thema Kirche doch verächtlich erklärt: »Der Krieg wird ein Ende nehmen. Die letzte große Aufgabe unserer Zeit ist dann darin zu sehen, das Kirchenproblem noch zu klären. Erst dann wird die deutsche Nation ganz gesichert sein. Ich kümmere mich nicht um Glaubenssätze, aber ich dulde auch nicht, daß ein Pfaffe sich um irdische Sachen kümmert. Die organisierte Lüge muß derart gebrochen werden, daß der Staat absoluter Herr ist. In der Jugend stand ich auf dem Standpunkt: Dynamit. Erst später sah ich ein, daß man das nicht übers Knie brechen kann. Es muß abfaulen wie ein brandiges Glied. So weit müßte man es bringen, daß auf der Kanzel nur lauter Deppen stehen und vor ihnen nur alte Weiblein sitzen. Die gesunde Jugend ist bei uns.«[123] Im selben Jahr 1941 gaben der evangelische Militärdekan, der Feldgeneralvikar und der katholische Wehrmachtsoberpfarrer in ökumenischer Eintracht eine Broschüre heraus, die den Titel »Das Opfer« trug. Gott habe seine größte Tat in der Hingabe seines Sohnes vollbracht, deshalb müsse das Leben der Menschen Opfer sein, hieß es darin. Ironie der Geschichte: Das NS-Regime reagierte allergisch auf die Anbiederei an seine Ideologie und verbot die Schrift 1942.[124] Bei so viel Opfergesinnung blieb nicht viel Raum, sich Gedanken darüber zu machen, dass der, der sich opferte, im selben Akt andere tötete oder zumindest bereit dazu war. Das Gebot »Du sollst nicht töten« war im Krieg außer Kraft gesetzt, erst recht an der Ostfront, wo es galt, die Welt vom Antichrist, dem Bolschewismus zu befreien.

Die tödliche Wirkungsgeschichte des Opfergedankens verlangt die Prüfung, wie viel Grundlage er in der Bibel selbst hat. Eine der erschütterndsten Geschichten dazu beginnt mit der Forderung Gottes an Abraham, den Urvater der drei monotheistischen Religionen, er solle Isaak, seinen einzigen Sohn, opfern. Weil das Opfer am Ende verhindert wird, firmiert die Erzählung im Judentum unter dem Titel »die Bindung Isaaks«. Liest man sie von vorn nach hinten, so kann man sich kaum ein grausameres Gottesbild ausmalen als einen Gott, der das blutige Kinderopfer verlangt. Man kann und man darf die Geschichte nicht lesen, ohne größte Abscheu vor solchem Verlangen zu empfinden. Allerdings: Ihre Wurzeln reichen in eine Zeit, in der Kinderopfer in den Religionen in Israels Nachbarschaft praktiziert wurden, in Israel aber geächtet waren. Im Prophetenbuch Jeremia ist das in einer zornigen Gottesrede belegt: Sie »haben mich verlassen und diese Stätte einem fremden Gott gegeben und dort anderen Göttern geopfert und die Stätte voll unschuldigen Blutes gemacht und, um ihre Kinder dem Baal als Brandopfer zu verbrennen, was ich weder geboten noch geredet habe und was mir nie in den Sinn gekommen ist«. (Jeremia 19)

Die verstörende Erzählung endet damit, dass Gott einen Engel schickt, der dem Abraham befiehlt, sein Messer niederzulegen und seinen Sohn nicht zu töten. Das Opfer findet nicht statt. Was wollen solche Geschichten erzählen? Vom Ende her gelesen, kann man sagen: Sie wollen von der Ächtung und vom Verbot des Kinderopfers erzählen. Ihre Botschaft ist: Schluss damit. Tu es nicht. Jürgen Ebach kommentiert die Aggression, die diese Geschichte bei vielen Lesern auslöst, pointiert so: »Aber ich frage dennoch, warum so viele Menschen gegen die Geschichte (die story) vom nicht geschehenen Kinderopfer stärker protestieren als gegen die Geschichte (die history), in der Menschen, in der Kinder immer wieder geopfert wurden und werden – fürs Vaterland, für die Wahrheit, für religiöse und politische Ideale, für die Selbstbestimmung, für den Fortschritt. Kinderopfer sind eine Realität in der Geschichte – auch in der Geschichte Abrahams.«[125]

In den Weltkriegen wurde der Ausgang, wurde die Botschaft dieser Geschichte in ihr Gegenteil pervertiert. In einem Kriegsgebet, zu singen nach »Wachet auf, ruft uns die Stimme«, sangen die Angehörigen der Soldaten in den Kirchen in der Heimat:

»Mit dir wolln wir streiten, leiden. Mit dir wolln wir die Liebsten meiden, wenn deine Hand ihr Opfer weiht. Wir fürchten keine Not. Was kommt, schickst du, o Gott. Sei willkommen!«[126] Die Predigten an der Ostfront waren allerdings keine über Abraham, sondern über Christus und sein »Opfer«. Der Rhetorikprofessor Walter Jens hat dieses Opfer des Christus »für uns« in seinem furiosen Monolog des Judas problematisiert. »Ich war auserwählt worden, den Verworfenen in Gottes heiligem Drama zu spielen«, lässt Walter Jens den Verräter sagen und wirft damit die Frage auf, ob die Passion denn als ein von Gott im Voraus entworfenes Schauspiel gedacht werden kann. Ist dieser Gott eine Gottheit, die das Menschenopfer braucht, um sich versöhnen zu lassen? Ist es die große Inszenierung eines Allmächtigen, der Blut sehen will? Ist die Passion Christi die Abrahamsgeschichte mit tödlichem Ausgang für den Sohn? Hat es Gott am Ende gefallen, dass der Mensch hingerichtet wurde? Das war, grob gesagt, die Meinung des Anselm von Canterbury, der die Kreuzigung des Jesus von Nazareth so verstand. Gott sei durch die Sünden der Menschen in seiner Ehre verletzt. Die Ehrverletzung indes kann nur durch den Tod eines Menschen gesühnt werden. Aber der Tod eines Sünders kann die Ehre Gottes nicht heilen. In diese Notlage begibt sich der sündlose Christus, der sich opfert. Durch den Tod dieses Unschuldigen wird Gott versöhnt und seine verletzte Ehre wiederhergestellt. In dieser Theologie spielt das Leben und die Lehre Jesu im Grund keine Rolle. Sie ist noch immer, vor allem unter evangelikalen Christen, verbreitet, prägt ihre Frömmigkeit und hinterlässt ihre Spuren und Beschädigungen.

Die gegenwärtige Theologie hat Abschied von dieser Opfertheologie genommen. Sie deutet den Tod Jesu in der Tradition der biblischen Schriften auf dem Hintergrund seines Lebens und

Wirkens. Jesus lebte für jene, die ausgegrenzt waren. Diese konsequente Hinwendung zu den Ausgestoßenen riskiert die Auseinandersetzung mit den Repräsentanten des Machtapparats. Wenn Jesus leiden »musste«, dann weil das so ist in der Realität der Gewalt: Gerechte müssen leiden, weil sie sich in den Widerstand zum Unrecht begeben. Das ist das Gesetz »der Welt«. In diesem Kontext erschließt sich auch der Satz »Ihr sollt nicht meinen, dass ich gekommen bin, Frieden zu bringen auf dic Erde. Ich bin nicht gekommen, Frieden zu bringen, sondern das Schwert.« (Matthäus 10,34) Jesus spricht hier nicht von seinem Programm. Er spricht von den Folgen seines Redens und Handelns. Er spricht von der Erfahrung, die derjenige macht, der so wie er Gewaltlosigkeit praktiziert. Konsequente Gewaltlosigkeit provoziert, sie ruft Konflikte und Gewalt hervor. Es kommt darüber zu bitteren Entzweiungen: »Denn ich bin gekommen, den Menschen zu entzweien mit seinem Vater und die Tochter mit ihrer Mutter und die Schwiegertochter mit ihrer Schwiegermutter. Und des Menschen Feinde werden seine eigenen Hausgenossen sein. Wer Vater oder Mutter mehr liebt als mich, der ist meiner nicht wert; und wer Sohn oder Tochter mehr liebt als mich, der ist meiner nicht wert«, geht die Rede weiter. Man muss sich solche Worte unter den Bedingungen eines staatlichen Gewaltapparats vorstellen, dann versteht man sie. Die Entzweiung über gewaltlosen Widerstand führt bis in die Familien hinein. Der Text spiegelt die Erfahrungen, dass man sich manchmal sogar gegen die eigenen Liebsten stellen muss, wenn man widerständig gegen Gewalt lebt. In letzter Konsequenz: »Und wer nicht sein Kreuz auf sich nimmt und folgt mir nach, der ist meiner nicht wert. Wer sein Leben findet, der wird's verlieren; und wer sein Leben verliert um meinetwillen, der wird's finden.«

Jesus bleibt Gott treu, er bleibt widerständig gegen Hass und Gewalt, er bleibt den Seinen solidarisch, auch wenn ihn das sein Leben kostet. Das formulieren die, denen seine Hingabe galt, später so: »sein Leib für uns gegeben zur Vergebung der Sünde«. Die Hinrichtung des Unschuldigen demaskiert die Ordnung als tödliche Unordnung. Sie offenbart, wie heillos das Recht, in dessen Namen die Kreuzigung geschieht, ins sündhafte Unrecht verstrickt ist. Im Namen des Rechts wird größtes Unrecht getan. Das zu verstehen ist befreiend, es geschieht deshalb »uns zugute«, wie es heißt. So könnte eine moderne Opfertheologie aussehen, die sich der Gewalt entgegenstellt, eine Theologie, die konsequent die Perspektive der Opfer einnimmt und für sie Partei ergreift.

*»Imagine there's no heaven*
*It's easy if you try*
*No hell below us*
*Above us only sky«*

John Lennons Song aus dem Jahr 1971 ist zur Friedenshymne schlechthin avanciert. Seine Botschaft ist: Wenn die Vorstellung von Himmel und Hölle, wenn die Religion sich erledigt hat und also niemand mehr etwas hat, wofür sich zu töten und zu sterben lohnt, dann, ja dann werden alle Menschen in Frieden leben. John Lennon hat Gründe, das zu vermuten, einige sind in diesem Kapitel formuliert. »Gott mit uns!« stand Jahrhunderte hindurch auf den Koppelschlössern, den Dolchgriffen und den Standarten der Kriegsführer und Soldaten. »Allahu akbar«, »Gott ist am größten«, rufen muslimische Terroristen oder solche, die dafür gehalten werden wollen, bevor sie sich selbst oder andere töten. Ob es sich tatsächlich friedlicher lebt in einer Welt ohne Utopien von einer anderen, besseren Welt, genannt »heaven«? Ein Bild für diese trübe hoffnungslose Welt ist der »John Lennon Airport« in Liverpool, unter dessen Logo »Above us only sky« die Urlaubsjets für Pauschaltouristen Kurs auf Trauminseln und Urlaubsparadiese nehmen mit »all inclusive« und »all you can eat«.

Eine Welt ohne Religion ist weder vorstellbar noch wünschenswert – nicht allein wegen der utopischen Tristesse, die der Liverpooler Flughafen abbildet. Sie ist weder vorstellbar noch wünschenswert, weil man bei der Kritik einer vermeintlichen Illusion nicht einer anderen Täuschung aufsitzen sollte. Die Vorstellung vom Segen, den das Ende der Religion bringt, ist ebenfalls Illusion. Der Weg zum Frieden geht nicht über die Bekämpfung von Religion. Vielversprechender und klüger ist es, beides zu verstehen: das Gewaltpotential und das Friedenspotential der Religion. Ersteres gilt es zu zähmen, letzteres gilt es zu realisieren.

Religion war so oft Schmiermittel für den Krieg. Sie so zu missbrauchen ist eine Todsünde, ein Kriegsverbrechen. Religion kann, soll, muss Lehrmeisterin für den Frieden sein. Das ist ihre Aufgabe, das ist ihre Ratio essendi; das ist der Seinsgrund von Religion. Es gibt keinen inneren Frieden ohne äußeren Frieden. Und es gibt keinen äußeren Frieden ohne inneren Frieden. Das sagt sich leicht. Aber diese Erkenntnis muss gelehrt und gelebt, gepredigt und geglaubt werden.

Es ist dies ein Glaube für die religiösen und die nichtreligiösen Menschen; er kann sich auf einen Gott beziehen, er kann ohne ihn auskommen, er kann sich sogar gegen ihn richten. Wie auch immer, Frieden stiften – das geht nicht ohne Glaube: Frieden braucht das Vertrauen in die Möglichkeit im Unmöglichen, den Horizont über die Gegenwart hinaus, die Utopie jenseits des Hier und Jetzt. Frieden stiften: Das ist die Hoffnung gegen den

Augenschein und das Wissen von der Kraft des Wortes. Glaube ist nicht irrational, er ist eine Rationalität, die weiß: Das Ganze ist mehr als die Summe der Teile und die Wirklichkeit mehr als das, was wir jetzt sehen.

# Anhang

# Anmerkungen

1 Navid Kermani/Natan Sznaider, Israel. Eine Korrespondenz, München 2023
2 https://www.friedenspreis-des-deutschen-buchhandels.de/alle-preistraeger-seit-1950/2020-2029/serhij-zhadan
3 https://www.zdf.de/nachrichten/panorama/klimakrise-angst-kinder-jugendliche-studie-100.html
4 https://www.deutschlandfunk.de/vor-60-jahren-adenauer-verhandelt-in-moskau-ueber-100.html
5 Jörn Leonhard, Über Kriege und wie man sie beendet. Zehn Thesen, München 2023, 14
6 Günter Gaus im Gespräch mit Franz Josef Strauß, hier die 14. Frage von Gaus, TV-Sendung vom 29. April 1964. Abzurufen unter https://www.rbb-online.de/zurperson/interview_archiv/strauss_franz_josef.html
7 Ich folge hier Alessandra Ferretti und Patrick Bernhard, Pazifismus per Gesetz? Krieg und Frieden in der westdeutschen Verfassungsdiskussion, 1945 – 1949, in: Militärgeschichtliche Zeitschrift 66 (2007), 45–70
8 Carlo Schmid in: Sitzung des Württembergisch-Badischen Landtags am 22.4.1948. In: Verhandlungen des Württembergisch-Badischen Landtags. Protokollbd III. 1. Wahlperiode 1946-1950, Stuttgart 1948, 1790 f., zitiert nach Ferretti/Bernhard, a.a.O.
9 Carlo Schmid (hier noch unter dem Namen Karl Schmid), in: Die Forderung des Tages. Reden und Aufsätze, Stuttgart 1946, hier: Weg und Ziel der Sozialdemokratie, 50 ff. (75) 1
10 https://www.sueddeutsche.de/politik/peter-brandt-interview-aufruf-1.5826935
11 https://www.sueddeutsche.de/projekte/artikel/kultur/juergen-habermas-ukraine-sz-verhandlungen-e159105/
12 Dieter Deiseroth, Die Nato – Ein System »kollektiver Verteidigung« oder »kollektiver Sicherheit«? Kritische Bemerkungen zur Rechtsprechung des Bundesverfassungsgerichts, in: Die Friedenswarte Vol. 75, No. 1, 2000. S. 101 ff.;

des Weiteren: Deiseroth, Fundamentale Differenz, in: Wissenschaft & Frieden 1/2009, 1 ff. sowie Deiseroth, Das Friedensgebot des Grundgesetzes, in: Vorgänge 189, Heft 03/2010, 103 ff.; Dieter S. Lutz, 1949–1989. Das Friedensgebot des Grundgesetzes. Anspruch und Wirklichkeit im vierzigsten Jahr, in: Hamburger Informationen zur Friedensforschung und Sicherheitspolitik, Ausgabe 7/1989

13 Ingo von Münch, Äußerer und innerer Friede im Grundgesetz, in: Festschrift für Wolf Graf Baudissin, 1985, 39 ff. (43)

14 Ingo von Münch, in: Festschrift für Baudissin, a.a.O.

15 J.-B. Richard de Radonvilliers: Enrichissement de la langue française; dictionnaire des mots nouveaux. 2. Auflage. Paris 1845, S. 446

16 https://www.plough.com/de/artikel/gandhi-über-jesus-und-gelduu

17 »Dokumente Der Friedensbewegung.« Die Friedens-Warte, vol. 30, no. 11, 1930, 348–50. JSTOR, http://www.jstor.org/stable/23798230, abgerufen am 30.12.23

18 »full co-operation in the war-effort should be given by the Congress, if a declaration of immediate Indian independence is made«, http://www.gandhiashramsevagram.org/gandhi-literature/mahatma-gandhi-collected-works-volume-84.pdf, 239f.

19 The Autobiography of Martin Luther King Jr., Edited by Clayborne Carson 1986, eigene Übersetzung

20 Dieses und die folgenden Zitate aus Max Webers Schrift sind nachzulesen in: https://de.wikisource.org/wiki/Politik_als_Beruf

21 https://www.sueddeutsche.de/wissen/60-jahre-hiroshima-vater-und-gegner-der-atombombe-1.910836

22 Die folgenden Erkenntnisse über Gandhis Aktivitäten und Aussagen verdanke ich Domenico Losurdo, Gewaltlosigkeit, von 2010, in deutscher Übersetzung erschienen 2015 im Argument-Verlag.

23 »I have an idea that, if I became your recruiting agent-in-chief, I might rain men on you. Pardon me for the impertinence.« http://www.gandhiashramsevagram.org/gandhi-literature/mahatma-gandhi-collected-works-volume-17.pdf, 12

24 »I want freedom in the name of untouchables, poor masses. I would sacrifice a million lives, and that freedom would be cheaply bought. Voluntary sacrifice of a million lives is infinitely preferable to the death millions are undergoing by inches. I cannot tolerate this.« http://www.gandhiashramsevagram.org/gandhi-literature/mahatma-gandhi-collected-works-volume-54.pdf, 141

»I had said in London that, if we had to offer even a million lives for achieving freedom, I would be prepared for sacrifice without the least compunction. I believe that we must get rid of the fear of death, and when we have to court death we must embrace it as we embrace a friend.« http://www.gandhiashramsevagram.org/gandhi-literature/mahatma-gandhi-collected-works-volume-54.pdf, 318f

25 Die folgenden Zitate sind entnommen aus: Martin Buber, Politische Schriften, Gütersloh 2010, 90ff.

26 https://kinginstitute.stanford.edu/king-papers/documents/pilgrimage-nonviolence, eigene Übersetzung

27 Ebda., eigene Übersetzung

28 https://www.americanrhetoric.com/speeches/mlkatimetobreaksilence.htm, die Zitate sind eigene Übersetzung

29 Toni Morrison, Selbstachtung, Ausgewählte Essays, Hamburg 2020, 208

30 Ich beziehe mich im Folgenden auf Michael Jürgs, Der kleine Frieden im Großen Krieg, München 2005

31 A.a.O., 8

32 Arno Gruen, Der Fremde in uns, Stuttgart 2000

33 Z.B.: https://www.welt.de/kultur/article124492906/Wladimir-Putin-ist-ein-Monster.html

34 Till Zimmermann/Nikolas Dörr, Gesichter des Bösen. Verbrecher und Verbrechen des 20. Jahrhunderts, Bremen 2015

35 Abschrift aus: https://www.youtube.com/watch?v=QFP3KIYIBWY&t=1575s

36 Ich beziehe mich im Folgenden auf Harald Welzer, Täter. Wie aus ganz normalen Menschen Massenmörder werden, Frankfurt a.M. 2005, und Jan Philipp Reemtsma, Vertrauen und Gewalt. Versuch über eine besondere Konstellation der Moderne, Hamburg 2008; gut zusammengefasst hier: https://www.deutschlandfunk.de/wenn-normale-menschen-toeten-100.html, abgerufen am 15.01.24

37 https://www.sueddeutsche.de/wissen/graeueltaten-ukraine-abruende-menschliche-seele-interview-neuropsychologe-1.5563408, abgerufen am 17.01.24

38 Harald Welzer im Interview: https://www.zeit.de/zeit-geschichte/2011/02/Wehrmachtsoldaten-Interview-Heer-Welzer/komplettansicht

39 Gruen, a.a.O., 10

40 Zygmunt Bauman, Retrotopia, Berlin 2017

41 Den Verweis auf Livius verdanke ich Manfred Schneider in https://www.

nzz.ch/meinung/kommentare/gespaltene-sprache-das-fremde-hat-zwei-gesichter-ld.13715

42 Titus Livius, Römische Geschichte, Übersetzt von C. F. Klaiber, Stuttgart 1827, 22ff.

43 Carl Schmitt, Die geistesgeschichtliche Lage des heutigen Parlamentarismus, Berlin, 10. Aufl. 2016, 13f.

44 https://ia601704.us.archive.org/3/items/carl-schmitt-der-begriff-des-politischen-1932/Carl%20Schmitt%20Der%20Begriff%20des%20Politischen%2C%201932.pdf

45 Böckenförde in: Wissenschaft, Politik, Verfassungsgericht. Aufsätze von Ernst-Wolfgang Böckenförde. Biographisches Interview von Dieter Gosewinkel, Berlin, 3. Auflage 2019, S. 362

46 Schmitt, a.a.O., 15

47 Schmitt:, Der Führer schützt das Recht. Zur Reichstagsrede Adolf Hitlers vom 13. Juli 1934, in: Deutsche Juristenzeitung 1934, 945ff.

48 Jakobs, in: Albin Eser/Winfried Hassemer/Björn Burkhardt (Hrsg.), Die deutsche Strafrechtswissenschaft vor der Jahrtausendwende. Rückbesinnung und Ausblick, München 2000, S. 47 ff. Mit dieser Lehre habe ich mich ausführlich auseinandergesetzt in: Prantl, »Vom rechten Gebrauch der Freiheit. Die diabolische Potenz der Angst. Sicherheit durch Krieg und Folter? Erich-Fromm-Lecture 2006«, gehalten anlässlich Verleihung des Erich-Fromm-Preises 2006 am 9. März 2006 im »Weißen Saal« des Neuen Schlosses in Stuttgart. Erstveröffentlichung in: Fromm Forum 11 2007, Tübingen (Selbstverlag) 2007, 60–65.

49 lakobs. in Esser/Hassemer/Burkhardt, a.a.O., S. 53. Ausführliche Diskussion dazu in: Thomas Uwer (Hrsg.): Bitte bewahren Sie Ruhe. Leben im Feindrechtsstaat. Schriftenreihe der Strafverteidigervereinigungen, Berlin 2006

50 Zygmunt Bauman, Die Angst vor den anderen. Ein Essay über Migration und Panikmache. Berlin 2016, 37

51 A.a.O., 20f.

52 https://www.projekt-gutenberg.org/aesop/fabeln/chap032.html

53 J.M. Coetzee, Warten auf die Barbaren, Frankfurt a.M. 2001, 20

54 Ebda.

55 A.a.O., 271

56 A.a.O., 245f.

57 Tobias Prüwer, Welt aus Mauern. Eine Kulturgeschichte, Berlin 2018

58 Wendy Brown, Mauern. Die neue Abschottung und der Niedergang der Souveränität, Berlin 2018, 76

59 https://www.tagesschau.de/faktenfinder/kontext/migration-push-pull-faktoren-101.html

60 Brown, a.a.O., 73

61 Volker M. Heins / Frank Wolff, Hinter Mauern. Geschlossene Grenzen als Gefahr für die offene Gesellschaft, Berlin 2023

62 Henrike Kohpeiß, Bürgerliche Kälte. Affekt und koloniale Subjektivität, Frankfurt a.M. / New York 2023, 13

63 Annette Kurschus, https://www.ekd.de/ekd_de/ds_doc/TOP-2-A-Bericht%20des%20Rates-muendlich.pdf, 8

64 Eine Begriffsschöpfung von V.M. Heins / F. Wolff, Hinter Mauern, a.a.O.

65 Kurschus, a.a.O., 7

66 Marianne Gronemeyer, Die Grenze. Was uns verbindet, indem es trennt. Nachdenken über ein Paradox der Moderne, München 2018, 21

67 Zitate a.a.O., 22–25

68 https://de.statista.com/statistik/daten/studie/36401/umfrage/anzahl-der-atomsprengkoepfe-weltweit/

69 Hellmut Hoffmann, Wird die Sicherheit des Westens jetzt am Dnjepr verteidigt? Russlands Angriffskrieg vom 24. Februar 2022 und das Nato 2%-Aufrüstungsziel, in: WeltTrends. Zeitschrift für internationale Politik Nr. 199, Winter 2023/24, S 44 ff (47). Hoffmann war von 2009 bis 2013 ständiger Vertreter Deutschlands bei der Abrüstungskonferenz in Genf. Die von ihm aggregierten Daten hat er der Ausgabe 2021 der »Military Balance« des International Institute for Strategic Studies entnommen und die Zahlen kritisch kommentiert: »Ein Nachholbedarf der Nato existiert nicht – das Gegenteil ist richtig.«

70 Refrain eines Friedenslieds der Sängers Hans Hartz aus dem Jahr 1982. Der letzte Refrain endet dann mit der Zeile: »Die weißen Tauben fliegen nicht mehr.«

71 So der Militärhistoriker Stig Förster, Emeritus der Universität Bern, im Kapitel »Kalter Krieg« seines Werks über die »Deutsche Militärgeschichte«, das Ende 2024 im Münchner Verlag C. H. Beck erscheint. H.P. konnte das Manuskript einsehen.

72 Carl Friedrich von Weizsäcker, »Die Atomwaffen« (1957), in: ders., Der bedrohte Friede. Politische Aufsätze 1945-1981, München und Wien, 1982, 31-42 (36)

73 Günther Anders, Endzeit und Zeitenende. Gedanken über die atomare Situation, München 1972

74 »Antje Vollmers Vermächtnis einer Pazifistin: ›Was ich noch zu sagen hätte‹. In: Berliner Zeitung vom 23.2.2023, https://www.berliner-zeitung.de/politik-gesellschaft/ein-jahr-ukraine-krieg-kritik-an-gruenen-antje-vollmers-vermaechtnis-einer-pazifistin-was-ich-noch-zu-sagen-haette-li.320443

75 Vollmer, a.a.O.

76 Norbert Elias, Studien über die Deutschen. Machtkämpfe und Habitusentwicklung im 19. und 20. Jahrhundert, Berlin 1992, 122

77 Elias, a.a.O., 123

78 Vollmer, a.a.O.

79 https://www.bmvg.de/de/aktuelles/verteidigungspolitische-richtlinien-2023-veroeffentlicht-5701338

80 Wolf-Dieter Narr/Roland Roth/Martin Singe u.a., Das andere Deutschland nach 1945 – als Pazifist, Sozialist und radikaler Demokrat in der Bundesrepublik Deutschland: Klaus Vack. Politisch-biographische Skizzen und Beiträge, Köln 2005

81 https://www.bundesregierung.de/resource/blob/975954/1581380/3326d51a3a9f31c42c9356bb5ac366b6/21-1-bpr-weimar-data.pdf?download=1

82 https://www.bundespraesident.de/SharedDocs/Reden/DE/Frank-Walter-Steinmeier/Reden/2022/10/221028-Alles-staerken-was-uns-verbindet.html

83 Bernd Greiner, Die Kuba-Krise. Die Welt an der Schwelle zum Atomkrieg, München, 2. Auflage 2015, 89

84 Jörn Leonhard, Über Kriege und wie man sie beendet. Zehn Thesen, München 2023, 87

85 Spiegel-Gespräch, in: Spiegel-Chronik 2022, 168ff. (170)

86 Kurt Tucholsky, Der bewachte Kriegsschauplatz, https://www.textlog.de/tucholsky/glossen-essays/der-bewachte-kriegsschauplatz, (erstmals publiziert in Die Weltbühne am 4. August 1931)

87 Ernst Toller, Gesammelte Werke, Band 1, 182

88 So wird Gollwitzer von Hans Halter im Spiegel vom 18. August 1996 zitiert, im Text »Herz der Revolte«, in dem Halter die Rudi-Dutschke-Biographie von Dutschkes Witwe Gretchen bespricht. https://www.spiegel.de/politik/herz-der-revolte-a-53cdb3db-0002-0001-0000-000009081206. Siehe dazu auch das »Protokoll eines Gespräches zwischen Prof. Helmut Gollwitzer und Dr. Hans Halter«, in: Peter Bernhardi (Hrsg.): Rudi Dutschke. Neuauflage eines Eigendrucks. Zum 75. Geburtstag Rudi Dutschkes am 7.3. 2015, März 2015, 1 f.

89 Ernst Toller Gesammelte Werke, Band 1, 76 ff.

90 Toller, a.a.O., 77

91 Toller, a.a.O., 182 ff.

92 Toller, a.a.O., 183

93 Toller, a.a.O., 185

94 Jürgen Wertheimer, »Make Peace not Love!« – Krieg und Frieden im Spiegel der Literatur, in: Simon Meisch/Uli Jäger/Thomas Nielebock (Hrsg.), Erziehung zur Friedensliebe. Annäherungen an ein Ziel aus der Landesverfassung Baden-Württemberg, Baden-Baden 2018, 129 ff. (143)

95 Toller, a.a.O., 119

96 Ignaz Wrobel: Hat Mynona wirklich gelebt?, in: Die Weltbühne, 31.12. 1929, Nr. 1, 15

97 Tilman Westphalen, Ultima irratio – Remarque, die Stadt und der Frieden, in: Thomas F. Schneider (Hrsg.), Erich Maria Remarques militanter Pazifismus und die deutsch-europäische Friedens- und Kulturpolitik heute, Göttingen 2009, 12

98 Tilman Westphalen, a.a.O., 18

99 Sven Felix Kellerhoff, Die schlechtesten Friedensnobelpreisträger, in: Die Welt, 6.10 2017, 6, https://www.welt.de/geschichte/article169346465/Das-waren-die-fuenf-schlechtesten-Friedensnobelpreistraeger.html

100 »Remarque und die Deutschen. Ein Gespräch mit Erich Maria Remarque«, in: Zürcher Woche vom 30.11.1962, 7

101 Einleitung zu Ernst Toller, a.a.O., 13

102 Spiegel-Interview vom August 2014, abgedruckt in Ulitzkaja, Die Kehrseite des Himmels, München 2015, 154f.

103 Abgedruckt in Bernhard Stegemann/Andrea Willen (Hrsg.), »Bin ich denn da?« Zum 125. Geburtstag von Erich Maria Remarque, Oldenburg 2023; die im folgenden genannten Beiträge a.a.O., Andruchowytsch, 35; Baghmanyan, 51; Käßmann, 20; Gysi, 77 f., Walter-Borjans, 44 f., Strasser, 40

104 Westphalen, a.a.O., 8

105 Ernst Toller, Gesammelte Werke, Band 3, 185 ff. (190)

106 Wertheimer, a.a.O., 129 ff. (137)

107 Zitiert von Bauman, Retrotopia, a.a.O., 36

108 Ich beziehe mich hier auf die Untersuchung von Dagmar Pöpping, Passion und Vernichtung. Kriegspfarrer an der Ostfront 1941-1945, Göttingen 2019

109 http://www.zeno.org/Philosophie/M/Hegel,+Georg+Wilhelm+Friedrich/Vorlesungen+über+die+Geschichte+der+Philosophie/Zweiter+Teil.+Philosophie+des+Mittelalters/Einleitung

110 In diesem Kapitel verdanke ich viele Einsichten und Ausführungen Jürgen Ebachs Arbeiten zum Gewalterbe der Bibel, u.a.: ders., Das Erbe der Gewalt. Eine biblische Realität und ihre Wirkungsgeschichte, Gütersloh 1980

111 Jan Assmann, Das kulturelle Gedächtnis. Schrift, Erinnerung und politische Identität in frühen Hochkulturen, München 1992

112 Timothy Snyder, Bloodlands. Europa zwischen Hitler und Stalin, München 2011

113 Den Hinweis verdanke ich Jan-Dirk Döhling, in dessen noch unveröffentlichtes Buch »Jesus hat nichts zu verzollen« Einsicht genommen werden konnte. Es erscheint im Frühjahr 2024 im Hartmut Spenner Verlag.

114 https://www.deutsche-digitale-bibliothek.de/item/QOAKY7P5IOFN4JIJ-NMNABDRZ7UVQ443J

115 https://www.denk-mal-gegen-krieg.de/assets/Texte/3-Geschichte/G.-Brakelmann-uber-Predigten-1914.pdf, 8f.

116 Ebda., 18

117 https://tobias-lib.ub.uni-tuebingen.de/xmlui/bitstream/handle/10900/133788/Schäufele_073.pdf?sequence=1&isAllowed=y, 57

118 Der Krieg im Lichte des Evangeliums (Glaube und Leben. Eine Sammlung religiöser Zeitfragen. Sonderheft 2), München 1915, zitiert von Ebach, Gewalt, a.a.O., 90

119 Ebach, Nicht den Frieden, sondern das Schwert!?, Vortrag, München 2010, https://www.bibel-in-gerechter-sprache.de/wp-content/uploads/Ebach-OEKT2010_Gewalt.pdf, 15

120 Ausführlich: Ebach, Gewalt, a.a.O., 92 ff

121 Pöpping, a.a.O.

122 Pöpping, a.a.O., 116

123 Adolf Hitler, Tischrede am 13.12.1941, https://ulis-buecherecke.ch/pdf_neben_dem_krieg/hitlers_tischgespraeche.pdf, 80

124 Pöpping, a.a.O., 116

125 Ebach, Nicht den Frieden, a.a.O., https://www.bibel-in-gerechter-sprache.de/wp-content/uploads/Ebach-OEKT2010_Gewalt.pdf, 14

126 Undatierte Gesangbucheinlage vom Blaukreuzverlag Berlin aus dem Ersten Weltkrieg, Originaldokument aus privatem Besitz